本卷是"教育部新世纪优秀人才支持计划"(NCET-05-149)和2005年度国家社会科学基金项目"杜威哲学的当代意义研究"(05BZX048)的阶段性成果。

一位真正的
美国哲学家

美国学者论杜威

王成兵◎主编

中国社会科学出版社

图书在版编目(CIP)数据

一位真正的美国哲学家：美国学者论杜威/王成兵主编.—北京：中国社会科学出版社，2007.11（2023.7 重印）
 ISBN 978-7-5004-6536-2

Ⅰ.①—… Ⅱ.①王… Ⅲ.①杜威，J.（1859～1952）—哲学思想—研究 Ⅳ.①B712.51

中国版本图书馆 CIP 数据核字（2007）第 174596 号

出 版 人	赵剑英
责任编辑	冯春凤
责任校对	张爱华
责任印制	张雪娇

出　　版	中国社会科学出版社
社　　址	北京鼓楼西大街甲 158 号
邮　　编	100720
网　　址	http://www.csspw.cn
发 行 部	010-84083685
门 市 部	010-84029450
经　　销	新华书店及其他书店

印刷装订	北京七彩京通数码快印有限公司
版　　次	2007 年 11 月第 1 版
印　　次	2023 年 7 月第 2 次印刷

开　　本	880×1230　1/32
印　　张	10.125
插　　页	2
字　　数	262 千字
定　　价	68.00 元

凡购买中国社会科学出版社图书，如有质量问题请与本社营销中心联系调换
电话：010-84083683
版权所有　侵权必究

目 录

主编前言 …………………………………… 王成兵（1）
序 ………………………………………… 刘放桐（1）

分析的哲学与叙事的哲学（代序）………… 理查德·罗蒂（1）
新旧实用主义：杜威还是罗蒂？…………… 拉里·希克曼（11）
杜威著作中的实用主义、技术和真理 …… 拉里·希克曼（28）
杜威的哲学的改造………………… 雷蒙德·伯依斯沃特（43）
民主、教育和西方哲学传统：杜威的
   激进社会观 ………………………… 拉里·希克曼（57）
杜威的共同体理念 ………………… 詹姆士·坎贝尔（73）
杜威与民主 ………………………… 詹姆士·坎贝尔（96）
杜威的探究理论 …………………… 拉里·希克曼（114）
杜威与罗蒂之间的实用主义与自由
   主义 ……………………… 理查德·舒斯特曼（138）
儒学与杜威的实用主义：一种对话 ………… 安乐哲（166）
福柯、杜威和现在的历史 ……… 兰道尔·E. 奥克谢尔（204）
传统与改革之间：杜威教育学的
   当代意义 …………………………… 拉里·希克曼（236）

附录1　杜威哲学的复兴及其主要原因探讨 …… 王成兵（254）
附录2　对"叙事的"哲学的叙事——罗蒂北京
　　　　师范大学演讲与交流纪实 ……………… 梁嘉殷（269）
附录3　美国学者杜威哲学研究部分新成果目录………… （276）

编后记 …………………………………………………（290）

再版后记 ………………………………………………（295）

主编前言

王成兵

杜威哲学的当代意义是学术界关注较多的重要论题，也是我个人很感兴趣并愿意下功夫研究的课题。如今关心杜威及其思想的人们不可避免要思考的问题是：杜威思想在21世纪的当代价值何在？离开人世半个多世纪的杜威在21世纪将会以怎样的方式发挥自己的影响力？面对着大量的第一手和第二手文献，我们将如何解读杜威的文本并重新提炼出杜威哲学研究的重要论题？等等。《当代学术语境中的杜威》就是力图从多元的视角去反映具有不同文化背景和理论立场的学者在当代语境中对以上问题所做的多方位和多层面的思考。

《一位真正的美国哲学家——美国学者论杜威》中的"美国学者论杜威"是想表明本文集集中反映了美国当代学者对杜威思想的当代价值的有代表性的思考；而"一位真正的美国哲学家"则是既想强调杜威在美国实用主义哲学乃至整个美国哲学中占有的无法替代的地位，也想说明只有从这个基本判断出发，我们才能够切实理解杜威哲学的当代价值，也才能够把握当代学者对杜威思想的基本评价。也可以说，只有作为真正的美国的哲学家，杜威才有世界性的影响；也只有作为美国的思想家，杜威思想的影响才能够复兴，杜威思想的当代价值也才能够得以体现。

尽管《一位真正的美国哲学家——美国学者论杜威》选用的文章基本上对杜威哲学的当代意义持正面的立场，作者也都是当今美国杜威思想研究领域中非常活跃的学者，然而，读者们仍然能够发现，在这些来自同一个国家、具有相近的学术立场和文化传统的学者们中间，对于杜威哲学的当代价值的理解依然是仁者见仁，智者见智。在我看来，出现这种情况的主要原因是：首先，作为一位长寿并多产的学者，作为一名学术兴趣多样、兴奋点和关注点多变的学者，杜威本人的思想处于不断更新和变化之中。其次，全球化培养了多样性的视野，全球化时代也鼓励多角度和多层次的讨论和处理问题的方式。在这种大语境下，即便来自同一种文化和哲学传统，即便对一件事物具有相近的立场和态度，人们的思维方式、话语方式等依然有着很大的差异。这也决定了当代人可以对杜威进行多样性的解读。最后，本文集所重点阐述的杜威的见解，如杜威的社群和共同体理念、杜威的技术哲学观、杜威思想中的后现代成分，等等，都需要在20世纪90年代之后的学术语境中加以理解，这需要一个消化和提炼的过程。

全球化必然鼓励文化交往，但是文化交往并不是各种文化一脸灿烂的握手言欢，它必然是各种文化的激烈碰撞。在这些碰撞和冲突中，东西方文化和哲学相互影响和相互塑造，这产生了了文化和哲学对话的必要。而东西哲学和文化能否对话以及如何对话，则成为中国学者和西方学者都无法回避的问题。安乐哲教授在文章中对杜威哲学和儒学的对话的可能性以及对话方式的深入思考，至少为我们看待中西哲学和文化的比较研究问题提供了一种可供借鉴的路径和可供进一步研究的个案。也许一些读者不同意文章中的某些具体观点，但是，作为一位在西方的中国哲学和文化研究领域中有很大影响力的学者，安乐哲教授的观点和思路值得我们关注。

学术研究离不开文本。我们有时往往因为文献过少而感叹

"巧妇难为无米之炊"。可是,当37卷的《杜威文集》摆在我们面前的时候,我们自然为杜威如此高产而赞叹,与此同时,即便专业的研究者也会为如何从几十卷的第一手文献中发掘出新的论点和方法而大伤脑筋。因此,如何在尊重文本本身和发掘文本意义的张力关系之间保持平衡,就成为对杜威思想的当代意义研究中一个无法绕过的环节。雷蒙德·伯依斯沃特教授的《杜威的哲学的改造》是一个典型的文献分析论文,它能够让我们感受到当代美国的杜威哲学研究者们如何去解读杜威的文本。比如,雷蒙德·伯依斯沃特教授在文章中提出,杜威的思想包含了对知识论上的旁观者的观点的批评,杜威思想中具有"后现代"的特色,这种解读方法以及结论肯定有别于对杜威哲学的传统的理解。

本文集还试图在各种学术关系中突出杜威思想的当代价值。各位专家就杜威哲学与欧洲大陆哲学的关系、杜威哲学与新实用主义哲学的关系、杜威哲学与其他古典实用主义的关系所展开的讨论,展现了杜威哲学的多样性的特色。需要特别提出的是,杜威对当代欧洲哲学的影响一直是学术界关注相对较少的方面,文集中关于杜威思想与福柯思想的联系、杜威思想与欧洲后现代主义的关系等问题的讨论,对我们拓展思路无疑具有很大的启发意义。

总之,缺少了当代语境意识,就谈不上对杜威文本的当代意义的解读,也不可能去真正把握杜威哲学与现代哲学的关系;没有在当代语境中对杜威文本的解读,就无法真正理解杜威思想的当代意义,从而也使得杜威哲学的当代背景无法成立;开了对杜威思想与当代哲学的学术关系的把握,就谈不上对杜威哲学的当代语境的感受,更谈不上对文本的深刻解读。我很希望围绕这些要素所选择的这些文章展现给大家的是一个丰富的而不是贫乏的、多样的而不是单一的、有活力的而不是死气沉沉的杜威。

  在我的计划中,《一位真正的美国哲学家——美国学者论杜威》是我对杜威思想的当代意义研究工作的第一步,也是重要的一步。我真诚地希望这个工作能够开一个好头,帮助大家对杜威哲学的当代意义展开更多的思考。

序

刘放桐

王成兵教授告诉我,他选编的关于杜威哲学的当代意义研究的文集《美国学者论杜威》即将由中国社会科学出版社出版,约请我给这个文集写一个序。

如何理解杜威的哲学的现当代意义问题,尤其是在西方哲学的现代变革以及马克思的哲学变革这个大背景下重新理解杜威等人的实用主义哲学理论的根本意义以及与马克思主义哲学的关系,是我近年来总在思考的问题。就这个机会,我把个人的几点初步想法提出来,供大家参考。

第一,杜威哲学的根本意义是对现实生活和实践的强调。

杜威的实用主义学说是对皮尔士和詹姆士的实用主义的继承和发展。如何看待杜威哲学的根本意义,实际上要涉及到整个美国实用主义的一般意义,即知道回答什么叫做实用主义。这是一个看似简单,实则相当复杂的问题。

说其简单,是因为与胡塞尔、海德格尔等众多德国哲学家那种刻意追求严密完整的体系、以致使其理论显得深奥莫测、晦涩难懂不同,皮尔士、詹姆士和杜威等人在表述自己的理论时避免抽象思辨,其含义相对简单明了。他们对什么是实用主义都作过清晰明确的阐释。许多哲学辞书和教科书对实用主义的释义也大都一目了然,有一般哲学常识的人理解起来都不会感到困难。由于五四以来实用主义在中国思想文化的各个领域都有较大流传，近半个世纪以来在中国进行的政治和思想批判运动几乎都把实用主义当作重要批判对象，因此许多没有研究过西方哲学、对其他西方哲学流派了解不多的人，对什么叫实用主义往往都会有一定印象，能给出某种回答。这些回答虽不见得严密、准确，但往往能涉及到实用主义的某一种意义。

说其复杂，是因为实用主义哲学家们对实用主义的意义的具体说法彼此并不完全一致，所强调的意义更是各不相同。这不仅是后期的实用主义（新实用主义）对早期的实用主义（古典实用主义）有重要的改造和发挥，早期的主要代表人物皮尔士、詹姆士和杜威等人在对实用主义的理论的表述形式、重点等方面也往往不同。例如，在皮尔士实用主义中意义理论具有相当突出的作用，詹姆士往往强调实用主义作为真理论的意义，杜威因强调实验和探索而把实用主义称为实验主义（Experimentalism）。同一哲学家在不同角度和语境下对实用主义的含义往往也有不同表述。杜威在谈到思想、观念的真理性在于它们能充当人们的行为工具时，称自己的理论为工具主义（Instrumentalism）；当他谈到作为有机体的人与环境、或者说经验与自然的关系是一种相互作用的关系时，他称自己的理论为经验自然主义（Empirical Naturalism）。我们当然可以用实用主义的这些特定的理论形态来表述实用主义，为了使对实用主义的理解有更多的具体性，也应当具体地研究和阐释这些特定的理论形态。但是实用主义的这些特殊的表达都有不同程度的局限性和片面性，它们往往在突出了实用主义的某一特殊意义而忽视了其他意义、有时甚至是更为重要的意义。如果我们把某一个实用主义哲学家的某一种特定的理论当作实用主义的一般理论，甚至当作是整个实用主义的核心理论，那就可能以偏概全、或者说只见树木不见森林。这样势必对实用主义的根本意义产生某种扭曲。实用主义在中国过去长期被简单否定，从社会背景说是由于左的政治和意识形态的干预，从理论根源说是由于人们往往只注意到了实用主义的某一或某些的确存在的特殊的意义，而忽视或者没有去追问实用主义作为一种相当广泛的哲学思潮的根本意义。如此说来，准确地回答什么叫实用主义就不是那么简单了。

因此，为了把握实用主义的根本意义，我们不能只着眼于某一位实用主义哲学家的理论，更不能只着眼于他们某一方面的理论，而要揭示贯彻于实用主义的各个代表人物以及他们的学说的各个方面的理论的意义。这就要求我们透过实用主义的各个方面、或者说它的各种特殊理论去揭示它们的共同的理论取向。在实用主义的各种意义中，我觉得只有对行动、行为、活动、过程的强调，也就是对现实生活和实践的强调才是它们的共同理论取向，因而也只有这种意义才是实用主义的根本意义。

中国哲学界过去在谈论实用主义时往往把它归结为一种真理论，似乎皮尔士、詹姆士、杜威等人把真理与有用相提并论的观点就是实用主义的根本观点。英国哲学家罗素和布拉德雷以及美国哲学家洛夫乔伊等人在批评詹姆士和杜威时也是抓住这一点。其实这些哲学家对詹姆士和杜威的真理论的理解都有片面性。这点暂时撇开不论，单就皮尔士、詹姆士和杜威的真理论本身来说，也不能说就是他们的根本性理论。他们把真理当做行为的工具，已经表明他们认为行为具有比真理更高的意义。真理的目标是适应行为、行动、实践的要求，只能由行为、行动、实践来检验和证实。真理作为一种观念的存在不是静止的存在，而是一个由此及彼的发生过程；真理不是处于人的行动之外，而是处于行动之中，是在人的行动和实践中获得的。总之，一切真理都以人的行为、实践为转移。离开实践来谈论真理，那真理就失去了任何现实意义。例如，在皮尔士看来，任何认识和真理如果不能引起行为和习惯，就没有任何意义。杜威也一再强调真理之所以成为真理完全在于其引起行动的功能。

随着语言分析哲学在美国的流行，用语言分析理论、特别是意义理论来解读实用主义的风气在一部分美国哲学家中相当流行，皮尔士关于观念、真理的意义应当由实践来证实的观点被当作是一种意义理论。因而皮尔士哲学、甚至整个实用主义哲学的核心就是意义理论。中国哲学家中也有人赞成并援引这种观点。应当承认，这些哲学家的观点有一定理论根据，他们对实用主义的某些阐释也很有价值。然而，意义毕竟是一个极为宽泛的概念，可以运用于一切领域。如果因为一种理论具有意义就说它是意义理论，那任何理论都将是意义理论。这就等于什么也没有说。所以谈论某种意义理论时，首先应当限定意义所指，也就是意义的意义是什么。当语义学家谈论意义的意义时，他们同样不能不赋予语义以某种所指的意义（不管是作为对象语言的意义还是作为情感语言的意义）。皮尔士曾被语义学家引为权威。他有时确用符号来表示意义，但符号的意义归根到底还是要超越符号本身而及于符号以外。总的说来，从皮尔士起，实用主义哲学家所谈论的意义的意义仍然是相对于人的行为习惯、实践而言的。皮尔士明确地说：对一个概念的最完备的说明在于对这个概念所必然引起的习惯的描述，一个事物的意义简单说来就是它所涉及的习惯。离开了行为、习惯或者说实践，所谓意义就变成了无意义。因此后来詹姆士、特别是杜威并不强调意义理论。杜威后期甚至批评了分析哲学家们的意义理论。在和 Arthur F. Bentley 合著的《认知与所知》（Knowing and The Known）一书中，明确地提出意义这个词含混，建议根本就不要使用。如果把杜威的实用主义也归结为意义理论，恐怕他不会同意。

杜威等实用主义哲学家虽然都批判作为存在论的传统形而上学，但他们又都企图建立一种摆脱传统形而上学的弊端的新的形而上学。杜威的经验自然主义就是这样一种形而上学。而这种形而上学同样通向人的行动、行为、实践。杜威的经验和自然概念当然都具有形而上学的意义。但它们与传统哲学的形而上学有着原则区别。它指的既不是物质的存在、也不是观念的存在，而是人作为生物有机体与环境之间的一种相互作用、或者说贯通作用。在此，有机体（经验）是处于一定环境（自然）下的有机体，环境是受到有机体作用的环境。二者不是分离开来的独立的存在，而是处于相互作用、贯通的过程之中，而这正是人的现实生活和实践的过程。因此，从存在论上说，杜威等人的哲学的根本之点同样在于对行动、生活、实践、过程的强调。一些西方哲学家把杜威哲学归入所谓过程哲学之例，这是有一定道理的。

杜威等实用主义哲学家其他方面的理论同样以生活和实践为中心。例如，杜威的探索方法既不同于传统的经验派和理性派哲学家的方法（例如传统逻辑的经验归纳法和理性演绎法），也不同于现代分析哲学家的现代逻辑或语言分析方法和现象学家的现象学方法，其根本之点就在杜威把探索过程当作是知和行、认识和实践统一的过程，而这正是行动、生活和实践的过程。

总的说来，杜威等实用主义哲学家最关注的是处于现实社会生活中、或者说处于一定自然环境和社会环境中的人的生存和命运。如何通过人本身的行为、行动、实践来妥善处理人与人之间以及人与其所面对的世界（自然和社会环境）之间的关系，排除人所面对的种种困惑、疑难和障碍，由此使人不仅得以继续生存下去、而且还能求得发展，这些就是他们的哲学最关注的根本问题。实用主义正是由此被称为是关于人的实践和行为的哲学。

如果说皮尔士和詹姆士以及其他一些实用主义哲学家对现实生活和实践的强调大体上只是当作哲学的一般原则的话，杜威哲学的突出特色就是把这一原则贯彻于人类现实生活和实践的各个重要领域。与胡塞尔、海德格尔等人通过曲折的道路才返回生活世界不同，与只关注逻辑和语言的意义分析的分析哲学家更不同，杜威的哲学直接面向现实生活。杜威一生在哲学上所关注的不是去建构庞大的体系，也不是去从事语言和逻辑的意义分析，而是满腔热情地从哲学上去探究人类在现实生活和实践各个领域所面临的各种问题及其解决办法。在杜威的全部论著中，关于政治、社会、文化、教育道德、科学技术、审美和宗教等各个领域的具体问题的论述占了绝大部分。他的哲学的精粹和生命力大都是在这些论述中表现出来。正因为如此，杜威哲学对美国现实生活的一些重要领域都发生了深刻的实影响。也正因为杜威哲学直接面向现实生活这种特色，当它传入中国后，它对中国的现实影响也远远超出任何其他西方哲学。

第二，杜威的哲学改造适应了西方哲学现代变革的潮流。

杜威把对现实生活和实践的关注放在哲学的核心地位，这不仅是继承和发展了皮尔士和詹姆士等人强调行动和实践的哲学的基本倾向，也适应了包括美国哲学在内的整个西方哲学由近代向现代转化的潮流。这一转折是具有划时代意义的哲学思维方式的转型，用库恩的话说是范式的转换。

我这里所谓近代西方哲学，指的是从笛卡尔到黑格尔时代的哲学。这个时代通常被称为理性主义的时代，用罗蒂、德里达等人的话说，就是体系哲学、基础主义和本质主义、主体性形而上学、在场的形而上学的时代。现代哲学泛指黑格尔以后至今的整个时代（包括汉语中的当代）的哲学，这个时代就是对以形而上学等为特征的近代哲学采取批判态度的时代。这两个时代具体如何划分似乎不是哲学家们争论的焦点。意见分歧较大的是如何从总体上对它们加以评价。西方哲学家由于哲学立场不同对近现代西方哲学也会有不同看法，无论对近代哲学或现代哲学都可能采取批判态度。但他们一般不会全盘否定，对现代哲学更是如此。

马克思主义哲学家对待西方近现代哲学的态度情况较为复

杂。由于马克思和恩格斯承认他们批判地继承了近代哲学、特别是德国古典哲学的优秀遗产，因此马克思主义者对西方近代哲学大都既有批判、又有所肯定。但是对于西方现代哲学，从马克思和恩格斯时代起大体上就只是否定的。马克思和恩格斯认为他们所处时代的资本主义已经腐朽，因而必须进行反对资本主义的革命，这使他们对于同时代的西方哲学家的理论基本上采取否定态度。他们在晚年已意识到资本主义并未腐朽，甚至还有较大生命力，因而对同一时期西方哲学家的哲学不应简单否定，他们对此表现过更正的意向。但未来得及充分发挥。他们逝世后。他们晚年的这种转变没有引起注意。随着左的思潮在马克思主义运动中越来越得势，对马克思主义产生以后的西方哲学越来越采取全盘否定的态度。西方哲学由近代到现代的转化被认为是由唯物主义向唯心主义、由进步向反动的转化。这种观点在近一个世纪内被认为是理所当然的。中国几十年来对实用主义等现代西方哲学采取全盘否定态度与这种左的思潮的传入直接相关。

因此，为了在中国对实用主义等现代西方哲学作出符合实际的评价，必须排除左的政治和意识形态的干扰所造成的扭曲，对西方哲学由近代到现代的现实的历史进程重新进行研究，揭示其本来面目，并由之重新作出评价。我在最近十多年来一直在努力从事这方面的工作。在经过了多年的探索后，我提出了两个与以往受到左的扭曲的马克思主义观点正好相反的观点。第一，西方哲学由近代到现代的转折不是由唯物主义转向唯心主义、由进步转向反动，而是哲学思维方式上一次具有划时代意义的转型，它标志着西方哲学发展到了一个新的、更高的阶段。主要表现为多数哲学流派各以特有的方式力图使哲学研究在不同程度上从抽象化的自在的自然界或绝对化的观念世界返回到人的现实生活世界，企图以此摆脱以构建无所不包的体系等为特征的近代哲学所陷入的种种困境，为哲学的发展开辟新道路。第二，马克思的哲学变革与西方哲学由近代到现代的转型虽然存在着重要区别，但二者在超越西方近代哲学的种种局限性、体现时代精神的发展方向上殊途同归。

我已在其他地方反复论证了西方哲学由近代到现代的转向或者说转型。这里需要说明的是：以杜威为代表的实用主义思潮不仅适应了、而且在一定意义上引领了这一转型的潮流。杜威一再强调他对西方哲学的变更是一种具有根本性意义的哲学的改造。由于杜威的哲学的改造直接继承了皮尔士对近代哲学的超越，我们在此先简单提一下皮尔士。

皮尔士哲学带有明显的由近代到现代过渡的特色。他既企图以符号学来改造康德的先验论，并由此构建一种新的形而上学，但又明确地反对笛卡尔的形而上学，并把对笛卡尔的批判当作是对以基础主义、绝对理性主义、体系哲学等为特征的近代哲学思维方式的批判。他反对近代哲学认识论的直观性和绝对性，特别是反对把知识看作是作为主体的个人的自我确定，而强调应当将其看作是"共同体"中充满活力的不断商讨的过程，也就是具有现实性和社会性的实践和探索过程。知识并非确定的、绝对化的和终极的东西，而只能存在于这样的探索过程之中，不断受到否定和批判。皮尔士企图由此实现其对传统哲学的改造，将其从有关确定性的知识论转向有关现实性的实践论，也就是将以认识论为中心的传统形而上学改造为一种强调探索和实践过程的实践哲学。他所要论证的正是人类探索的现实过程，也就是从科学和理性出发具体探索展开这一过程所需要的各种现实要求。换言之，不是去探究这一过程的具有确定性的标准，而是探究这一过程是如何现实地展开的。而这正是他的实用主义实践观的基本含义。他对西方近代哲学的态度以及他自己的全部哲学理论都在不同程度上都体现了这种基本思想倾向。这种倾向正是欧洲哲学家在19世纪中期即已表现出的现代哲学的倾向，皮尔士则是在美国体现这种倾向的最早的代表。

关于杜威如何发挥皮尔士的实践哲学，超越西方近代哲学的种种局限性，并引领西方哲学由近代到现代的转型的潮流，从他的哲学的各个方面都可以得到证明。他对探索理论的阐释就是对皮尔士最早提出的探索理论的全面和充分的发挥。在杜威哲学中，探索过程是主体和环境相互作用的过程，它既是认识过程，又是实践过程。探索不仅使主客心物等统一起来，也使认识和实践统一起来，从而不仅克服了传统哲学的各种形式的二元论，也克服了传统哲学的各种形式的形而上学，使哲学发展走上了一条全新的道路。

杜威的经验自然主义、实验主义、工具主义也都从不同角度体现了对近代哲学的超越，特别是对经验和自然、精神和物质、经验和理性、思想和行动、认识和实践、知识和价值等的二元对立的超越，对主体性形而上学、思辨形而上学的超越。而所有这些超越都是通过作为有机体的人与其所面对的环境的交互作用实现的。杜威把人和自然、经验和理性等的相互作用看作是一个不断发生和发展的无尽的过程，这一过程也正是人的生活和实践的过程。

我们不妨以杜威的经验自然主义为例来进一步说明。经验自然主义的主旨正是克服各种形式的二元论。它不把经验当作知识或主观对客体的反映（认识），也不把经验当作独立的精神（意识）存在，而当作主体和对象、即有机体和环境之间的相互作用。杜威接受了达尔文进化论的影响，认为作为有机体的人在生存中总要遭遇到某种自然和社会环境，必须对之作出反应，以适应环境。人与环境的这种相互作用就是经验。生活和行动着的人与他的环境（自然或社会等等）之间的这种相互作用是一种将彼此联系在一起的"贯通作用"（transaction），表现为一个主动和被动的过程。经验正是这样一种"贯通作用"和过程。上述一切二元对立都在这一贯通作用中得到了消解。而这种贯通作用、能动和被动的过程正是人的现实生活和实践的过程。总之，一切对立只有在交互作用（interaction，相互作用）、或者说贯通作用之下才真正存在，也只有在这种交互作用和贯通作用之下才能得到解决。杜威的交互作用、或者说贯通作用观实际上就是人的现实生活观，人的实践和行动观。杜威正是通过这种生活和实践观完成了对传统哲学的改造。

杜威的上述观点体现于他的理论的几乎一切方面。作为一个例证，我再提一下他所谓的哲学上的"哥白尼革命"（Copernican revolutions）。在西方哲学家中，有两个重要哲学家提到要进行哲学上的哥白尼革命。一个是康德，另一个就是杜威。

康德的"哥白尼革命"的主要观点是：以往哲学的根本特点是认为主体必然围绕着客体（对象）转，突出了自我、主体性原则的笛卡尔哲学也不例外。因为他仍然把回答主体如何与客体相符合当作必须回答的认识论的首要问题，而康德则认为客体应当围绕着主体转，因为他肯定对象由先验自我本身所创造。康德的哥白尼革命标志着近代主体性形而上学的完成。杜威则认为康德的革命不是按照哥白尼的方式。因为生活于地球之上的主体（人）总只能以地球为中心来看世界。康德以主体中心论代替了客体中心论实际上倒退到了托勒米的以地球为中心的方式。杜威肯定康德对人类理智的能动性的强调，但认为康德强调过分，以致使人类理智脱离了作为其存在背景的自然。而在他看来，人只有在其与自然的相互作用中才能有能动作用。哲学上的真正的哥白尼革命正在于肯定这种交互作用。如果说康德的中心是心灵，那末杜威的新的中心指的是自然进程中所发生的交互作用。正如地球或太阳并不是绝对的中心一样，自我或世界、心灵或自然远不是这样的中心。一切中心都存在于交互作用之中，都只具有相对的意义。可以说，杜威所谓哲学中的哥白尼革命，就是以他所主张的心物、主客、经验自然等的交互作用、或者说人的现实生活和实践既取代客体中心论，也取代主体中心论。

不是把先验的主体或自在的客体、而是把主客的相互作用、把人的行为和实践当作哲学的出发点，不是站在唯物主义一方或唯心主义一方，而是通过行动、实践来超越唯物主义和唯心主义的对立，不是转向纯粹的意识世界或脱离了人的纯粹的自然界，而是转向与人和自然界、精神和物质、理性和非理性等等都有着无限牵涉的生活世界，这大体上就是取代了近代哲学思维方式的现代哲学思维方式的根本特征。黑格尔以后许多西方哲学家和哲学思潮从各自不同角度对传统形而上学、各种形式的二元论、绝对理性主义和纯粹非理性主义、绝对主义和独断论、客体中心论或人类中心论等近代哲学固有的特征进行批判，这种批判的道路大体上也正是使哲学返回到现实生活世界的道路。而杜威的哲学则最为突出而明确地体现了这种特征。

第三，杜威的哲学的改造与马克思的哲学变革殊途同归。

谈论杜威在哲学上的哥白尼革命不能不将其与马克思在哲学上实现的革命变更相比较。传统的马克思主义由于受到左的干扰，对实用主义必然全盘否定，杜威的哥白尼革命被简单地归结为主观主义和相对主义；由于不能超越近代哲学思维方式的眼界，现实生活和实践的观点这一整个马克思哲学的根本观点被降低到认识论的一个环节，马克思的哲学变革的意义由此被曲解。为了对这两种变革作出符合实际的评价并揭示它们之间的真实关系，首先需要对这两种哲学的实际所是有适当的了解。由于马克思主义在中国被当作指导思想，如果不克服以往那种对它的扭曲，自然谈不到客观地来评价这两种哲学的关系的问题。因此我们首先需要简单揭示马克思的哲学变革的真实意义。

关于马克思在哲学上实现革命变更的理论含义，最流行的说法是：马克思和恩格斯批判地继承了黑格尔的辩证法，摈弃了其唯心主义；批判地继承了以费尔巴哈为代表的近代唯物主义，摈弃了其形而上学，由此建立了将唯物主义和辩证法统一成为一个整体的唯物辩证法或者说辩证唯物主义。这种表述当然有理论根据，但仅这样说还没有充分揭示这一变革的深层意义。我们还应当进一步追问：他们是怎样实现上述批判继承并将辩证法和唯物主义统一起来的。历史和理论的考察使我们明白，这个变更的决定性环节在于他们通过批判地总结近代哲学陷入困境和危机的教训、特别是在于他们作为无产阶级的革命导师对无产阶级的现实生活和实践的意义的深刻分析和总结，他们由此摆脱了抽象思维和感性直观、绝对理性主义和经验主义等的界限，强调了现实生活和实践在哲学中的决定性作用。他们对以物质资料生产的劳动为基础的无产阶级的现实生活和实践的意义的深刻分析使他们对唯物主义和辩证法有了与以往哲学家根本不同的认识。这突出地表现在马克思把唯物主义和辩证法都与人的"感性活动"、实践联系起来。

马克思的唯物主义不同于旧唯物主义的根本之点，在于他不是从纯粹的、抽象的物出发、而是从人的现实生活和实践（人的感性活动）出发。相对于旧唯物主义之为自然主义的唯物主义而言，马克思的新唯物主义是一种实践的唯物主义。马克思的辩证法不同于黑格尔等以往辩证法的根本之点同样在于马克思是通过人的现实的感性活动、即客观的实践来理解辩证法的，因而既能揭示主观的辩证法，又能揭示客观的辩证法，并在实践的基础上达到主客观辩证法的统一。正是这种统一使马克思的辩证法具有充分的现实性和具体性。在马克思哲学中，通过感性活动、实践对辩证法的揭示与通过感性活动、实践对物质的客观性和先在性的揭示是统一的。因此马克思的辩证法是唯物主义的辩证法，而他的唯物主义则是辩证法的唯物主义。总之，现实生活和实践的观点是整个经典马克思主义哲学的根本观点。它不仅因强调人的实践在认识中的决定作用而具有认识论意义，而且还因强调人的实践使物质、自然的存在成为具有现实意义的存在而具有存在论（生存论）意义。马克思通过把实践的观点当作其哲学的根本观点标志着他在哲学上实现了一次全面的、深刻的变革。

如果按照传统的观点来看待马克思主义哲学和杜威的实用主义，那必然会认为二者是根本对立的。从传统的马克思主义哲学的眼光看，杜威的哥白尼革命没有肯定物质第一性，也没有肯定主客体（有机体与环境）之间的关系是对立统一关系，因而必然是唯心主义和反辩证法的。以往马克思主义者之所以对杜威等人的实用主义全盘否定，除了政治和意识形态的原因外，还有停留于用近代哲学思维方式来看待马克思主义和实用主义这个认识论的原因。其实，包括杜威在内的许多西方哲学家之批判和否定马克思主义也存在类似情况。由于他们往往忽视了教条主义的马克思主义与马克思哲学本来意义之间的区别，把后者归结为前者，才使他们把马克思主义哲学看成是一种过了时的形而上学，当作是一种教条主义、甚至极权主义的哲学。近一个世纪以来，马克思主义哲学家和实用主义哲学家经常处于一种敌对状态，相互批判，这固然有其客观原因，因为二者之间的确存在重要区别，但在一些情况下是由于没有超越近代哲学的眼界，彼此既误解了对方、甚至也误解了自己。

然而，如果人们能够超越近代哲学思维方式的眼光，能够按照马克思主义哲学和实用主义哲学的本来面貌去理解它们，就会发觉这两种哲学之间尽管存在着重要区别，但在把生活、行动和实践的观点当作全部哲学的根本观点、并以此来批判和超越近代哲学的种种局限性和片面性上，二者有着重要的共同之处。也正是由于这种共同之处，使这两种哲学能够产生任何其他哲学都无法比拟的实际影响。尽管它们的这些实际影响有时也会由于种种误解而被遮蔽、甚至被扭曲，但这些实际影响终将摆脱遮蔽和扭曲而获得进一步发展。

关于马克思主义产生了比任何其他现代哲学学派更大的实际影响，这并非出于马克思主义者和共产党人的宣传，而是见证于马克思主义产生以来一百多年出现的历史事实。马克思主义在发展中当然会遇到失败和挫折。但这往往不是马克思主义本身的失败和挫折，而是一些人背离了马克思主义的本来意义所必然受到的惩罚。其中最突出的例证莫过于前苏联的解体。因为解体的真正原因是前苏联当局对外实行霸权主义和大国沙文主义，对内实行极权主义的政策，这些都背离了当代世界和前苏联社会发展的基本趋势，尽管打着马克思主义的旗号，却背离了把现实生活和实践当作核心思想的马克思主义的根本原则。一些原来由共产党执政的国家之陆续遭到挫折原因同样在此。马克思主义发展中尽管有些失败和挫折，但并不证明马克思主义已失去生命力。马克思在西方之被评为世纪伟人，萨特、德里达等西方最著名的学者之高度评价马克思主义，主要原因也正在此。

至于实用主义产生的影响，可以从美国人民在不长的历史时期内几乎从空地上把美国建设成为世界唯一的超级大国来说明。实用主义虽然不是唯一的美国哲学，却是美国最有代表性的哲学。欧洲各国的哲学大都曾传入美国，并在美国占有一席之地，有的（例如分析哲学）在特定时期甚至可能在哲学讲坛占有支配地位。但它们几乎都毫无例外地被实用主义所同化，成为实用主义的组成部分。就实际影响来说，实用主义在美国哲学中始终占有优势地位。一些美国哲学家也承认，美国人不管其口头上拥护的是什么样的哲学，但骨子里相信的仍然是实用主义。只有实用主义才是美国建国以来长期形成的一种民族精神的体现。而实用主义的最大特色就是使哲学从玄虚的抽象王国转向人所面对的现实生活世界。实用主义的主旨就在指引人们如何去面对现实生活世界，解决他们所面临的各种疑虑和困扰。实用主义当然具有各种局限性，人们也可以从各种角度去批判它，但正是实用主义使美国能在许多方面取得成功，这大概是一个不争的事实。

在美国以外，实用主义也能产生广泛而长远的影响。这在中国可以说是最突出的了。自从实用主义传入中国以来，它的关注现实生活和实践的根本特征使它产生的影响远远超出马克思主义以外的任何其他哲学流派。五四时期输入中国的西方哲学流派除了实用主义以外，还有实证主义、生命哲学、马赫主义、新康德主义、逻辑分析哲学等众多流派。当时访问中国的西方著名哲学家，除了杜威以外，还有罗素等人。但他们的影响主要只是在相关学科的少数知识分子中。而杜威及其实用主义的影响则遍及思想文化的众多领域。值得注意的是：无论是当时访问中国的杜威本人还是杜威的中国学生胡适等人，其对实用主义的宣传远远超越所谓纯哲学的领域。他们所作的主要不是教人去研究实用主义的哲学理论体系（事实上实用主义不同于其他哲学，它没有这样的体系），而是引导人们去研究如何解决中国所面临的各种现实问题。胡适当时所提倡的"多谈些问题，少谈些主义"是符合实用主义的真谛的。这倒不是说实用主义拒绝任何主义。事实上美国实用主义凝聚了美国建国以来的资产阶级民主主义的一整套原理原则。杜威在谈论各种现实问题时都紧紧依据其实用主义的根本原则。因此我们说杜威的实用主义与马克思主义有着原则的区别。但杜威不同于其他许多哲学家、特别是近代哲学家，他从不把原则、主义绝对化，而竭力使它们与现实生活和实践联系起来。杜威当时在中国的讲演最吸引人的是关于科学、民主、教育等现实问题的论述，而这些论述都很有现实生活和实践的针对性，正好适应了五四时期中国先进分子对科学和民主等的诉求，所以对推动当时的新文化运动起了重要的作用。

实用主义超越纯思辨领域而关注中国的现实问题的特征，使它卷入了现代中国社会的政治和文化冲突,与马克思主义长期处于对立的地位。它也必然受到在中国占意识形态主导地位的马克思主义者的批判。然而这种涉及政治和文化等领域的现实问题的批判反过来又使这些领域受到实用主义的影响。实用主义所主张的解决现实问题的方法与马克思主义所主张的方法往往发生重叠,以致人们有时难以明察它们之间的区别。毕竟人们在面对现实问题时,除了应当关注一般原则外,还应当关注、甚至首先应当关注解决问题的方法,探究如何使问题的解决既能符合社会和公众发展的利益,又能保障个人的合理要求。例如,在向市场经济体制转向时,应当首先关注的是如何发展市场经济,至于"姓社""姓资"的问题可以暂时搁置,放在市场经济建设的过程中去解决。而在探究解决问题的方法(例如建设市场经济的方法)方面,实用主义和马克思主义之间仿佛存在着一种张力。因为,二者都把现实生活和实践放在首位,都主张一切从实际出发,都反对各种形式的教条主义和主观主义,因而二者之间在解决现实问题上可以殊途同归。其实,即使就原则而言二者并非在一切方面都是针锋相对的。例如,马克思主义的发展观是保障社会和个人的共同得益,而就杜威而论,他的实用主义从来不主张在损害社会、公众利益的条件下去维护个人私利。相反,他一直提倡私利要服从公益,个人和社会应当相得益彰。其实,杜威的社会理想也并不是维护现存有资本主义,而是建立一种能保障社会成员的具有民主和自由的权利、使他们受到平等和公正的对待、获得全面发展的机会的"伟大共同体"(Great Community)。尽管杜威的这种理想社会在现存资本主义制度下并不能实现。但它仍能获得社会上许多阶层的人的同情,杜威也由此被认为是资本主义制度下的社会改革家。正因为如此,在中国,在不同程度上接受和利用实用主义的人,并不都是资产阶级庸人和鸡鸣狗盗之徒,也包括许多忧国忧民和务实求真之士。这也就是为什么实用主义在中国会有挥之不去的影响。

中国的马克思主义者当然应当克服从左和右的方面对马克思主义的扭曲，在当代世界和当代中国发展的新形势下丰富和发展马克思主义，并坚持用它来当作一切事业的指导思想。因为这无疑是使中国的各项事业取得更为辉煌的胜利的基本保障。但与此同时，对杜威的实用主义不仅不要简单拒斥，反而应当在防止其消极作用的条件下充分研究其可能发生的积极作用。

关于杜威的实用主义与马克思主义的关系问题是一个值得从各种不同角度和层面上来研究的重要问题。从把生活和实践的观点当作哲学的根本观点来说，二者至少在一定程度上可以说殊途同归。它们在一般哲学理论上是否也有共同之处呢？这是中外学者已在开始探讨的问题。一谈到将马克思的哲学与杜威的实用主义作比较，人们总是想到杜威对马克思的态度以及杜威的实用主义理论与马克思的唯物辩证法是否有共同之处。但从事这种比较往往会遇到较大困难。生活在19世纪的马克思不可能预见到20世纪才进入盛期的杜威，而杜威也由于种种原因没有原本地研读过马克思本人的著作。因此，很难从他们的论著中找到直接相互印证的材料。但是，如果将马克思的学说与杜威的学说都体现了西方哲学从近代到现代发展的趋势、都是对近代哲学思维方式的扬弃和超越来说，仍然可以找到他们之间的重要的共同之处。例如，杜威的经验自然主义所谈论的自然界实际上就是马克思所强调的那个人化的世界。杜威在肯定自然界不以人的存在为转移而自在地存在关的前提下提出的关于主客（有机体和环境）相互制约、主体的创造性和能动性的理论与马克思所阐释的辩证法至少是不直接抵触的。杜威的"伟大共同体"虽然不同于马克思的共产主义，但至少他自己把它当作是超越现存资本主义的一种努力。这里的关键仍然是我们应当怎样看待马克思的哲学和杜威的实用主义哲学的根本意义。如果按照传统的马克思主义哲学教科书的结构来理解马克思的哲学、按照近代哲学的眼光去看待杜威的哲学，则二者除了对立以外很难还有其他。但如果按照马克思的哲学的根本意义去理解马克思的哲学，按照实用主义的根本意义去理解实用主义，那这两种哲学作为体现现代哲学发展趋势的哲学，在一些重要方面可以说殊途同归。

根据我的了解，国内学术界近年来对杜威思想的兴趣日益浓厚，有的专家在承担各级相关科研课题，有的专家在指导研究生以杜威思想为选题从事专门研究，《杜威文集》的翻译工作也已经有条不紊地展开了。王成兵教授一直对实用主义哲学有着很浓厚的学术兴趣，很多年来一直没有中断对杜威哲学的关注。他这次所选编的文集也是研究工作的重要组成部分。本文集所收集和整理的文章涵盖了比较丰富的内容，既讨论了杜威哲学的文本解读问题，也讨论了在全球化的语境中如何把握杜威思想自身的当代意义问题，还讨论了杜威哲学与当代哲学派别和思潮的关系问题，同时也从中西哲学比较的角度展示了杜威哲学的当代价值。我与其中的部分作者有过学术上的交往，对于他们的研究工作也有所了解。我相信，不管读者们最终是否认同这些作者的观点，都会感受到这些作者确实是以自己的研究方式做认真的研究工作，在对杜威哲学进行严肃的思考。希望他们的研究工作对我们的杜威哲学研究产生积极的推动作用。

分析的哲学与叙事的哲学(代序)

理查德·罗蒂(Richard Rorty)

哲学已经在很大程度上游离出许多知识分子所能触及的范围。当今哲学家们争论的问题与柏拉图—尼采的对立联系在一起。这种争论的结果将决定哲学作为一门学科的发展前景。其中之一就是,对哲学的研究在将来是否会独立于思想史去进行。这一争论通常发生在"分析"与"非分析"哲学分裂的讨论过程之中。

当今哲学争论的两个主要议题

第一,分析哲学与非分析哲学之争;第二,分析哲学(心灵与语言哲学)内部的争论,即原子论与整体论之争。原子论者认为,哲学与认知科学的结盟对自身会大有好处;整体论者则不这样认为。

当代的哲学系将哲学划分为两方:伦理、社会和政治哲学为一方;心灵和语言哲学为另外一方。从事前者的哲学家很少读后者写的书,他们更多地阅读政治学教授和法理学教授所写的书,而不是读那些研究身心关系、语言与实在关系的同事们所写的书。人们可以这样说,这两类人同处一个系,不是由于有什么共同的兴趣,而是由于机构划分的原因。

"分析的"哲学与"非分析哲学"的分野与道德和政治学作品的关系不是很大。它们也与约翰·罗尔斯、哈贝马斯、詹托尔·默菲(Chantal Mouffe)、伊赛亚·柏林等没有多大的牵连。所有这些思想家与非哲学家,如麦克尔·瓦尔策、理查德·波斯纳(Richard Posner)、米歇尔·伊格纳提夫(Michael Ignatieff)、乌尔里奇·贝克(Ulrich Beck)等,讨论着同样的问题——我们何以能改变我们的社会政治制度,以便更好地将秩序与正义结合在一起。

人们一旦将道德和政治哲学框起来存而不论,便发现分析哲学与大陆哲学的分裂凸现出来了。这种分裂就如同人们对罗素哲学的评价一样。有的哲学家将罗素的摹状词理论视为哲学的一种范式;而另外一些哲学家则认为,罗素所做的工作没有哪一点能与黑格尔的《精神现象学》或海德格尔的《人道主义的书信》相媲美。

自认为是心灵和语言分析哲学的人肯定对罗素的摹状词理论极其熟悉,但他们有可能从来就没有读过黑格尔和海德格尔的东西。如果一个人在非英语国家教哲学,她肯定读过《精神现象学》和《人道主义的书信》,或要装出读过的样子来;但她完全可以理直气壮地跳过摹状词理论。巴西、土耳其、波兰的哲学家们就不太理解,英语国家的同行们为什么将罗素看成一个重要人物。

崇拜罗素的人可以精确地讲清楚他们在回答一些什么样的问题。黑格尔和海德格尔则不大关注常识或日常语言。他们告诉你有关精神本质或存在意义的内容,而且通常是在非常特殊或不为人所熟悉的意义上使用"精神"与"存在"(being)。弗雷格和罗素希望使事物变得清晰明白,而黑格尔和海德格则希望事情出现差异。

在读黑格尔和海德格尔的书的时候，读者有收益，也有思考；但在放下书以后，读者会感觉什么事都没有发生。读者可能会得出结论，认为他们俩人的思想有毛病。实际上，分析哲学家就是这么看待他们俩人的。

哲学家之间相互攻伐：分析哲学家有时认为黑格尔和海德格尔的描述"不是在真正意义上搞哲学"。非分析哲学则认为，分析哲学的同行们是知识懦夫（intellectual cowards），因为后者对他们自己所熟悉的职业以外的环境没有安全感。这种相互攻伐已经持续了近50年。

在我看来，弗雷格、罗素、黑格尔、海德格尔四人可以被有效地归于一类。原因是，他们都在以自己的方式回答着最先由柏拉图明确提出的问题：何以使得人类独特？其他动物为何缺少人类之特性？我们所独有的东西为什么如此重要？人以什么样的自我形象出现时相对于这一独特性来说不失为正义？

柏拉图的回答是，我们不像动物，我们可以认识事物（包括我们自己）是什么样的。在柏拉图看来，实在与现象的区分对智慧的获得极为重要，人之为人在于把握真理。弗雷格与罗素认为，柏拉图的回答在总体上没有什么错。他们的工作就是帮助人们回答柏拉图的问题：我们的信念之间有一种什么样的关系？

弗雷格与罗素认为，以前对这些问题的回答不充分，原因在于从柏拉图到康德的哲学家们没有关注作为中介的语言；在这些中介中，人类将实在展现给自己。从这个意义上讲，以前的答案没有能充分反映语言与实在之间的关系。

尼采对以上问题的回答不同于柏拉图的回答。尼采嘲讽柏拉图对现象—实在的二分。而这一划分至今被许多分析哲学家看成是理所当然的东西。他要求人们"从艺术的视角看科学，从生活的角度看艺术"。

当今认真对待黑格尔和海德格尔的哲学家们同意尼采对现象

—实在二分所做的怀疑，从而代之以对世界精神发展所做的过去与现在、早期与晚期的划分。在这些哲学家眼里，黑格尔和浪漫派诗人被看作尼采反叛柏拉图主义的先驱。黑格尔强调我们在历史进程中发展和改变着我们自身。黑格尔的这一观点，为尼采"人类的指向就是通过对自我重新描述来进行自我创造"这一论断铺平了道路。

海德格尔是第一个试图调停柏拉图—尼采冲突（关于什么东西使得人类如此特殊）的思想家。海德格尔的晚期著作告诉人们，西方知识分子始于对获得自我知识的渴望，终于对实现自我创造的期盼。因此，黑格尔和海德格尔的成熟之作均力图去解释我们现代人怎样变成了我们现在这个样子这一问题。所有这些讨论与对知识的范围与界限、事物如何使得句子为真等问题的回答没有任何关系。

分析哲学的任务：探寻心智与语言是如何起作用的

在这个题目下有原子论与整体论之争。原子论者旨在解释心灵与语言是如何发挥作用的。这也是原子论者的一贯追求。整体论者则认为，(1) 原子论者所做的工作不会有成果；(2) 原子论将语言与心灵看成实体，这种作法是一种错误；(3) 意义与信念不是一种事物。但二者都同意，(1) 人之特殊性体现在人拥有心灵和语言；(2) 当代哲学面临的一个大问题就是用与现代科学相一致的方法去解释心灵和语言的存在，而不用求助于柏拉图、奥古斯汀、笛卡尔等提出的非物理的实体；因此，(3) 他们都是物理主义者。但原子论与整体论的相似到此为止。

原子论者把心灵与语言分解成许多部分，将其与大脑紧密地联系在一起；他们认为心灵即大脑。他们花大量时间分析类似于

"信念"和"意义"这样的概念，以此企图说明信念与意义如何居于人类的中枢神经之内。

在整体论者看来，将心灵与大脑视为同一这种作法明显是一种误导。即使是理想的神经生理学也不可能告诉我们有关心灵与语言的东西。整体论者虽然同意在探索大脑何以运作方面有许多事情要做，但同时又怀疑，即便是理想的神经生理学也可能不会告诉我们更多有关心灵和语言的东西。他们坚持，心灵不是电脑硬件意义上的大脑；心灵与大脑、文化与生物学，其相互之间的自由度如同硬件之于软件。

整体论者认为，认识心灵与语言实际上是对我们所身处其中的社会行为（实践）变迁的认识；当然，我们不能缺少神经学方面的手段与工具。但从神经学或生物学方面解释人的行为，并不能将人与猩猩区分开来。猩猩不会绘制出洞穴里的壁画，更不会建造出驶往特洛伊城的巨船。

整体论者认为，提出批判性的意见这一社会行为与智力和语言不可分。原子论者认为，我们在没有语言之前就已经有心灵；人以外的动物也有心灵。要想解释人类为何能够获得有关存在于物理世界之中的那些事物的事实，我们就必须联系到语言表达。这就将我们的科学理论引向原始语言表达，最终至知觉性的表现。

希望认知科学帮助我们理解人类的特殊性，这是洛克留给后人的做法。洛克将心灵看成是简单观念和观念的仓库，它最后引出休谟的"动物理性"、19世纪的联想心理学、被艾耶尔语言学化了的休谟版，以及被麦克道尔语言学化了的康德版。整体论者对洛克将我们引向此途表示遗憾，也因此谴责笛卡尔对洛克的误导。

在整体论者看来，在神经元与社会行为（实践）之间并不存在认知科学要去研究的中介。要研究人何以具有不同于大猩猩的特殊属性，就要去研究那些实践，去研究文化。在神经元与实践之间，没有（也不需要有）什么桥梁，这就像软件与硬件之间的关系一样。正如软件只是一种让硬件运行的方法一样，文化只是一种使我们的神经装置投入使用的方法。原子论者同意并引用了斯蒂芬·平克尔（Steven Pinker）的话，"计算心灵理论是知识史上的伟大思想之一，因为它解决了构成身心问题的谜团之一。"

当今语言哲学中的整体论者有：戴维森（随蒯因），布兰顿（随塞拉斯），以及追随赖尔和维坦根斯坦的其他哲学家。原子论者有：乔姆斯基、平克尔、杰瑞·夫德（Jerry Fodor），以及那些试图创立一种心智表现的语义理论专家。

分析的明晰性与对话的明晰性

以上论述能帮助我们理解以下三方面的问题：（1）许多原子论者怀疑，整体论将分析哲学的核心思想置于危险的境地；（2）诸如托马斯·内格尔这样的哲学家认为维特根斯坦、戴维森等向黑格尔、海德格尔所从事的那类坏哲学敞开了大门；（3）布兰顿将自己称为一个新黑格尔主义者。

原子论与整体论之争最后似乎落到了对两个问题的争论上：（1）哲学家们应该做的事情的类型；（2）哲学的自我形象。

这体现在罗素与维特根斯坦两人对概念的不同看法上。罗素主张，概念或意义可以被分离开来并当作信念的元素来对待，应该承认它们的存在。然而在维特根斯坦看来，概念只是对一个词的使用。

大多数分析哲学家同意，罗素及其追随者将我们的哲学学科引入可靠的科学途径。分析哲学家认为，分析哲学的训练可以锻炼和提高心灵的明晰性。他们之所以抵制整体主义是出于一种担心：如果他们偏离自然科学，他们将为蒙昧主义敞开大门，哲学将回归到罗素以前的岁月，即乔伊特（Jowett）和T. H. 格林的时代，或20世纪的法国。正是因为这个原因，分析哲学非常厌恶"哲学是一种人文学科"这一观点，而坚持哲学是一种科学。

整体论者认为，要想研究心灵和语言如何运作这一问题，最好是讲故事，即那种由塞拉斯、布兰顿所讲的故事：元语言学的词汇与心灵主义的词汇同时产生；文化如何超越生物的进化。通过把如今的社会实践与过去时代的社会实践和将来可能的社会实践加以比照，这种叙事方式将会扩展我们的想象力。

确定的存在和非确定的存在

很显然，我赞同整体论者，赞同那些讲故事的哲学家，而非那些进行分析的哲学家。"在物理世界中，心灵表现、意义、价值处于什么位置？"我认为，人们应该放弃这样的问题。他们应该把对物体（粒子）、信念、理应被做的事情等的讨论描述成文化活动。这些活动所实现的目的都很明确。

确定的存在是那种可以断然确定为真的存在。数学所研究的对象之间的关系就是这样。同样的还有：诺曼征服以来英国国王的名称、伊拉克战争中死亡的大体人数、20世纪牛津的年平均降雨量。不确定的存在事例有：《哈姆莱特》的意义、丘吉尔的性格特征、人类存在的时间点等。

我对确定的存在与不确定的存在之间的划分是从社会学意义上做出的。确定性只是一种程度。只将确定的存在视为真实可信的，这种做法是用一种无用的形而上学的区分代替一种有用的社会学意义上的程度区分。接受前一种区分，就是承认有关于某些话题的"事实"的存在，就是在认真地对待有关实在论与反实在论之间的争论。只有在分析哲学家们眼里，这种争论才有实际的意义。只有你相信所有的存在都像拼图玩具的每一个碎片一样可以拼贴到一块,认为那些不能被拼到一块的存在就不真实可靠,就不是拼图的碎片,这个时候你就将加入到这种争论之中。

拼拼图的类比从整体上看适合于许多领域的研究,如古生物学、粒子物理学和文献学等。在有些文化领域中,可以说我们能够最终得到正确的东西。通过引入可靠的科学方法使得哲学成为上述文化领域之一的思想,以及曾经催动罗素和其他分析哲学家的观点,它们只有在概念和意义被看成能够孤立于社会实践和历史的情况下,才有可能站得住脚。

一旦放弃原子论,人们就不再使用获得确切事实的比喻和追寻核心骨架的比喻了,而且可以像维特根斯坦一样怀疑以往被视为神圣的逻辑。这将导致以下三种结果:(1)人们认真地对待发生于社会准则方面的变化;(2)用水平的知识发展比喻去替代垂直的知识发展比喻;(3)放弃心灵和语言可以像其他许多事物一样被彻底搞清楚这一观念。

那些善待黑格尔的哲学家们大都用我们如何与我们的祖先不同,如何可能与我们后代不同等这样一些问题,代替人类何以在普遍意义上具有特殊性这一问题。换言之,历史主义使得我们认为,非确定的存在比确定的存在更有魅力。它使得我们把对过去(历史)的解释和再语境化(recontextualize)视为最为重要的人类活动,而不是把最为重要的人类活动视为对拼图的组合。

对什么东西最值得思考这一问题,存在着不同的回答。这种分歧也说明了为什么被我一直称为"叙事哲学"(narrative philosophy)的东西常常被叫做"解释哲学"。"解释"这一术语标志着研究兴趣的转移:从讨论什么东西绝对可靠(正确)转向没有止境的解释与语境再造。

人何以具有其人之为人所具有的特殊性?如果人们接受柏拉图(而非尼采)对此问题的回答,那么对心灵本质或语言本质的研究就似乎显得格外必要和紧迫了。分析哲学家所从事的工作显然值得受过教育的公众的注意。人们也就更有理由指出洛克和康德在西方文化史上的重要地位，指出当代分析哲学家正在追问洛克和康德曾问过的问题。

然而，黑格尔指出，尽管洛克和康德两人为人类自由的原因做出了不可估量的贡献，但他们所问的问题并不怎么好，因为他们没有认识到，历史是具有自然意识的人类的历史，而非自然的历史。就像萨特和海德格尔一样，对于黑格尔和布兰顿来说，人类是非确定的存在。就像那些使我们成为现在这个样子的法律和诗歌一样，我们需要的是永无止境的解释。我们永远也不会得到绝对正确的东西。

结　论

上面讨论的是叙事哲学的一个例证。哲学在当代西方文化中的位置：开始于17世纪对身心问题、知识的范围、意志的自由等问题所做的清楚明白的说明。这些问题的产生要追溯很远。在西方，人们已经习惯了德谟克利特和卢克莱修对事物所做的论述。洛克、斯宾诺莎、休谟、康德等对这些问题的讨论，对文化的世俗化发挥过重要的作用。

随着时间的流逝，这些问题已经被研究得很透，几乎再也挤不出什么新东西了。法国大革命和浪漫运动彻底转移了世俗知识分子的视线。黑格尔第一个洞察出这些事件的意义，并试图使哲学跟上时代的步伐。到尼采和杜威的时代，大多数知识分子，甚至许多哲学教授已经深信，确定文化纲领的不是什么上帝（或自然），而是历史。

然而，在某些国家，有些哲学教授们如今仍然死守着黑格尔以前的那些问题不放。他们试图通过将其语言化的方式来复活或拯救它。这种运动造成的结果就是比以往更为严重的专业主义与边缘化现象。语言的转向最终导致后维特根斯坦对 17 世纪式哲学问题的摒弃，这也同样体现在塞拉斯和布兰顿的历史主义观点当中。所有这些发展有可能使得分析哲学家们去认真对待黑格尔的论断——哲学是以思想的形式反映一个时代。至于他们是否将利用这一机会，还有待观察。

（李小科 编译）

新旧实用主义：杜威还是罗蒂？

拉里·希克曼（Larry A. Hickman）著

我们可以列举出形形色色的实用主义：

古典实用主义——皮尔士（Peirce）、詹姆士（James）、杜威、米德（Mead）、席勒（Schiller）。

弱化的实用主义——蒯因（Quine）——只使用了一小部分实用主义的火药来对抗实证主义者。杜威和蒯因之间的对比在此处是有启发性的。

新实用主义——罗蒂——强调偶然性、反讽和协同性。

文学的实用主义——伊莱斯·甘恩（Giles Gunn）、理查·波尔里埃尔（Richard Poirier）——关注他者和文学修辞格的位置和功能。

我只能称作"呆滞的实用主义"之代表人物——斯坦利·费希（Stanley Fish）。

法律的实用主义——理查德·波斯纳（Richard Posner）——见《迪克施泰因的梅南》第366页"一个实用主义的法官会通过各种方法来实现最好的结果，而实质上他（她）早已做出决定"。

技术哲学中的实用主义——安德鲁·莱特（Andrew Light）——例如复原生态学——还有鲍尔·汤姆逊在有关

生物技术伦理学方面的工作，就像对食品生产方面做的一样。

建立在古典实用主义核心理论上的决定性发展——例如米歇尔·埃尔德里奇（Michael Eldridge）和朱迪斯·格林（Judith Green）以及查伦·哈多克·塞格弗里德（Charlene Haddock Seigfried）关于共同体和民主的理论。

人们可以看到许多这样的实用主义——以及一些其他形式的实用主义——它们可以在莫里斯·迪克斯坦的《实用主义的复兴》（The Revival of Pragmatism）文集中找到（杜克大学出版社1998年版）。

当然，另还有一些虚构的实用主义，如细碎的实用主义，由帕特里克·迪金斯等学者提出的讽刺式实用主义（他们看上去都热衷于谈论基础），还有《天主教百科全书》1914年版的关于实用主义词条的作者，他把实用主义看作是个人主义的、唯名论的、唯心论的、无政府主义的，是"造成哲学和神学之间关系的混乱，以及——更为糟糕的——造成哲学和宗教之间混乱"的根源。

这确实是一幅相当大的图景，它实在太大了，在本书的篇幅中，我所能做的就是把旧实用主义——"杜威的古典实用主义"（the classical pragmatism of Dewey）——和新实用主义——"罗蒂的新实用主义"（the neopragmatism of Rorty）作一个比较。我仅把关注焦点放在杜威和罗蒂著作中提到的一些概念上——在这些概念上，他们各自的看法产生了分歧。特别地，对于那些有意于把握我们日益发展的技术文明中的问题与前景之人，我将指出，古典实用主义似乎较一些当前流行的新实用主义表现出了明显的优点。举个例子，约翰·杜威提出的工具主义的实用主义突出了艺术和科学技术在社会重建中的不同作用，而罗蒂的新实用主义则往往在下面两种态度之间摇摆不定：一方面模糊这种区别，另一方面则把科学技术描述成仅是文学艺术中的一种。不仅如此，尽管杜威的实用主义版本强调了他所谓的"直指性方法"之应用所取得结果的客观性，但新实用主义的一些版本还是倾向于否认打破个人的和文化的偏好的相对主义之可能性。

我从简单描述我所认为的后现代主义者对现代主义者的反抗的核心特征开始，其中专门强调了一些因素，这些因素或者是罗蒂有意加入其新实用主义的，或者是由于错误的使用而存在于他的框架中的。接着，我将指出，如果我们把罗蒂的新实用主义和古典实用主义的文本作一比较，我们就会发现，在几个领域中它们并不能很好匹配。沿着此线索，我将指出杜威的实用主义思想能很好地持续到2006年，也就是他去世50多年后的今天的一些原因。

到目前为止，理查德·罗蒂的著作很显然对20世纪晚期哲学产生了极大的影响。对于本文目的来说，关于其著作的两个事实占据着很高的地位。第一个事实是，罗蒂个人的努力在唤起人们对查尔斯·皮尔士、威廉·詹姆士、约翰·杜威和乔治·米德的古典实用主义的关注中起到了至关重要的作用。罗蒂1979年向美国哲学学会东部分会作的"实用主义、相对主义和反理性主义"会长致词，当时被认为是对主流盎格鲁撒克逊哲学领域的一次显著冲击。在今天，它被看成是具有分水岭意义的事件，或用一个更好的比喻来说，它就像一个清理手术，扫除了主流哲学讨论被杜威称为"匹夫匹妇问题"的一些障碍。自从新的一代哲学家们开始把注意力转移到通常所谓"应用"的东西上时，美国实用主义的复苏就可能发生于任何事件上。但可以相当肯定地说，罗蒂的努力为实用主义达到今天这种状况扫清了道路。

第二个显著事实是，正是罗蒂建构一种别具风格的实用主义——即新实用主义——的企图，将古典实用主义的各个部分，与当代（主要是法国）后现代主义哲学所表现出的一些论题整合在一起。

罗蒂并不羞于承认这样一种情境：事实上，他已经广泛涉及到古典实用主义和后现代主义思想之间的关系。一般而言，可以公道地说，罗蒂把古典实用主义看作已经预见到一些继续让后现代主义思想大伤脑筋的问题，而且古典实用主义也已经对这些问题提供了有效的答案。例如，他在1982年写道："詹姆士和杜威不仅站在分析哲学所走的辩证路线之尽头，而且亦等在福柯和德勒兹那些人目前行走路途的尽头。"[①] 隔了几百页，他对这个论题进行了详细说明："我们应该看见，杜威已经走过了福柯正在走的道路，已经到达了福柯依然在试图到达的顶峰。在这个顶峰上，我们能够使得哲学的和历史的（系谱学的）反思有益于那些——用福柯的话来说——'在权力网络的精致的网眼上战斗'的人们。"[②]

对于细心的读者来说，上面段落可能会引出如下的问题：在罗蒂的思想里是值得追求的，但又未在詹姆士和杜威的古典实用主义中找到的后现代主义究竟是什么？对这个问题的恰如其分的回答需要迂回至现代主义和后现代思想的一些要点。

历史学家詹姆士·利文斯顿（James Livingston）在这个方面提供了一系列特别有用的先例，所以我将用较多篇幅引用其观点。在利文斯顿看来，詹姆士和杜威的实用主义认可了一种

[①] 罗蒂：《偶然、反讽与团结》，剑桥：剑桥大学出版社，1998年版，第 xvii 页（Richard Rorty, *Contingency, Irony, and Solidarity*, Cambridge: Cambridge University Press）。

[②] 同上书，第207页

"看似敏感又令人厌恶,既必然却又不可能的"人性①。在利文斯顿的刻画中,古典实用主义的开创者在如下意义上已然是后现代主义者了:

> 他们不相信思想和事物呈现不同的本体论秩序:他们不承认一个外在的或自然的客体、物自体的领域,这种领域的最终意义不受思想或心灵或意识的影响,或根本上与之毫不关联。相应地,他们逃避了围绕着现代主体性建立起来的意义结构,后者预设了自我的分离或此物化的客体领域的认知差距。尤其是,这些理论者无需陷于由现代主体性所操纵的两个认识论极端中:即浪漫主义——典型地崇仰"有机的"或"主体的"内在自我,反对构成外在存在的"机械的"或"客观的"环境——和实证主义——典型地宣扬外在的像客体领域那样的东西的密度的增加以及人类对自然的统治的进步证据的增加。②

为什么这样的情形会看起来像是"看似既敏感又令人厌恶,既必然却又不可能"呢?简单地说,古典实用主义者们能够重申心灵与事物、事实与价值,以及(甚至更为重要的)过去和当下之间的已经在现代主义者的思想中遭到割裂的连续性,甚至还能保持和发展技术科学的实证观点。古典实用主义者争论说,未来的可能性可以从过往事件中被预估出来,这些方法超越或者说抵制单纯对过去或现今做出选择所进行的批判。古典实用主义者

---

① 詹姆士·利文斯顿:《实用主义与1850—1940年间文化革命的政治经济学》,教堂山:北卡罗莱纳大学出版社,1997年版,第214页(James Livingston, *Pragmatism and the Political Economy of Cultural Revolution*, 1850—1940, Chapel Hill: The University of North Carolina Press)。

② 同上。

因而将一种浓厚的社会行为主义道德引入人类事件的过程中，它因此是一种浓厚的、基于试验方法的社会和政治参与，它拒绝传统的事实及价值分裂，并因此与现代主义模式里面起作用的道德格格不入。

尽管古典实用主义可被合法地称作"后现代主义"，① 然而，它并没有像这个术语眼下所包含的那样，接受了相对主义的激进形式，诸如"判断的"或"认知的"相对主义。从古典实用主义的立场来看，现代主义的模式在提供其自身所做之事的哲学基础时，就困于一个实证主义视域中，这个视域是被物理学家和其他人的偶像化的尝试所造就的。因此，作为实证主义的一种激进形式，现代主义或者以直线的工具主义，或者以基于超验的非认知的还原方式来对待大多数文化和道德生活。另一方面，从古典实用主义者的观点看来，那些所谓的后现代主义思想家的解释已经反转了此模式，他们在对待已被证实的物理科学的时候，就像表达一个文学上描述与重新描述的无限自反关系，永远是话语的飞扬，而没有固定的行为指向关系的可能性。

在这个后现在代主义的模式中，文化和道德生活也被相对化和碎片化，就像一个后现代主义作家对此所言的："所有判断的真正价值都相对于某个特定立场而言的（或者是各种各样的，随着理论构架、概念主题、视角或观点而得到指称），没有任何立场相对于其他立场来说是独一无二的或具有压倒性的特权。"②

当然，在某种意义上，这种说法有其微小的正确性。公认的绝对性都是相关于特定事情而言的。然而在更重要的意义上，若

---

① 也可以说实用主义是"后后现代主义"，也就是它使许多烦扰后现代主义的问题得到落实。

② 埃姆里斯："相对主义和自主性"，《哲学论坛》第 27 辑，第二篇，1996 年冬，第 127—145 页（Emrys Westacott, "*Relativism and Autonomy*", *The Philosophical Forum*）。

说这个说法非常正确就将非常幼稚，因为适切性仅仅与作者特定的立场、理论框架、概念主题、视角或观点有关。而且，在一个仍然是重要的意义上，如果我们接受古典实用主义者所推进的实验自然主义和社会行为主义类型的话，这种说法就是错误的。一个原因是，它把相对主义提升到了一种绝对的高度。另一方面的原因是，它的错误可以被我们在自然科学中找到的反面例子体现出来。杜威本人也用了这样的例子。例如，在一个标准大气压下，纯锡会在摄氏232度熔化，这在杜威的"有根据的断言"中是正确的。并且，除非确证的确定性中有错误的成分，否则，它不受制于无休止的"再描述"。不论在波士顿、北京、布达佩斯还是巴格达来做这样的试验，它们都是真实的。

往前说，在19世纪的后几十年和20世纪的前几十年，也就是远在"后现代"这个术语被创立之前，古典实用主义就可以被定义为一种后现代主义。古典实用主义被定义为后现代主义，在某种程度上是因为它反驳了曾经激活了现代主义思想的各种二元论。只要我们再去拜读皮尔士分别于1877年和1878年发表的论文《信念的确定》和《怎样使我们的观念清晰》，我们就可以感受到，古典实用主义者在批评笛卡尔的现代主义的时候是如何地冷酷无情了。

与现代主义不同，古典实用主义促进了人类的情境性，强调客观性的参与性，这种客观性来自对正在进行的有关案例事实的责任感。然而，或许更为重要的是，古典主义更强调行为能被改变的真正可能性，而且那种行为的改变既能在个人又能在成为制度的习惯中表现出来。

从某种不同的方式来说表达这个问题，在下述意义上，古典实用主义是后现代的：

它反对笛卡尔以及其他类型的哲学所做的为知识提供最终基础的尝试，而代之以一种知识获得观，这种知识的获得观将时空上有差异的行动平台加以建构与重建，以建设成未来的平台，并将这种方式无限延续下去。

它反对知识的旁观者理论。在知识的旁观者理论看来，真知是由一个外在事实的精确的内在表现所构成的，而代之以选择一个知识获得的视角观，这种视角观强调目前与扩展民主参与和文化差异的欣赏的尝试相关的论题，或如杜威说的"相关联的生存"。

它反对知识或其中的规范来源自外在于经验的位置的见解。换句话说，超自然主义的神学和多种形式的柏拉图主义的超验的解释以及依靠一个超验式自我的对知识获得的康德式的解释，都被否定了，而让位于一种工具主义者的解释。根据这种工具主义者的见解，像其他类型的工具一样，随着问题被遭遇到、被明晰和被解决，标准在经验中过程中发展出来。

它反对人类获得知识的活动能够达到绝对的确定性，而代以可错主义的见解。根据可错主义，起作用的假设、单凭经验的方法和甚至得到很好证明了的工具，是接受在适当情况下的修正的。而且，它拒绝了"宏大叙事"的可能性，代之以情境化的、语境化的点滴汇聚性的改良主义尝试。

因而，现代思想的中心问题在古典实用主义文本中得到了彻底的改造。杜威所称的"确定性的追求"——它最终基于对似乎一直是现代思想的主旋律的怀疑主义的着迷——因为没有生产性而遭到否定。人们很自信地认为，实用主义的问题解决的方法——这种方法在自然科学领域已经享受到了最壮观的成功——也是获得知识的最有效方法。

现代主义者的主体性也得到了重新演绎。古典实用主义的自我也不再被作为一个自我包含的思想实体——诸如超越性的自我——而与外在世界对象以及（也可能是）其他思想实体孤立开来。古典实用主义是一个冲动、能力、习惯与行为的有机联合体，它深深根源于人类机体的自然历史中，并依赖于其成长和发展的复杂社会环境。然而，古典实用主义的自我并不是如一些后现代主义者所认为的那么非中心化，以至于难以被人们所捉摸。

至此，我一直试图表明古典实用主义怎样自19世纪70年代以来就拒斥着现代哲学的中心诉求。但它不是简单的、毫无结果的抵抗，不是在"体系"面前虚晃几下拳头。古典实用主义以另一种实证的、细节化和连贯的可能去代替现代主义的方针。

如果古典实用主义在定义上是后现代主义者，如果我在先前段落中指出的那种方式对其特征的描述是真实的话，那么古典实用主义就能够得到"后现代主义"这一名称的优先权。但为了清晰起见，我要将近来的后现代主义称为"公认的后现代主义"（official postmodernism）。罗蒂为了创立其"新实用主义"而把古典实用主义的各种思想与这种（主要是法国的）后现代主义糅合起来。这种后现代主义是什么呢？我将从两个方向思考此问题，尽管还有其他的与当前的讨论相关的方向。

首先，罗蒂的新实用主义与公认的后现代主义一起分享了对艺术和科学之间关系的现代主义描述的颠覆。现代主义在数量和质量之间，更偏好于数量，它因而往往把艺术视为逊于或服从于科学。一直到20世纪中期，此现象依然还很明显，它见证了逻辑实证主义的最后挣扎。

但是，现代主义者/实证主义者现在好像遭到了公认的后现代主义的忽视。可能没有比物理学家艾伦·索卡尔（Alan Sokal）的恶作剧更明显了。索卡尔于1966年向一家很有影响的文化研究杂志《社会文本》（Social Text）投递了一篇论文。他在那篇文章里争辩说，"物理的实在"只不过是社会的建构，自然科学（包括数学）的对象都是由文化决定的。这篇以公认的后现代主义的文本的模仿风格写成的论文被接受并被发表了。当索卡尔揭露他的恶作剧的时候，这家期刊的编辑和一些受众非常愤慨。作为回应，索卡尔出版了一本书，在其中，他扩展了对他在一些很有影响的公认的后现代主义者文章中发现的假科学的批评。[1] 雅克·拉康、朱丽叶·克利斯蒂娃、露丝·艾瑞卡锐、葛里斯·德洛兹和让·波德莱尔都在他的攻击目标之列。一个书评家曾试图评估它的损害："但是这里的罪行指的是什么？好像这些法国理论家都成了诈骗犯。他们并不痛恨科学；他们非常爱它，并且努力给自己披上科学的外套"。[2]

我将会给出不同的解释。在考察了索卡尔为支持这件事提呈的文本之后，我想指出的是，它们表达了一个镜像或实证主义的颠覆，即技术科学对艺术的主观方面的浪漫的包容，一种将技术科学的定量、指称性的特征列入自反和定性话语的尝试。在这些文本中，技术科学先是被排斥，尔后被召唤来服务于高级的文学风格的需要。

公平地说，应该引起注意的是，罗蒂本人并未走到人们在公认的后现代主义的某些文本中所能发现的极端。但是，我相信他在很大程度上不得不受到这些后现代主义者的引导。比如，罗蒂将杜威解释为努力"去除"艺术、技术科学和哲学之间的差别，并代之以"一个含糊且有争议的智力概念"[3]。但是，正像我在其他地方指出的那样，罗蒂也似乎认为技术科学正在失势于时代，而只有诗人才处于优势地位。关于哲学，罗蒂指出要"避

---

[1] 艾伦·索卡尔、简·布瑞克门德：《时髦的荒诞：后现代知识分子对科学的滥用》，纽约：皮卡德美国出版社，1998年版（Alan Sokal and Jean Bricmont, *Fashionable Nonsense: Postmodern Intellectuals' Abuse of Science*, New York: Picador USA）。

[2] 吉姆·豪特："时髦的荒诞"，《纽约时报书评》，1998年11月，第8页（Jim Holt, "*Fashionable Nonsense*," New York Times Book Review）。

[3] 希克曼：《技术文化的哲学工具》，布卢明屯：印第安纳大学出版社，2001年版，第88页（Larry Hickman, *Philosophical Tools for Technological Culture*, Bloomington: Indiana University Press）。

免把哲学当成带有'核心问题'或'社会功能'的'学科'"①。毕竟，诗人才是"刷新事物之人"②。

但是，杜威当然不是试图抹掉艺术与科学之间的区别。在这个问题上，杜威是非常清醒的。在这个意义上，古典实用主义既不赞成实证主义者的模式，也不赞成后现代主义者对标准的颠覆。对于杜威来说，艺术的工作就是表达意义，而科学的任务则是陈述意义。具体来说，这意味着杜威已经意识到，人类解决问题的历史已经为解决那些尚待处理的情境至少发展出两类具有互补性的路径。杜威争辩说，不是要给艺术或科学赋予特权，提供需要解决的情境的方法不仅是彼此对立的，也不仅是彼此合作的，而是取决于其相对于需要解决问题本性来说的可用性比率。例如，在关于技术科学的公然陈述受制于报刊检查制度或不被重视的地方，艺术极有可能推动社会的变革。当然，从理想的状态来说，艺术和科学应当像伙伴关系那样去起作用。

其次，就哲学作为社会干预和变革的工具而言，杜威的古典实用主义和罗蒂的新实用主义之间的理想匹配仍然不多。罗蒂在《成就我们的国家：20世纪美国的左翼思想》（Achieving Our Country）中提出了总体性建议——有关自由派能够而且应该是更加爱国的、较少地倾向于理论的无节制，以及在作为非专家的私人公民的角色中更具想象力的改良主义方面，除此之外，罗蒂的工作，与杜威的由具有资深身份的哲学家所承担的实验性工作的承诺，具有极少的相似性。

当涉及到两位哲学家各自关于话语在社会和政治改良中的作用的解释时，这种情境表现得更为明显。杜威认为话语是一个他

---

① 希克曼：《技术文化的哲学工具》，布卢明屯：印第安纳大学出版社，2001年版，第89页。

② 同上书，第88页。

所谓"直指的"复杂方法中一个非常重要的阶段,罗蒂关于话语的见解非常类似于哈贝马斯的观点:杜威的直指的方法的实验性向度的讨论被深深地埋藏于有关话语和交往行为的讨论中。

然而,这一总体估价不应被视为是一种模糊事实的企图。实际上,罗蒂关于社会和政治问题的见解似乎在过去二十多年的发展历程中已然发生了变化。

例如,大约在1985年,作为对其工作的回应,拉尔夫·斯里帕(Ralph Sleeper)对罗蒂的"无根基的社会希望"的观点做出了严厉批评:

> 罗蒂告诉大家,我们保留了"无根基的社会希望"和一种能提供给我们偶尔启迪以驱散越聚越多忧郁气氛的哲学。在罗蒂看来,哲学只提供"教化",而且,随着罗蒂哲学的功用弱化到与文学批评很难区分开的程度,好像也没有什么很有教化的东西了。使人不满的是罗蒂漫不经心的还原论。实用主义——至少杜威那样的实用主义——似乎给我们的要多些,它已给我们如何改造我们周围正在衰落的文化,而不是仅仅在它衰落后如何"应对"。①

罗蒂1990年前后的作品引发了我自己的建议,② 他的自由主义的反讽者的计划,与一种现世俗的加尔文主义如同一辙。自由主义的反讽者和加尔文主义者一样,对于工具的运用存在一定程度的独断。哲学被说成不能为我们走向自己的生活世界提供太大的帮助。对于自由主义的反讽者和加尔文主义者来说,二者强调的重点都是个体的再生,在假定条件合适的情况下,也许可以在社

---

① 引自希克曼,第99页。
② 同上书,第98页。

会领域中找到某些表达方式。

当然，这个类比远远谈不上完美。加尔文主义者依靠上帝的恩典来救赎，而自由主义的反讽者依靠诗人的天赋、朋友以及书刊来启迪想象力。自由主义的反讽者希望从友人和书刊中得到某种再描述，以使得无根基的希望火焰燃烧得更旺。而且，它使人想起，加尔文主义者设想的自我（理解为灵魂）是非常明显的，差不多也是真实的。比较起来，罗蒂的非中心化的自我却像变色龙那样反复无常。在特定的时候，它与公认的后现代主义的片断性的自我或休谟式的无中心自我再相像不过了。[①] 在其他时候，它好像披着杜威在其《人性与行为》中所描述的可靠、活跃和具有整合性的自我的外衣。比如，杜威在那本书中写道："通过占用那些将自我与所谓的我自己那样的东西同一起来的东西，自我获得了可靠性和形式"[②]。

最近，尤其突出的是在《成就我们的国家：20世纪美国的左翼思想》以及在1996到1997年间发表的一些文章中，还有在《罗蒂与实用主义》[③]对批评者所做的回应中，社会与政治部分在罗蒂作品中占有的领域越来越大。例如，在《全球化、身份

---

① 克伦达：《罗蒂的人道实用主义：哲学的民主化》（谭帕：南佛罗里达大学出版社，1990年版，第37页）（Konstantin Kolenda, *Rorty's Humanistic Pragmatism: Philosophy Democratized*, Tampa: University of South Florida Press）。

② MW 14: 82. 由南伊利诺斯大学出版社（Southern Illinois University Press）出版的杜威全集——The Collected Works of John Dewey, 1882-1953（《杜威文集》），edited by Jo Ann Boydston, Carbondale and Edwardsville: Southern Illinois University Press, 1969-1991。该文集分为早期著作（Early Works）、中期著作（Middle Works）和晚期著作（Later Works），分别缩写为EW，MW和LW。本书中遇该全集注释，以缩写形式表示，卷数在前页码在后，比如说"MW 14: 83"，指的是中期著作的第14卷、第83页。部分连带的"cf."缩写标志表示"转引来源"。——全书同。

③ 罗蒂：《罗蒂与实用主义》（萨德坎普主编，纳什维尔：范得比特大学出版社，1995年版）（Richard Rorty, *Rorty & Pragmatism*, ed. Herman J. Saatkamp, Jr., Nashville: Vanderbilt University Press）。

同一性与社会希望》中,他采取的立场像是对哈贝马斯立场的呼应:没有任何东西"可以优先于民主共同体的成员自由达成的一致同意之结果"。①

罗蒂对一个社会和政治方案的偏好被斯蒂夫·夏平(Steven Shapin)所注意到了。斯蒂夫·夏平认为,罗蒂提出的是"哲学家们应该或者关掉哲学系走人,或者搬到社会学、历史学和心理学系去。'哲学并没有给我们的实践造成太大的区别,而且也不应该被允许起到这样的作用……就大多数目的而言,是否有哲学家在场并不真正重要'"。②

在这些问题上,罗蒂可能把他自己描述成为杜威的"追随者",但他所描述的杜威并不是我所能认出的杜威。就我对杜威的理解而言,他认为哲学和哲学家仍然有重要的工作要去做,而且这些工作的大部分是与社会和政治活动相联系的。我相信,杜威认为他所谓的"直指的方法"是哲学探究的核心和关键。以下是杜威1925年出版的《经验与自然》书中第一章所谈到的:

> 经验方法指出了某一个被准确地描述出来的事物在什么时候和什么地方以及怎样被达到的。经验方法在别人面前放置了一幅已经旅行过的路途的地图,如果这些人愿意的话,他们就可以按照这幅地图重新在这条路上旅行,亲自来考察这个景色。因此,一个人的发现可以被其他一些人的发现所证实和扩充,而且这种发现在人类所可能核对、扩充和证实

---

① 罗蒂:《哲学与社会的希望》,纽约:彭金普特曼出版社,1999年版,第237页(Richard Rorty, *Philosophy and Social Hope*. New York: Penguin Putman, Inc.)。

② 夏平:"可贵的审慎",《伦敦书评》,2002年1月24日,第25版。

的范围以内具有很大的可靠性。因此，经验方法或直指的方法的采用因而使得哲学的反思获得了对于共识的合作性趋势那样的东西，这种趋势标志着自然科学中的探究。科学的研究者并不是凭借着他的定义的正确性和他的辩证论证的坚强有力去说服别人，而是把发现特定的事物的后果中的寻求、做和发现的经验的特殊进程摆放在他们的面前。他的请求是要别人走过一个类似的进程，借以证明别人所发现的东西是与他的报告相符合的。[1]

这段话揭示了杜威思想既重要又不同于罗蒂的新实用主义的几个方面。首先，与罗蒂和哈贝马斯相反，杜威拒绝把定义和辩证论证（话语）刻画为首要的甚至是核心的东西。杜威的解释把问题转到另一条路上去。话语（定义和辩证论证）是更大的实验活动或探究活动的一个阶段。既然他们都是后现代主义思想家，他们当然都认为是抛弃古典的、中世纪的和现代主义的形而上学的时候了。但是，与罗蒂不同，杜威认为哲学家的部分工作在于决定部落偶像如何能够被抛弃，以及什么样的东西将会取而代之。既然每一代人都有各自形而上学的盲点，那么哲学和哲学家们将仍有许多工作要做，这些工作并不能被归结到社会学、历史学、心理学甚至比较文学的学科范围中。

罗蒂的目标并非不值得赞扬。但至少在这方面，即相对于受杜威的古典实用主义所推动的实验性改造的强大计划，罗蒂的新实用主义似乎显得有些羞怯甚至含混不清。

至于杜威对实验主义的承诺和罗蒂对其的漠不关心，是我在别的地方所讨论的问题。[2] 詹姆士·古安洛克（James Gouinlock）

---

[1] LW 1：389.
[2] 希克曼：《技术文化的哲学工具》。

也在其优秀的论文《工具主义的遗产是什么?》[1] 中提到过这一问题。詹姆士·古安洛克将杜威解读为反对将科学方法和民主方法区分开,在我看来,此时他是击中了问题的要害。他写道:"科学标准是包含在民主标准之内的。"[2] 而且,"学校的责任是提供一个环境,使得科学的、民主的美德能够成为学习过程中的有机部分。"[3] 简言之,詹姆士·古安洛克争辩说,杜威的民主/科学的承诺比"无根基的社会希望"提供了更多东西。在对古安洛克的回应中,罗蒂承认,他发现一个科学的方法性观点是"相当无用的"[4]。并且,这种方法"并非一个幸运的选择;它所承诺的远比它所能提供的多——是某种实证的东西,而非仅仅是不要陷入过去的消极告诫。"[5] 再说,"就算杜威从未停止谈论'科学的方法',我认为他也不会说出任何很有用之物。"[6]

即使在面对古安洛克的直接挑战时,罗蒂对直指的或科学的方法也维持了一种可被称为模糊的姿态。他写道,除非一个人正在处理伯克式的保守或宗教的原教旨主义,否则的话,这种方法就"太不具争议性而无法制造任何争论"。此外,他没看出先验推理的方法和科学方法之间有太多的区别,除了"前者使人沮丧,而后者给人以激励以及大胆的和富于想象的推测"[7]。

---

[1] 詹姆士·古安洛克,"工具主义的遗产是什么?罗蒂对杜威的解说",载《罗蒂与实用主义》(萨德坎普主编,纳什维尔:范得比特大学出版社,1995年版,第88页 (James Gouinlock, *What is the Legacy of Instrumentalism? Rorty's Interpretation of Dewey,* In *Rorty & Pragmatism,* ed. Herman J. Saatkamp, Jr., Nashville: Vanderbilt University Press)。

[2] 古安洛克:《罗蒂与实用主义》,第72页。
[3] 同上书,第89页。
[4] 同上书,第92页。
[5] 同上。
[6] 同上书,第94页。
[7] 同上书,第93页。

罗蒂在这些问题上的立场与杜威的实用主义观点的匹配之处极少。在我们这个时代，就像在杜威所处的时代一样，一些在学校校董会议上的最激烈的讨论，发生在那些提倡教授科学方法和内容的人与倡导教授非科学或反科学方法和内容的人之间。杜威是在与"创造主义"进行斗争，而当今的教育者则必须与"理智设计论"进行斗争。

当然，这样的讨论比"仅仅是不要沉陷于过往的消极告诫"要更多一些。它们还包括直指法在去除疾病、迷信以及不良政府上获得的成功。它们是关于提高科学研究共同体、教育实践共同体以及相互治疗共同体的组织方法。这一切不是简单地防止重蹈覆辙，而是引以为戒，并在此基础上进行建构。杜威关于直指方法的丰富的考察触及了此方法的演化。它也是唯一一个被设计为能够进行自我修正的方法。

只有在说杜威的"方法"事实上是许多方法的复杂整合这种意义上，罗蒂才是正确的。杜威认识到了这个事实，这可从他出版的著作中找到证据。比如，在《经验与自然》的最后一章中，杜威就讨论了关于艺术、科学、技术学科、人文科学、法理学等领域的方法，认为每种领域都具有既独一无二，又彼此重叠的方法与内容。同时，他还表明了这样的观点：哲学最重要的功能之一就是扮演联络员的角色，以使这些不同学科的语言更易于理解。

因此，与罗蒂不同，杜威认为方法是重要的，哲学继续具有相关性。这是古典实用主义与新实用主义，即新旧实用主义的最大差别之一。我一贯认为，当我们面对新的情境时，"旧的"实用主义可以提供给我们所需要的更好的工具。

（林航 译）

杜威著作中的实用主义、技术和真理

拉里·希克曼（Larry A. Hickman）著

我们可以从两个既有区别但又重叠的方面来考虑杜威对美国实用主义发展所作的贡献：首先是他借用技艺和技术之隐喻来解决某些传统的哲学难题，其次是他在技术文化批评方面所做出的贡献。

一

关于第一个话题，即杜威使用技术的隐喻来解决某些传统的哲学难题，我想分两点来谈。① 第一，他为那些令人极为头疼的哲学难题所做的引人注目的解答，事实上它只是更宽泛的技术哲学的一部分。

第二，杜威对作为有根据断言的真理的解释，是他更为庞大的技术规划的一个关键组成部分，即，对作为一种确定信念方法的实验主义承诺。为此，我将指出我所以为的杜威的观点和实用主义的一些较新版本之间的非常明显的区别。

---

① 像罗蒂那样的新实用主义者坚持认为，杜威可以消解相当一部分传统哲学难题，但对于杜威这么做的方式和理由，新实用主义者的解释和我的解释并不相同。

就像我们所知道的那样，哲学家们在抽象对象的本性和地位这一问题上的争论一直是丰富多样并且日趋激烈的。而且很明显，在现有的汗牛充栋的著作当中，这些争论还远远不会有结论。柏拉图主义者罗杰·彭罗斯（Roger Penrose）和温和的实在论者菲力蒲·科切（Philip Kitche）的著作就是两个现成的例子。[①]

因而，任何一个对此争论感兴趣的人都应该会回想起1915年和1916年。正是在这段时间中，杜威对这个问题做了很多思考。比方说，杜威于1916年在哥伦比亚大学哲学俱乐部的一次演讲中就讲到了逻辑的地位问题。他在演讲开头处提出，逻辑的对象在逻辑意义上可以被最为恰当地看作处理探究问题，探究是一种公共的、客观的、必然要考虑到公众能够获得的依据的活动。他写道："推理归于这样的范畴：勘探、组装机器、挖掘和冶炼矿石，即掌握、控制和重新安排物理的东西的行为都属于它。"（MW 10：91）因此，不仅推理不处理任何"形而上学"的东西，而且，推理过程也不伴随着任何可能被界定为"精神上的"或"内在的"心灵状态。

杜威接着指出，推理有其自身独特的工具，而且，这些工具恰恰是为了更有效地把握某些类型的行为而重塑的先验自然的东西。（MW 10：92）因此，哲学家用术语表达为实体的东西，是与锤子和锯子同样意义上的工具。确切地说，锤子和锯子是具体的和可触知的客体，而像数字"2"以及"刘易斯"的严格的蕴涵却是抽象的和不可触知的客体。但是，杜威的洞见在于，他认为抽象的东西和具体的东西在本体论上的差异仅仅是许多可能的

[①] 见罗杰·彭罗斯：《皇帝的新脑》，牛津：牛津大学出版社，1989年版（Roger Penrose, *The Emperor's New Mind*, Oxford：Oxford University Press）；关于科切对建构主义的简短评论，见菲力蒲·科切：《科学、真理和民主》牛津：牛津大学出版社，2001年版，第53页（Philip Kitcher, *Science, Truth, and Democracy*, Oxford：Oxford University Press）。

富有成果的区别中的一个。锤子和数字"2"都是为了完成特定的任务而被发展和调动的工具，在其功能和行为意义上，抽象与具体之区分应当退到次要的地位。

因此，杜威要求我们考虑工具和艺术作品为我们手头的问题提供答案的可能性：艺术的工具和作品恰恰是人们苦苦寻求的物理的、精神的和形而上学实体的替代品（MW 10：92）。杜威进而写道："没有人的干涉，这些人造品是不存在的；离开了某种预期中的目的，它们也无法形成。然而，一旦存在和运转起来，它们与其他任何物理的东西一样，就是现实的，是不依赖于我们的精神的状态的，况且，它们本来就不是精神的状态。"（MW 10：92）

杜威的这种工具主义的或"技术的"假设的后果之一就是，它展示了我们怎么能够通过自然主义的、建构主义的以及技术的过程得出逻辑的客观性。

根据杜威的解释，工具和技艺得以发明、发展和在认知上的调整的方式涉及到一个彻底的实验主义。在这种实验主义看来，真理或有根据的断言是一个可规划的结果。换句话说，杜威对我们何以得到能够成功地确定我们的信念的判断所做的解释，强调了工具、技术、测量等巧妙地将自身运用于追问过程之中并因而能够影响到它们特征和结果的方式。在杜威去哲学俱乐部演讲的前一年，杜威曾经写到，实验"对知识或真理的制度是不可或缺的"（MW 8：82）。

杜威强调经验，认为经验是获得有根据的断言的关键，相当于他的作为一种技术的普遍形式的探究，这因此与一些实用主义的新说法形成鲜明的对比，这些说法主张弱化真理和哲学的功能。更为特别的是，与杜威所提出的探究的技术性叙述相比，被实用主义的新变种所称道的对话语、交谈、商议的叙述似乎要逊色得多。

这并不是说话语、交谈、商议之类的活动不会作为要素、方面或阶段在探究过程中起重要作用。不过，杜威打算深入研究的关键就是，它们没有穷尽他的探究所意旨的含义。问题是，在没有实验的情境中，话语、交谈、争论、商议、再描述等等有可能得不出有意义的结果。杜威在十分严格的意义上使用的词项——"探究"，可以精确地解决不确定的情境，因为它是对工具的系统的发明、开发与认知的使用，它对原始材料或可用材料带来了影响，它希望带来解决这些经验困难的方法。所以，探究是比话语、交谈、再描述等都更为全面的活动，因为这些活动（话语、交谈、再描述等）不一定对寻求决定性结果的实验过程产生影响。

这样，在我看来，杜威的技术隐喻要比声称得到杜威许可的某些新实用主义者公认的说法要深刻得多。的确，杜威将技术等同于理智的探究是在原始语义学意义上（也就是对工具与技艺的研究或探究）使用了"技术"一词。正因为如此，杜威可以下这样的断言（否则就显得很荒唐了）："'技术'意味着所有用于指导能量、自然与人以及满足人之需要的理智技艺"；"它不能被局限于一些外在的和相对机械的形式。在它的种种可能性面前，经验的传统概念过时了。"（LW 5：270）

现在，我们可以发问：对逻辑对象的"技术的解释"何以能够与古典实用主义的核心原则联系在一起？众所周知，古典实用主义的核心原理包括：(1) 一种意义论，即一个概念的全部意义在于其可想象的实际效果；(2) 一种真理论，即对客观条件的满足，或者正如杜威所说的那样有根据的断言；(3) 一种探究理论，在这种理论中，目的与手段都与有机体对环境的适应交相呼应。

然而，有别于这种公认的特征描述，查伦·哈多克·塞格弗里德提供了一种对古典实用主义的不同解释，这种解释本身正在变成古典的实用主义。她写道，实用主义"是一种哲学，这种哲学强调理论与实践的关系，它把通过有指导的活动的结果展现出来的经验与自然的连续性看成是思考的起点"。另外，"由于对象的现实性不可能先于经验而被认识，所以，真理的断言只有在实验判决的条件得以满足之时才能被证明"。①

值得注意的是，塞格弗里德的解释中的关键术语之一是副词"实验性地"。鉴于杜威明确地区分了"实验性"的探究和仅仅是"经验性"的探究这个事实，这一点便显得尤为重要。举例来说，杜威将亚里士多德的自然主义定位为经验性的，即是因为它包含着一种在很大程度上基于观察与推论的原始科学。然而，亚里士多德的理论却非实验性的，因为它未涉及到以一种得到控制的和系统的方式来运用工具和其他人工手段，这些方式可将工具和其他人工手段巧妙地运用于复杂的探究情境之中，从而改变手段与目的的比重。当然，直到技术和技艺在17世纪获得长足的进步之后，一种真正的实验科学———一种我刚才描述的意义上使用工具的科学——才得以出现，它甚至达到了为了特殊的研究目的而发明和改进了诸如气泵、望远镜等新工具的程度。新的科学第一次成为一门技术的科学。

需要反复说明的是，正是由于对一种体现在工具主义之中的实验主义的信奉，往往使得杜威的实用主义的古典形态与现在许多冒实用主义之名而行的纲领和见解区别开来。

例如，杜威的技术隐喻与那些新的"文学上的"实用主义全然不同。后者似乎将关注的焦点首先集中于对"变异"问题和修辞的地位与功能的探究上。杜威的工具主义与理查德·波斯纳（Richard Posner）所宣扬的新的"法律的"实用主义也无几

---

① 《剑桥哲学词典》，纽约：剑桥大学出版社，1995年版，第638页（*The Cambridge Dictionary of Philosophy*, New York: Cambridge University Press）。

共同之处。路易斯·梅纳德（Louis Menand）将波斯纳的立场总结为这样一种言论："一个法官东拼西凑以期达致其业已认定的最终结果。"① 这看来所言不虚。而且，他还应这样补充：杜威、詹姆士、皮尔士几乎都不会认为，波斯纳的实用主义标签与他们自己的实用主义思想有任何共同之处。

因现今实用主义已有点时尚的缘故，各类当代实用主义和未来实用主义的形态五花八门。因而我有时也会产生实用主义的倾向。然而，在结束这一题目的讨论之前，我仍应指出，杜威的实验性的实用主义尤其与或可称之为"呆滞的"实用主义学说格格不入，这是一种在斯坦利·费希那里才名声大噪的实用主义形态。费希的核心命题似乎否认已为公共领域所广泛采纳的那些哲学观念（诸如身心二元论及关注死后生活的宗教教义）有重大的影响，而这些观念的重大影响乃是哲学探究的恰切主题。

斯坦利·费希的实用主义声称，哲学并不重要，例如，当人们遇到危机、选择或决定时，大家都总是祈求某些东西：档案，咨询专家，咨询朋友、心理医生或占星术。但是，通常我们不去向我们所恰好拥护的一些哲学观点讨教。

当然，杜威的古典实用主义采取了一条完全不同的路线。杜威对这个问题的认识是非常明白和清晰的，尤其是在《经验与自然》一书的最后一章里，他把哲学描述为对批评的批评，通过这种批评我们可以摆脱那些已经产生了相反效果的旧的观念和习惯，并且能产生新的行为习惯。

费希声称许多在哲学讨论中能说得通的事情却无法通过实用

---

① 路易斯·梅纳德："实用主义与诗人：对理查德·波义耳的回应"，见《实用主义的复苏》，杜伦：杜克大学出版社，2001年版，第366页（Louis Menand, *Pragmatists and Poets: A Response to Richard Poirier*, In *The Revival of Pragmatism*, Durham, N. C.: Duke University Press）。

主义的检验,在这一点上,他毫无疑问是正确的。但是,从这个论断到进而得出如下的结论却是一个很大的跳跃:哲学家们应该加入到失业者的行业中,而不是站到解决男女问题的前线,糟糕的形而上学已经进入到公众生活并对其产生影响。对立是明显的:费希似乎兴致盎然地告诉大家"哲学无关紧要",而杜威却告诉我们大家,哲学家的工作永远不会终结。

在实用主义更新版本的某些拥趸中流行着对真理的贬义的解释。在这个问题上,似乎值得指出,杜威的实验主义的核心特征之一就是他信奉"有根据的断言"的真理观。

就像威廉·詹姆士所提醒我们的那样,我们的绝大多数信念都建立在对其他人已验证的信仰上面,对于这一点我们几乎不用去怀疑。准确地说,这些验证是通过话语、交谈、争论、商议、再描述进入我们的思想中的。在遇到那些超越我们专业技能的问题时,我们当中的绝大多数人事实上都会求助于医生和汽车修理工。但是就如詹姆士在1907年对《纽约时报》记者所说的那样:"实用主义的首要兴趣是其真理学说。"他接着以明显技术性的口吻说道:"我们的思想并不是简单地去复制已经完成了的实在,而是去不断地改善它,通过人们的重新塑造去增加它们的重要性,把它们的内容变成更加有意义的形式。实际上,我们绝大多数思想的运用都是为了帮助我们去改变这个世界。"对于奠基性的实用主义者的工具主义和他们的真理理论之间的亲密关系,我们将很难找到比这更好的陈述了。

另外一种表述实用主义的古典版本和其更新的一些变种之间的差异的方法是,皮尔士、詹姆士和杜威非常严肃地把技术科学的成功看成是哲学探究的模型,但这并不是说他们认为文学艺术要次于技术科学,而是说技术科学的主题要比社会学科、人文学科或艺术学要更简单一些,这样,他们能够更有效地提供成功地得出结论的探究模式。

相反地，实用主义的一些较新版本赋予了文学和修辞艺术很高的特权，它们简直要颠覆那种陈旧的逻辑实证主义的模式——这种模式让自然科学特权化，将诗歌和宗教作为毫无用处的东西边缘化。在一些较新形式的实用主义中，文学和修辞艺术已经占据支配性地位，而对技术科学方法的兴趣好像从活动领域的边缘悄然消失了，其结果是，古典实用主义对根据、合法性、证明、改造等的关注，已经被对交谈、话语、商议的讨论所取代。

不论人们是否倾向于接受这些贬义的解释，我们起码要承认这些观点与杜威的更直截了当的实用主义很少有共同点。

但是问题不止于此。即使有人承认这种贬义的解释与古典实用主义很少有共同点，并认可较新的版本是在实用主义奠基人的学说上做出的显著进步，这种情况将仍然是有问题的：对真理的贬义性解释的批评者们已经开始把这样的解释完全等同于实用主义。

比如说，伯纳德·威廉姆斯（Bernard Williams）对罗蒂《真理与真理性》（*Truth and Truthness*）一书中观点的抱怨就很清楚地表明了这种动向。威廉姆斯是这么说的："但是，实用主义者的论据是……普遍地假定，对于任何一种命题或信念，我们并不能区分它作为真和我们接受或者同意它之间的差别。就是在这样的无法区分中，我们将它作为最直白、最简单的真理用到了对其他事物的理解上了。"请注意威廉姆斯所陈述的与杜威的解释之间的差异。杜威曾就此问题回应詹姆士："他的真正教条是，当一个信念既满足了个人的需要，同时又满足了客观事物的要求时，它便是真的。"（MW 4：112）

威廉姆斯在这里好像多少误解了实用主义发起者的本意。在这问题上，詹姆士和杜威并不是真理的贬低者。正如杜威于1945年写给 R. M. 克里斯霍尔姆（R. M. Chisholm）的一份尚未发表的手稿中所说的那样："如果我说我不再认为真理问题很重要，那似乎就是在证明那些关于我的一些最糟糕东西的传说是对的。"①

二

现在进入到我的两个主要观点中的第二个，即杜威对我们的技术文化批评的实质性贡献。如果我们能够接受我在前面所概括的实用主义的核心学说——即关于意义、真理、探究的理论——那么我们就要期待这些学说所要造成的差异，而不管这些学说被使用的方式和起作用的方式。如果杜威的实用主义恰如我前面所论述的那样标示了一种对我们的技术文化的强有力的批评，我们或许就可以期待他的观点能在我们与我们的工具和技术交互作用的方式上产生意义深远的影响。

首先，我们或许会放弃第一代法兰克福学派和其他学者所严正而雄辩地倡导的那种观点，即技术是"问题"的症结所在。可以坦率地承认，对于从20世纪30年代到60年代以及此时期以外的很多哲学家的强烈的技术依恋情结，我可能会进行一些辩护。那时毕竟处于热战和冷战的时期。人口的大规模迁移流动是工具和技艺被滥用的后果。在全球——纵观历史，我们只能用全球这个字眼——的尺度内，结果与手段之间的平衡被打破了，而这种情况成了永久的存在。然而，如果用杜威的隐喻来看，似乎很清楚的是，那些极端的技术批判者——诸如法兰克福学派的第一代、雅克·埃鲁尔（Jacques Ellul）、汉斯·乔纳斯（Hans Jonas）以及其他学者——往往是把技术与被糟糕地选择出来并遭到滥用的工具技艺混为一谈了。

---

① 《约翰·杜威：未出版的打字稿》，私人收藏，第5页（*John Dewey, Unpublished typescript*, R. M. Chisholm Private Collection）。

在这个方面，有两点值得注意：首先，在新一代的批判理论家中，有些人已能够超越这种混淆并因此能够建构一种新的更有创造力的关于技术的理论。这一点在安德鲁·费恩伯格（Andrew Feenberg）的工作中或许体现得更为明显。我在其他地方已经相当细致地论证过，费恩伯格在这些问题上的立场甚至比他的老师马尔库塞更接近杜威著作的精神。

其次，我们应该回忆起来，由于杜威准确地把技术从工具及技艺中区分出来，他自己从不屈从于他同时代人中广泛存在的对技术的恐惧性的评估，尽管杜威经历了美国的劳动力被剥削的最糟糕的日子和大萧条，目睹了法西斯主义和斯大林主义在欧洲的兴起，亲历了冷战的初始阶段，但他从来没有背离他的将技术等同于理智的运用的见解，并且也从来没有抛弃他的观点：只有通过技术，人类才能分析和重构已变得不适宜甚至危险的工具及技艺，同时着眼于实验性的分析和对商品的保护。

简言之，对于杜威来说，"技术"从来不是问题。真正的问题通常是：不完善的工具及技艺，面对新观念或新方法时的不协调态度，对阶级和经济利益的践踏，由于无知以及凭借意志的强制力去利用工具而导致的失败；这些因素和其他因素常常混合在一起，很容易且时常阻碍促进人类发展和繁荣的努力。对杜威来说，技术——作为对我们的工具、技艺、传统等的实验性的介入——是理智的，因而它是无知、贪婪、固执和意识形态的对立面。

但是，如果杜威认为技术是理智的，技术保有更为完善、更富有成效的个人和社会的希望，那么，这又是如何实现的？杜威的计划将如何得以执行？

首先，如果我们认真地将技术与工具和技艺区分开来，那么我们将不得不因而承认，工具和技艺的转移不同于技术的转移。如果技术是对工具和技艺的反思的或批判性的探究，如果这种反思的或批判性的探究如同实用主义的奠基者们所认为的那样是与语境相关的，那么技术就是与语境相关的。

这种情境在发展中国家的粮食生产中体现得更明显不过了。比如，与转基因作物相关的工具和技艺的转移在节省原料和劳力的大规模生产系统中产生了更高的产量，但是此种努力的部分或大部分，已被着眼于从发展中国家输入粮食的庞大的公司所推动，而为本地人口提供"稳定的粮食"的农作物的种植所得到的关注，事实上少得可怜。

根据最近一份"联合国粮食和农业组织"（FAO）出台的由路易斯·O. 佛来思科（Louise O. Fresco）所写的报告，这已经导致了发达国家与发展中国家之间的"更细化"的分裂，正如佛来思科所指出的那样，在"技术发展与技术转移之间"出现了分离。[①]

如果我们超越专业术语的差异去看，很显然的是，佛来思科对技术与工具、技艺的区分，与杜威所提出的见解如出一辙。佛来思科提议，要在所有的利益相关方达成一个基于三条原则的新契约。这三条原则是：就生物技术的利益与风险的开放式对话，应对重大挑战而不断增加的公共和私人研究，保证平等分享新工具和技艺所带来的利益的方法。

回到作为有根据断言的真理的论题上来，佛来思科因此提出了一个实验性的项目，在其中，交谈、商议成为组成部分，它的产物就是具体的结果，包括"使发展中国家通过其食品链而形成评估和应对各种各样风险的能力"。换句话说，工具和技艺在

[①] 联合国世界粮农组织成立于1945年，该组织以提高营养水平和生活水准、提高农业生产率、改善农村人口的状况为宗旨。见路易斯·O. 佛来思科：《一份关于生物工艺学的新社会契约》（Louise O. Fresco, *A New Social Contract on Biotechnology*, http://www.fao.org/ag/magazine/0305sp1.htm）。

技术不在场的情况下的转移，已经造成了一种在最好的情形下是令人不快的，在最坏的情况下是十分危险的情境。更进一步说，她的建议的真理性，将不仅仅被对话、咨询和再描述所单独决定，也取决于它在多大程度上被实验手段所保证，以及在现实与将来问题的语境中可以得到多大程度的证实。

工具和技艺的转移与技术的转移之间的重要差异，可以通过美国对发展中国家的杀虫剂出口这一眼前的范例得到进一步的说明。1998年的一份报告表明，[①] 在1992年到1996年之间，"美国出口商品中的受限制的或者受严格限制的杀虫剂比例上升了33%"。而且，在那些出口商品中，六种被世界卫生组织认定为'极其危险'的杀虫剂陡升了800%。而据报道，在美国被禁止的杀虫剂的出口，在这一时期基本保持稳定，平均每年仅600万磅。"在这个个案中，关键问题是，工具和技艺被出口到绝少或者没有技术为其安全使用提供基础的环境中。对于进口了受杀虫剂处理的水果、咖啡豆等食品的美国和其他发达国家的消费者而言，他们当然不可能不受任何影响。在这个案例中，实验结果包含在这一事实中：有理由断定，在倾销到发展中国家之前，那些杀虫剂已经接受了检测并被宣称为"极其危险的"。下一步将是寻找途径来限制它们的出口和使用。

尽管在这个问题上还有更多的东西要说，但是我只打算再说另外一个例子，即杜威的实用主义的方案在作为21世纪的居民的我们面临当前的难题时的适用性问题。我在另一个场合曾经争辩说，在促进名为"全球公众"和"全球公民"的发展的意义上，相对于它的一些可供选择的办法而言，杜威的实用主义的实验观提供了某些优越性。简单地说，我的论点是，实用主义为全球公众的形成提供了工具，这一工具既无法从原教旨主义者那里

---

① http://www.motherjones.com/news_wire/pest_dump.html

获得，也无法从后现代主义的认知的相对主义者那里得到。从古典实用主义的立场看，前者的立场过于极端，而后者的立场过于消极。

如果杜威是正确的，那么全球公民身份将可能超越相互作用的民族—国家的传统功能，超越通过各自的政府而互相作用的民族—国家的公民身份。它有可能牵涉到新的跨国、跨种族、跨宗教的公众，这些人将基于共同分享的利益和目标而直接面对面地处理事务。并且，这些新的公众将可能通过采用新的电信工具和技艺，跃过当前现存的政治机构，以非政府组织以及某些正在起作用的特别团体的方式进行工作。基于杜威的特定的前提——公众是作为可感知的需要和共同分享的利益的一个结果而出现的技艺产品——而且他观察到，政治生活中的大多数关键问题可能不是个人与社会之间的冲突，甚至不是个人与个人之间的冲突，而是不同的公众之间的冲突——那么，对于全球公民身份的进程来说，有必要寻找到解决这些冲突的成功的方式。

杜威的实验性的实用主义的贡献在于：首先，它是各种类型的原教旨主义的替代者，后者承诺具有绝对确定性的"客观性"。这是因为，由有根据的断言所提供的这种类型的客观性既是扎根于探究的共同体——在这样的共同体中，工具进入了系统的并受到控制的实验进程之中，也是作为对可错论的承诺的结果的自我修正过程。另一方面，原教旨主义——像基督徒、穆斯林和美洲土著——往往几乎无一例外地依赖于权威（在这些情形中，它们分别是神圣的启示、经文的本意以及口头的传统）。当它们的判断受到挑战时，变得显而易见的是，它们由于无法祈求权威或使用心理、生理或政治力量，而不具备可以推进它们的议程的机制。正如杜威所阐明的那样，事实证明，当需要解决公众之间的冲突时，原教旨主义者的工具在最好情况下是缺乏效率的，在最坏情况下只会适得其反。

另一个极端是所谓的后现代主义的认知相对主义者。这些人声称客观性是一个混乱的、过时的概念，并且，就像斯坦利·费希曾经指出的那样，在他们那里，"没有一个独立的标准，以确定在对一个事件的众多的对立解释中哪一个是真实的。"① 霍华德·加德纳（Howard Gardner）用杜威的实验的实用主义精神回应了斯坦利·费希。他指出："普遍标准是作为话语的必需品而出现的。"② 我在这里为杜威再做一些补充：规范或标准作为实践的副产品而出现，而且，在它们遭到成功的挑战之前，它们是可以被普遍运用的。在这个意义上说，规范或标准可以具有普遍性。

在杜威看来，这样的规范尚未普遍化是一个事实，但这一事实对作为进一步努力之刺激的客观性并没有什么问题。用来谈论客观判断的可普遍化规范的清单很长，其中包括反对奴隶制的禁令、在撒哈拉以南非洲特定地区仍在施行的女性生殖器切断、种族清洗等。就积极的方面而言，普遍化的规范业已写入联合国的《人权宣言》里了。

在杜威看来，这些规范是作为人们实践的副产品而实验性地出现的，它们随着技术的进步而在数量上得到增加，并为判断全球公众之间和内部的种种纷争提供了基础。

最后，我不得不强调，我所笃信的东西也只是一种赌注。那些读过美国实用主义经典文本的人常说，我们一定不能再继续咀嚼那些文本了，因为有太多的现实问题急需关注。然而，关注那些相似或近似文本的现象已经重获新生。那些文本为把古典经验

---

① 斯坦利·费希："不带绝对性的谴责"，《纽约时报》，2001.10.15.A，第23版（Stanley Fish, *Condemnation Without Absolutes*, New York Times）。

② 霍华德·加德纳："致编者"，《纽约时报》，2001.10.21.，第14版（Howard Gardner, *To the Editor*, New York Times）。

主义改造为维护科学和公共安全的理论提供了基础。举个简单的例子，最近有一份报告宣称，新近的政策已经允许用意识形态去毁坏科学和公共政策，且这篇由包括多名诺贝尔奖获得者在内的60多名资深科学家签名的报告被用在联邦科学网站上，并多次在政府机构中得以详细阐述。

在我看来，政府和企业主导的科学研究中的腐败现象、大学和学术机构在科学项目审核过程中的腐败现象，已到了史无前例的地步。但是，对那些把科学当做一种文学创作的人，和那些把对公共的善所进行的这样攻击当作差不多是一场商谈的人来说，这样的情形是不需要讨论的。我敢断言，如果我们放弃古典实用主义者的实验主义，如果我们接受当下流行的自暴自弃，则当优秀的科学和良好的公共政策遭到猛烈攻击时，我们将丧失抵抗的工具。

在此简短讲座中，我力求说明杜威是如何以技艺和技术的隐喻去解决传统哲学问题的。我还提出，杜威对技术文化的批判的独特方法将导致改进人类的福祉，培养人们的全球公共意识和全球公民权意识。总之，我认为，被古典实用主义者所推进的"方案"将继续适用于21世纪的问题，也许它将比过去发挥更大的作用。

（张志斌 译）

杜威的哲学的改造

雷蒙德·伯依斯沃特（Raymond D. Boisvert）著

约翰·杜威活了 92 岁，其中有 70 年时间在写作和出版作品。杜威的作品数量巨大，以至于在 M. H. 托马斯（M. H. Thomas）编辑的书目中竟占了 153 页的篇幅。把如此规模的文集汇总起来的工作开始于 1961 年，即杜威去世后的第 9 个年头。自 1967 年第 1 卷面世以来，又有 23 卷陆续面世。材料是按照年代顺序加以编排的，分为 3 个系列："早期著作"（*The Early Works*），1882—1898 年；"中期著作"（*The Middle Works*），1899—1924 年；"晚期著作"（*The Later Works*），1925—1959 年。目前审阅的文本包括中期著作的最后 5 卷，即中期著作第 2 卷，Jo Ann Boydston 编，卡本代尔：南伊利诺斯大学出版社（Carbondale and Edwardsville：Southern Illinois University Press）1982 年版；第 12 卷，Jo Ann Boydston 编，卡本代尔：南伊利诺斯大学出版社 1982 年版；第 13 卷，Jo Ann Boydston 编，卡本代尔：南伊利诺斯大学出版社 1983 年版；第 14 卷，Jo Ann Boydston 编，卡本代尔：南伊利诺斯大学出版社 1983 年版；第 15 卷，Jo Ann Boydston 编，卡本代尔：南伊利诺斯大学出版社 1983 年版。杜威在写作这些作品的时候已年近花甲，且声名显赫。杜威可能是美国最后一位对公众产生广泛影响并对哲学原则运用自如的哲学家。

这5卷包括了非常广泛的内容。其中，第14卷收录了杜威的《人性与行为》（*Human Nature and Conduct*）一书，它是有助于准确理解杜威思想的基本文献之一。第12卷包括了《哲学的改造》（*Reconstruction in Philosophy*）这本小书，对那些还不太熟悉杜威思想的人来说，这是一本有用的入门之书。该卷还收录了杜威在中国发表的关于20世纪初三位杰出的哲学家——詹姆士、柏格森和罗素的演说。其他几卷展现了一系列文章的提纲，从对哲学问题（比如评价的本性、哲学唯实论）的技术分析，到杜威对中国、日本和土耳其之行所产生的印象和评论。熟悉杜威的人会注意到，这些卷次包括了三个很诱人的提纲，它们对杜威所关心的问题做出了印象深刻、直接而透彻的分析。第一篇《八次演讲的大纲：哲学的改造问题》（*Syllabus of Eight Lectures: Problems of Philosophic Reconstruction*）收录在第11卷中，后来变成了《哲学的改造》。第二篇《哲学思想的类型》（*Types of Philosophic Thought*）是一门课程的提纲，收录在第13卷中，它揭示了杜威是如何看待课堂中的中心概念——"经验"的。收入在第15卷的第三篇是关于"社会制度和道德研究"课程的提纲，它提供了对价值和评价的分析。

这样的文本排列让人印象深刻，但却使得评论成为一件棘手的事情。尽管如此，某些主题还是浮现出来并显示出了重要性。这些主题可被分为两大类：（1）杜威努力的总体倾向；（2）具体的运用，尤其是在民主和教育问题上的运用。以下是一些解释性的评论，以突出这5卷所呈现出来的一些主要立场。评论将沿着上面提及的总体倾向和具体运用来进行。

总体倾向

杜威在其有生之年就已成为美国最重要的哲学家。之所以如此，有多种原因：他发表了大量的作品，包括发表在诸如《新共和》(New Republic) 这样的非专业期刊上的文章；提出了表达美国经验的见解；关注引领哲学家走出象牙塔的问题：政治学、伦理学和教育。另外，这也可能与美国人醉心于尖端领域和将我们领入尖端领域的探索者有关。如果尖端领域一直是在诸如政治学或医学这样复杂多变的场景中的一个受人推崇的美式隐喻的话，那么规划这些新领域的人自然也就成为美国人心目中的红人，他们被大家认为是"肚中有货"之人。在一个非常真实的意义上，杜威是一名对未被规划——或更准确地说，是规划得很糟糕——领域的探索者。杜威的任务是宣布早先哲学家提供的地图是不准确的，这也引起了人们争论。杜威的建设性任务是绘制一幅崭新的、更准确的地图。

在杜威看来，我们的社会制度、教育系统和政治理想多少有些偏斜，这是因为它们据以矗立的草图被严重地扭曲了。较早的草图的基本点是由笛卡尔所提出，并被包括洛克、康德和约翰·斯图亚特·穆勒在内的那些思想家进行了修订。这幅草图的轴点是二元论和原子论，界标是物质、精神、还原论、个人主义和联想主义，牛顿力学是它的指南针。简言之，它是"现代"（1600—1900 年）的世界观。杜威与达尔文的《物种起源》同一年来到这个世界上，随后在约翰·霍布金斯大学接受了新黑格尔主义的滋养，并经历了物理学在世纪之交发生的革命。这三个因素一起使他意识到理智领域在哪些方面被规划得很糟糕。他开始尽其一生来描述一份更为恰当的草图，按他自己的说法，乃是进行哲学的"改造"。

"解构主义"是影响美国知识分子的、来自欧洲的最新时尚。杜威在 20 世纪 20 年代就已是一名全方位的解构主义者了。他试图指明先验假定所强加的限制，解构深受笛卡尔影响的"现代"地图，回避对确定性的追求，意识到所有的阐述都是暂时性和假设性的——所有这些都在解构主义的努力范围之内。但是，通过指出必须把恒久改造看作将要回答所谓"人的问题"的理智的一个工作，杜威避免了一些解构主义者的虚无主义的弦外之音。

杜威哲学改造的基点来源于达尔文生物学的灵感。这种生物学模式给杜威提供了工具，以反驳他所认为的哲学史上最为错误的理论——笛卡尔的二元论。我们可以这样解释杜威的哲学努力：他试图促使人们认识到，人类是一种嵌入生活世界中的活生生的存在物，而不仅仅是理性的存在物。笛卡尔已经区分了两种相互分离的实体：精神和物质，认为二者不那么顺畅地共居于人类身上。杜威强调人类生存的有机的统一性和连续性。笛卡尔认为，精神是主动的，物质是被动的。杜威则描绘了一个内含着恒久过程和相互作用的活生生的、主动的世界。

这种生物学模式不仅是存在的一个更为准确的图像，而且急需用来抵消非此即彼观点的后果。将物质解释为被动，导致了著名的经验主义的"弹球"心理学。杜威将这种把人类视为被动并等着受到刺激才开始行动的观点，谴责为一种"可怕的"假定（MW 14：83）。这种观点之所以是可怕的，是因为它带来的灾难性后果。将这种观点运用在政治学上，那么由被动的身体和主动的头脑组成的世界就会转化为这样的世界：绵羊般的群众等待某个权威发出怎样行动的指示，马赛尔、雅斯贝尔斯和奥特加都对此有过精彩的描述。运用在教育上，就会制造出被动的、纯粹接受性的、"白纸板"般的学生，他们等待接受从老师那得来的恰当印象，学生是被动而老师是主动的。运用到道德沉思上，它导致关注目的（精神因素），而忽视手段（物质因素）。以上所有情况的最后结果就是走向这样的人类境况：人们的主动性和潜能在最小程度上得到实现，天才的智力变得非常珍贵；改良主义也遗失在理想主义者和机会主义者之间的争斗中，前者忽略手段并因此最终未能实现他们的目的，而对机会主义者来说，与理想分割开来的手段能够被用于狭隘的、迅捷的和自我服务的渠道上。

要给哲学绘制一个不同的方案，杜威就必须首先面对认识论问题。当笛卡尔的二元论分析被运用于认识领域的时候，就导致了杜威所谓的"知识的旁观者理论"。人类被看作是被剥离开来的观察者，他们仿佛透过光滑的玻璃窗户往外看，随口报出世界的特征。为了取代这种分析，杜威提出：(1) 认知活动是整个有机体行为的一个完整部分 (MW 12：128)；(2) 旁观者模式最好应当被创作的艺术家所取代 (MW 12：150)。用"艺术家"代替"旁观者"使杜威得以强调在他的认识论中处于中心地位的某些向度。思想家（杜威更愿意用"知者"来表达）就像艺术家一样，不能被认为是遭到剥离的、保持距离的旁观者或纯粹的思考者。相反，他们应该被看作是彼此纠缠、相互牵连的参与者，共同处于他们渴望理解的世界之中。理智的首要工作不再被认为是解读从属于一个孤立的对象领域（我们称之为世界）的特征。相反，理智的工作变成了"将经验，尤其是集体的人类经验的可能性理性化"(MW 12：150)。这样，理智就导致了发现，导致了对环境的得到改善的适应。

在杜威思想的发展过程中，三个因素促使他摆脱了知识的旁观者理论：达尔文生物学强调有机体和环境的相互作用，新黑格尔主义视关系为首要因素，海森堡的测不准原理弱化了主客二元论。杜威不是惟一一位在今天所谓的"后现代"方向上迈出步伐的哲学家。其他哲学家也重新绘制过这块领域。加伯利·马赛尔驳斥了那种认为世界是一座剧场，人类只是观众的观点；马丁·海德格尔不满将世界解释为"观察"(view)的态度。但是，这些新的成果对流行的氛围的影响直到最近都还微乎其微。这种情况有可能正在改变。跨学科著作，如罗蒂的《哲学与自然之镜》

(1979)、福柯的《事物的秩序》(1970) 和乔治·巴特森的《心智与自然》(1979) 等，都驳斥了主客体的分离。这些著作的流行表明，正如杜威所说的那样，旧的地图正在变得越来越过时。

杜威对理性的改造相似于（尽管不完全相同于）近来出现的一种呼吁：应该倾听久遭忽略的女性的声音。杜威的观点不可能完全被纳入以下作者的范畴：卡诺·吉利甘（Carol Gilligan）的《以不同的声音》(*In a Different Voice*) (1982)、罗伯特·勃莱（Robert Bly）对"母亲意识"的回归的带有诗意的呼唤，见《沉睡者联合起来》(*Sleepers Joining Hands*) (1973) 和卡洛林·麦钦特（Carolyn Merchant）的《自然之死》(*The Death of Nature*) (1980)——该书认为男性主义态度应对自然环境的毁坏负有责任。尽管如此，鉴于两点理由，相对于上述思想家所做的努力，杜威的工作依然具有重要性：（1）与以上所表达的立场具有相似之处；（2）杜威不仅解构了这些思想家所谓的"男性理性"，而且还改造了理智，从而也就为理智保留了重要位置。"把热烈的情感和冷静的理智割裂开来是重大的道德悲剧。那些借理性化身的偶像的名义压制热情的人以及那些以感情为名反对科学和远见的人，都将这种割裂永久化了。"（MW 14：177）

被杜威所拒斥的现代的、笛卡尔式的世界地图在许多方面代表着对理智领域进行的典型的男性主义的绘制。它的认知模式包括冰冷的剥离、理智与情感的分隔、演绎逻辑和作为范式的数学。简而言之，它勾勒出世界的理性的组织。世界的理性的组织被韦伯认为是西方工业社会的标志。达尔文模式使杜威能够欣赏作为整体的人类有机体。以这种方式看，理性不能再被定义成冲动、情感、直觉的对立面。它的任务"不是熄灭保持活力之炉沸腾不止的火焰，也不是给至关重要的搅拌工作提供原料。它的任务是看着火焰为某种目的而熊熊燃烧"（MW 11：107）。理智不是孤立的意识，不是简单地反射或反映现实。在杜威看来，理智变成有机体连续性活动的组成部分（MW 12：128）。

就像杜威所吸收和同化的那样，对"连续性"的这种强调成了实用主义的哲学视角的基石。为了取代二元论和分离，杜威既看到了水平面上（有机体与环境、个人与社会）的连续性，又看到了垂直面上（身体与心灵）的连续性。具有讽刺意味的是，为了恰如其分地理解杜威，实用主义必须不被用来表示"实用主义"，至少不是在那个术语的通常意义上使用它。实用主义是行动中的理智，而非孤立的和自我反射的理智。实用主义是对价值的机巧的批评和贬低。它不是表明了一种只关心结果而忽略了有关真理和价值等严肃问题的狭隘观点。实际上，杜威严厉批评了"讲究实际"的观点。这种观点把"'理智'局限为操控，而未延伸为建设"（MW 14：160）。杜威说，"讲究实际"的人只关心他们自己的好处。他们是彻头彻尾的非实用主义，因为他们强化了理论和实践的分离。"他们鼓励对他人墨守成规，助长了与实际事务相远离的思想和学问。"（MW 14：49）

杜威最想做的事就是消除学问和事务之间的鸿沟。实用主义被用来表示二者之间的连续性，用来表示在希腊的实践智慧意义上对理智的强调，即用来指导行为的智慧。杜威和像柏拉图那样的古希腊思想家的主要差异之处在于，在杜威看来，理智的任务不是理解先于认知就已经阐明和给定的标准，而是实际创造或建构新的善或新目的。

这并不意味着，反思对预想的和预决的后果能有什么帮助，更不用说对满足身体需要、达到经济上的成功甚至实现社会改良有助益。这其实是说，完整性的（或经验性）的反思对创造新的后果和新的目的大有裨益。（MW 13：27）

理智不是简单地反映先行给定的现实。实用主义的逻辑是建构的逻辑和发现的逻辑。如同艺术家的思维过程，它分辨出未被意识到的可能性，阐明新的有待实现的预期中的目标和新的有待获得和建构的善。在此意义上，实用主义的中心任务就是进行持续的改造。

杜威不仅仅只是把改造看成是一种普通的、形式上的理想。换言之，他所提供的不是一个只具有轮廓但几乎没什么内容的地图。这幅新地图涵盖着由不同关注点所组成的细致的线条，杜威认为这是我们今天所谓的"后现代"图景的根本成分。被审阅的卷次多次涉及其中两个具体的关注点：教育和民主。

民主和教育

杜威关于民主和教育的基本主张为大家所熟悉，它是杰斐逊式的：没有教育，民主是不可能的。否则，杜威所建议的民主和教育的改造和我们今天的制度中所存在的那些东西只有些许相似。在民主论题上，杜威持如下观点：民主不应当首先被定义为全民投票权，而应该是一种刺激独创思想的手段；平等意味着不可通约性；良好的公民要求具有欣赏艺术、科学和历史的能力；民主是真正的贵族统治。被改造过的教育理论包括如下观点：教育不是准备；作为教育关注的中心的成长不等同于自我实现；教育不是价值中立，教育是一种道德的事业，它关心性格的发展。

在为洛克和穆勒那样的政治理论家所修饰的"现代"地图中，哲学人类学的基本事实是孤立的、独立的个人，即社会原子主义。民主理论和民主理想在这种观点所强加的约束中得到阐明。在杜威看来，这样一个完全在社会背景之外设定和给定的个人是一种神秘的幻象。这是从"坚持灵魂的统一性和现成的完满性这一教条的神学家"（MW 14：96）那里留下来的残余。利用达尔文的生物学模式,杜威意识到人类与其他生物之间的连续性,他主张个人从本性上说乃是社会性的。与其他动物一样,人类是与环境相互作用的有机物,这个环境既是社会的,也是自然的。因此,个人是发展着的而非既定的。他们在他们所处的环境中成长起来,并在很大程度上由环境所塑造。他们不会在相互作用之前就达到现成的状态。

> 我们能够认识到,所有的行为都是人性的基本成分和(自然的和社会的)环境的相互作用……当我们将人与环境的相互作用看作是需要用人类智慧加以调整的问题的时候,这就从个性问题转而成为一个工程手段问题,即建立教育的艺术和社会引导问题。(MW 14:9)

另外一种仍占主导地位的人类学选项最终导致消费主义而非起到教育和社会引导的作用。如果个人是完全处于相互作用之外而被给定的,那么发展和培养就是多余的。相反,个人成为"需要被迎合的"的人,变成"需要放大其快乐增加其占有"的人。(MW 12:190)

新地图发现,个人天生就是社会性的,它承认个人是发展的而非给定的。以这幅地图为基础的、被加以改造的后现代的民主则强调一种不同的理想。

> 民主这个词可能已经和一种特定的政治秩序紧密相连,这种政治秩序由普选权和经选举产生的官员组成,但其效果并不让人十分满意,它不可能恢复其基本的道德和理想意义。但是不管它的名字叫什么,意义仍然保留着。它代表着对个体性的信念,对每个正常人拥有的与众不同的独特品性的信念。(MW 13:297)

杜威进而断言，这样的信念需要现有的秩序具有根据"个体化的能力"（individualized capacities）的释放而积极地灵活多变的意愿。通过强调个体化的能力而非现成的个人，杜威能够指明教育对民主为何如此关键。在杜威看来，"能力"说明有一座埋藏着未实现的可能性的宝藏，这些可能性无法在个人身上现实化，也无法通过人自身得以现实化。如果生长的条件不充分，即使最好的种子也可能枯萎、死亡或长出有缺陷的植物。民主不是对公民大众的物质需要的迎合，而是个性的收获。如果没有一套合适的教育系统，民主是不能成为现实的。"直到教育把释放个人在艺术、思想和情感上的才能变为它首要的关注点，民主才成其为民主。"（MW 13：297）"在理论上，民主应该是一种手段，用来激发原创思想，唤起事先就精心调整了的行动来应付新的力量。"（MW 14：48）

这样一来，杜威就试图促使民主脱离它看似与生俱来的趋势，即认为平等就是才能的平整。这正是从柏拉图到尼采的反民主理论家非常害怕的现象。在杜威那里，作为同质性和相似性的平等被当作是根据错误的地图所形成的概念，从而遭到拒斥。得到恰当理解的平等应该是发展的而非给定的。平等意味着个性发展成为不可替代性，这是技术的民主时代存在的最深层的挑战。大众娱乐、标准化的产品、无所不在的自动化、随时的迁移、土地的转移，诸如此类的刺激表明人类是在以同样的方式被塑造着，他们甚至可以相互替换，在数学意义上十分"平等"，而教育如果是杜威所主张的那样，就必须培养确信自身不可替代和不能通约的人类。在杜威看来，通过以笛卡尔式地图为基础的数学模式来阐释的平等是相似性的平等。改造过的地图则是以不同的方式来对待平等。

别人无法替代他在这个世界上的位置或做与他要做的一

模一样的事。我想这就是我们使用平等观念所意味着的东西。我们并不是意味着，人们在生理学或心理学意义上是平等的，我们的意思是说，每个正常人都有非常独特的东西，使得其他人不能取而代之。(MW 15：170)

对平等所做的这样的理解，使杜威得以在一个被恰当理解的民主的语境中自由地谈论优等、劣等和贵族式的统治。当然，如果"优等"和"劣等"这样的字眼笼统地被用来表示笼统的褒扬或谴责，那么它们容易被滥用。它们"自身是无意义的"。问题的恰当问法是，"在什么上优于或次于？有多少需要达到的结果和需要完成的工作，就有多少优等和劣等的模式"（MW 13：296）。恰当阐释的民主应该以尽可能多的方式培育这种优等。民主不需要碾平大家的才智，它并不奖赏平庸。实际上，因为民主允许才智和个体性的发展，包容未定型的阶层，它乃是真正的贵族统治。"在这个意义上，我们可以说，民主表明贵族统治达到了它的极限"（MW 13：297）。

如果没有由恰当的理想所引导的一套适当的教育系统，上述理想只能是哀婉动人的乌托邦。杜威的教育主张和实用主义的新地图相一致，这并不让人觉得意外。当杜威说教育在首要的意义上不是准备的时候，他是在拒绝教育在努力获得一种孤立、固定结果的观点。当他争辩说，教育要聚焦成长的时候，他使用了一个本身就涉及到语境、与"自我实现"的个人主义内涵相对立的术语。当他声称教育和性格的发展是不可分割的时候，他援用的是他的连续性原则，并因此批判了身心二元论。

"成长"是理解杜威教育观的关键词。与那些视教育的目的是准备的人们相反，杜威提供了另一种观点，他认为"成长、经验的持续改造，是惟一的目的"（MW 12：185）。"成长"对杜威来说是一精心挑选的术语，它包含着双重事实：实体包含在过程中，实体被嵌入在一个语境中。实体、个体不是被动、固定不变、静止的，也不是孤立的。如果它们要顺利地发展，就会从周围环境中获取支持。杜威所说的成长不包括对相对于他人的自我聚焦，对严格自我界限的假定，或个性严格按照预先决定的道路逐渐展开。根据杜威的观点，我们身处其中的世界是个真正变化的世界，是个充满偶然性和机会的世界，是个无法还原的世界。当具体经验被揭示时，我们发现人类从根本上说是社会性的，人类目的是生成的而非预先确定的，可能性是需要去发现的。根据现代地图的理解，"自我实现"代表着发展的理想。杜威认为，这个表达方法包含两个错误：过于个人主义；设定了一个过程必须服从的固定的而不是创造性的终点（MW 13：403）。杜威在其教育理论中直截了当地指出成长的地位："成长自身是教育要处理的首要事实。保护、支持和引导成长是教育的主要理想。"（MW 12：402）以这种哲学的再定位为武器，杜威将矛头瞄准了几个对手。第一个对手是"专家"。这些社会科学家们给教育者设定了固定的目的，这些目的的设定经常不顾课堂经验。与之相反，需要一种与实用主义一致的态度，"一种新的个人态度，根据这个态度，教师应该是使用所知的东西善于创造的先驱，应当在经验的过程中学会阐明和处理一些问题，这些问题是未成熟的教育'科学'现在试图在经验之前加以陈述和解决的。"（MW 13：328）另外一个靶子是蒙台梭利教育法。个体性和成长是相关的，而成长必然是社会性的。正如我们所看见的那样，在个人和个人所组成的团体之间存在的是连续性而非对立。在杜威所绘制的区域里，个体性不是个人主义。个体性不是"盲目自大"、"自作主张"，而是"具有独特价值、对生活有所贡献的东西……真正的个体性是无意识的，而非有意识或自我意识的"。（MW 14：171）真正的个体性不可能在孤立的状态中发展起来。"一个人只有在社会团体中才会有机会发展个体性。"

(MW 14：176)忽略了后一个事实是蒙台梭利教育法的错误之处。吸收了"现代"地图的原子论的个人主义,蒙台梭利女士"误导了自己和他人,认为为了获得个体性必须得有孤立或分割状态;每个儿童必须自己做事而不是和他人合作;不可能将学校工作的两个原则和创新发展统一起来。而我认为事实刚好相反"。(MW 14：176)

所有这些积极意义对教育意味着什么呢?如果教育不是准备和自我实现,那它究竟是什么?"成长"和"持续的经验改造"提供了可行的选择吗?教育实践者将不得不考虑这个问题。一个哲学史家能做的是将包含在杜威立场中的元素清楚地表述出来。从实用主义的视角看,教育理论至少包括如下几点:(1)教育是实验性的,它来自于经验,它必须发现可以解决发生在经验之中问题的可能性。(2)教育必须强调自身过程的价值。作为准备的教育是自己打败自己的教育。它承认自己的目标是次要的、功利主义的,就像一个用来诱捕的陷阱,一旦目标达到,陷阱就被丢弃了。在杜威看来,在教育过程之外没有要达到的目标。(3)取代"目标产品"教育观。杜威提出,教育应是面向生活的定位,根据个人发现自我的阶段来调整和加以区别。"从目前的成长的程度和类型中走出来,这就是教育。"(MW 12：185)(4)教育是性格的道德的发展。杜威拒斥个人主义的伦理学。他哀叹将最高关注点放在"玩得愉快"上这种普遍流行的态度,"玩得愉快的几乎所有方式都被认为是合法的"。(MW 15：168)所以,培养追求快乐的优雅的习惯成为教育者的关注点。"若学校仅仅是像现在大部分共同体那样,而没有能够让我们国家的年轻人的娱乐消遣活动更加有益,闲暇时光过得更加有品味,那么学校还没有履行好自己的社会义务,没尽到自己的社会职责。"(MW 15：168)

生活和生活得好的区别取决于一系列的因素。但是,生活得好至多是不稳定的成就，会随着困难而快速地失去和重新获得。实用主义提出，应当恒久地发现和表达着眼于生活得好的新目标。不存在泰然自若地等待我们去实现的遥远的理想。从较坏到达较好的道路取决于人类的理智和反映人类理智的社会制度。杜威的观点因而既是一种挑战，又是一种解决办法。杜威提供了一幅新地图，我们可以用它给自己定位。而穿过这个区域的工作就摆在我们面前。

（徐先艳 译）

民主、教育和西方哲学传统：
杜威的激进社会观

拉里·希克曼（Larry A. Hickman）著

在过去的几十年中，哲学家们和其他人都认为杜威对哲学的贡献是以一种陈旧的方式进行的，甚至还走错了方向。现在，杜威的思想重新吸引了人们的研究兴趣。在过去的十几年中，关于杜威的生活和作品的不同方面的英文著作陆续得以出版。其中，研究杜威的主要作品有：罗伯特·韦斯布尔克（Robert Westbrook）的《约翰·杜威与美国民主》（*John Dewey and American Democracy*），史蒂文·洛克菲勒（Steven Rockefeller）的《约翰·杜威：宗教信仰和民主的自由主义》（*John Dewey：Religious Faith and Democratic Liberalism*），阿兰·瑞恩（Alan Ryan）的《约翰·杜威与美国自由主义的高潮》（*John Dewey and the High Tide of American Liberalism*），托马斯·达尔顿（Thomas Dalton）的《成为约翰·杜威》（*Becoming John Dewey*）和杰伊·马丁（Jay Martin）的《约翰·杜威的教育学》（*The Education of John Dewey*），等等。

此外，杜威作品的其他多语种译本也面世了。美国"杜威研究中心"收到了西班牙语、日语、韩语、意大利语、挪威语、芬兰语、阿拉伯语、保加利亚语、希伯来语、葡萄牙语、波兰语、冰岛语和俄语的译著。据我所知，中国大陆的一批学者正在翻译整套《杜威文集》。同样应该提及的是，近5年来新成立了三个研究杜威著作的中心。

在基本文献的出版方面，"杜威研究中心"在过去的十几年中出版了几个系列的书籍，以扩展和支持对杜威的学术研究。它们当中包括37卷的《杜威文集》的电子版，《杜威通信》(The Correspondence of John Dewey)（包括杜威从1871年到1952年的大约两万封信件）的电子版以及《关于杜威的著作》(Works about Dewey)，后者是在我们网站上定期更新的与杜威有关的材料的书目。

我要简要讨论三个相关的话题。第一个论题涉及到人们对杜威重新产生兴趣的原因。第二个论题探讨杜威思想的核心部分，包括他被人们所大大忽视的对技术的批判，这激起了人们研究杜威著作的新热情。第三个论题讨论杜威与21世纪的教育者的任务的相关性。我将着重讨论杜威的社会观，即他的民主观念。

杜威式的实用主义复兴的原因之一，是20世纪早期和中期的实证主义哲学没能在生活中发挥作用，这一点在现在看来是很清楚的。当前大多英美分析哲学试图保持较早实证主义的一些方面，尤其是试图向大学的管理者表明哲学是一种严格科学，继续忽视普通人所关注的问题。与美国实用主义和许多所谓"大陆"哲学不同，当前大多英美分析哲学甚至都不试图成为生活哲学。

1979年，理查德·罗蒂在就任美国哲学协会东部分会主席时所做的演说中指出了这一点。杜威的演讲后来被以《实用主义、相对主义和非理性主义》(Pragmatism, Relativism, and Irrationalism)为题收录在他1982年出版的《实用主义的后果》(The Consequences of Pragmatism, Minneapolis: University of Minnesota, 1982) 一书中。罗蒂在演讲中几乎毫无遮掩地批评分析哲学已经与大多数人的生活无关了。另一方面，他认为詹姆士和杜威"提供了为数极少的哲学家能够成功地给予我们的东西：提示我们如何改变我们的生活"(《实用主义的后果》,第175页)。

在杜威和其他实用主义者那里,哪些哲学问题是重要的?那些哲学问题的明晰和确证可以改变我们的生活?它们当然可以被用传统的哲学术语表达为知识与评价问题。然而,更专门地说,它们包括的问题有:既灌输基本技能又不弱化学习者天生好奇心的方法;伦理在学校和工作场所中的地位;建构和维持利益共同体的生活的手段和方法;对开发中的工具和技艺给人类带来的影响的评估的手段,等等。这些问题体现在杜威的一些最有影响的著述中,如《儿童与课程》(The Child and the Curriculum)、《学校与社会》(The School and Society)、《民主与教育》(Democracy and Education)、《我们如何思考》(How We Think)、《经验与自然》(Experience and Education)、《作为经验的艺术》(Art as Experience),当然还有《伦理学》(Ethics)。对杜威和其他实用主义者来说,这些是哲学所要解决的核心问题。

"杜威研究中心"最近从杜威已出版的著作中编辑了两卷本的选集,名为《本质的杜威》(Essential Dewey)。书名多少有一点反讽的意味,这是有意专门为之的,因为杜威强烈反对由柏拉图提出的并为他在中世纪、近代甚至现当代的思想继承人所推崇的超自然的和外在于自然的本质。

然而,不管怎样,这个书名还是描述了一些事实。首先,杜威并没有完全抛弃本质。他只是赋本质以功能并使它们运作起来。我这样说的意思是,杜威与其朋友詹姆士一起认为,本质是由人类机体在适应环境的过程中选择或建构出来的,它们既不是作为固定的和已完成的东西而被发现的——可能从柏拉图式的理念世界中被传递给我们,也不是感觉材料或观念的任意联结的结果——可能作为后现代主义的文学批评的一部分被发明出来的。

正如杜威在1896的经典论文《心理学中的反射弧概念》

(*The Reflex Arc Concept in Psychology*)中所表明的那样，本质是被选择的，或更准确地说，本质是在有机体与被经验到的环境状况的交互作用的过程中，以有机体的兴趣和倾向为基础而建构起来的。因此，即使这些功能化的本质被用来解决一些困难时变得真实了，如果认为它们先于认知而存在，或者把它当作这个或任何其他世界的最终结构的最后表达，那也是荒谬的。

就像詹姆士所说的那样，本质是心灵的目的论武器。或者，用略为含蓄的方式表达，我们可以说，本质是人类有机体适应不断变化的物理环境和社会环境的工具。

对本质的这种新颖处理是工具主义的重要特点。杜威从1894年到1904年呆在芝加哥大学时，就和他的学生们——其中包括心理学家和社会学家米德——发展并阐述了这一观点。此外，杜威的工具主义还是专业哲学家对技术进行全面批判的第一次尝试。

杜威的批判是全面的，因为它包括了教育、艺术、探究理论、社会与政治哲学、宗教哲学和社会心理学的内容。据我所知，在此之前和以后，没有人像杜威那样如此广泛地对现当代技术进行分析和批判，并提出了技术促进社会改革的方式。

杜威的工作先于马丁·海德格尔几十年。海德格尔的大作《存在与时间》出版于1927年，至今仍被广泛认为是首次对技术进行哲学反思的严肃的尝试。但是，在海德格尔当校长并与纳粹有联系之前，他的主要兴趣是对工具和人工产品（artifacts）进行现象学分析。杜威则把技术与教育在民主社会中的角色联系起来，而这仅仅是他众多兴趣中的一个。

理解杜威的工作对技术哲学的贡献，并因此理解他的社会观的关键，是考虑他的如下见解：所有的探究、深思熟虑或对问题的解决都是对问题情境的重新建构，这种重构牵涉到工具和人工产品。无论这些工具和人工产品是抽象的还是具体的，可触的或不可触的，探究因而都是工具性的。换言之，探究是在我们的习惯和技艺出现问题时对它们进行的研究。技术（technology），正如此名称所蕴含的那样，是习惯和技艺（techniques）的逻各斯或对它们的研究。同样，生物学是对生命形式的研究。因而，对杜威来讲，技术或技艺的逻各斯是与他在《我们如何思考》和其他地方所阐述的著名探究方法联系在一起的。

这样，杜威的反本质主义以及他的探究理论——其中包括他对技术的批判——在他的社会观中扮演着中心角色。它们使杜威避开了伤害过许多社会理论和实践的两个极端。第一个极端是一种本质主义，它试图将确定的、已完成的准则（norms）和理想（ideals）强加于人类的经验，这是一种认为目的要统治手段的观点。第二个极端是一种相对主义，它流行于一些后现代主义的圈子中，主张用自反性（reflexivity）代替可指称性（referentiality），用文本性（textuality）代替文本（text），认为手段——在很多情形下手段意味着风格——优于目的。

所以，杜威的根基隐喻是技术性的。杜威认为技术包含着比实际的工具、机器和工厂更多的东西。它也包含着为这些事情提供语境并使之可能的抽象思想和文化实践。杜威的这种观点是以他从广义上概括的技术之特征为基础的，我已经将这些特征阐述为工具和其他人工产品的发明、发展和在认知上的应用，用它们来处理原始材料和中间阶段的材料，以期解决被感知到的问题。

这是我就杜威在技术方面的贡献的粗略解释。这也非常接近他自己的陈述："'技术'意味着一种智力技艺，它引导自然界和人的能量的使用，从而满足人类的需要；它不能被局限于一些外在的、相对机械的形式中。在技术的众多可能性面前，传统的关于经验的概念变得陈旧了。"（LW 5：270）

有人可能会提出反对意见：由此概括技术的特征是在回避实质问题，或因把技术与智力技艺（intelligent techniques）等同起来而犯了循环论证的错误。但杜威实际上所完成的，正是已在词源中反映出来的技术与工具和技艺的区别。技艺是每日伴随着我们并被我们经常不假思索地使用的东西。而"技术"是技艺"学"（ology）或技艺的逻各斯。它是对技艺的研究，恰如生物学是对生物的研究一样。所以，杜威的定义并没有回避实质问题，而是尊重词语的起源，他所做到的区分既需要理解又值得维持。

杜威对这些问题的观点彻底离开了近代哲学认识论的路径。至少自笛卡尔以来，怀疑论的问题，即经验如何可能、我们如何能够获得关于世界的确定或可靠的知识，就已经被公认为认识论的中心问题。尽管近代认识论问题具有长久的历史和复杂的内容，它的某些特征仍很显著。当笛卡尔和其他近代哲学家试图走出中世纪经院思想的影响时，他们面临着建构科学基础的困难，而新的科学基础提供的确定性要能够与经院主义所声称的确定性相媲美。然而，由于他们走向了自然主义，他们有义务把确定性（certitude）置于自然的范围而不是超自然的范围之中。

对笛卡尔等哲学家来说，最好的办法是把确定性看作由单个思维着的心灵（individual thinking mind）所占有的知识。因而关于知识和信念的近代理论要找出一种能够描述一个假设存在于思维着的心灵之外的世界中的事态，同时还要保证这种描述可靠性的方法。不幸的是，这些笛卡尔式的思维方式甚至一直延续到了 20 世纪和 21 世纪。我认为，很多处理笛卡尔式二元论的理论都是徒劳的尝试，其中包括由约翰·B. 华生（John B. Waston）和 B. F. 斯金纳（B. F. Skinner）发展的行为主义的变种；当代许多英美认识论发起了对怀疑论的攻击以图消解它，可同样无功而返。不论相信与否，一些哲学家仍在思考对怀疑论者进行的批驳。在我看来，他们所做的工作之所以屡屡受挫，是由于他们没有超越笛卡尔的模式去接受一种真正的社会心理学和认识理论

(a theory of knowing），这种真正的社会心理学和认识理论设定人类经验的存在，而不是试图去发现其基础。

与笛卡尔不同，杜威认为寻找基础是徒劳无益的。他更乐意谈论平台（platforms）。在他看来，我们进入一个充满不同平台的世界，其中许多平台为我们提供了建构更好的平台的机会。然而，有的时候即使庞大而重要的平台也会翻倒甚至消失。后来，托马斯·库恩（Thomas Kuhn）在他那本现在已经名声在外的著作《科学革命的结构》（*The Structure of Scientific Revolutions*）中发挥了这一见解。

像19世纪后期的摄影师试图获取更好的显光剂，以期得到外在于并且独立于相机的世界的更精确的图片一样，这些笛卡尔式的认识论者曾经且仍在尝试获得对他们过去认为并仍认为外在于且独立于人类心灵之世界的更精确的精神表征。他们认为那个世界的特征不只是独立于心灵，而且不管有没有被独立的心灵认识到，它都是其所是。他们寻求的是确定性，其中包括确定的和完成了的本质。

杜威在心理学（对杜威来说，心理学是"社会心理学"）中做的实验使他认为这种知识的"图画理论"（picture theory）或"旁观者理论"（spectator theory）有严重的缺陷。他论证道，"知道"（knowing）并不仅仅是"获得"（capturing）图画或印象，而且还包含整个有机体（不只是"思维的物质"或大脑）及其经验的原始材料之动态、实验性的参与，在此过程中，工具——包括习惯和潜在的习惯，例如假说——被用来处理有机体经验的原始材料并因而形成新产品。他还认为，生产这些新产品并不是为了获得以前"是其所是"（例如，外在的"事态"）的更精确的图像表征，而是为了获得能解决感觉到的问题和困难的客观办法。他认为探究总是以解决某种具体地感觉到的困难为目的而被引发的。他论证道，当探究成功时，它生产了新产品，也就是新结果。

  这样，对杜威来说，并不存在类似普遍知识的东西。确切地说，在各种特定情况中新知识的产生——从最具体的、最常见的到最抽象的——都如在化学工程中要解决难题时的情形一样，要确实涉及到技术。这是因为我们生活在充满危险的世界中，在时间中向前而生，不断地需要"调谐"。如果我们要把具有潜在危险的状况转变为稳定、和谐的状况，以更接近我们所希望的状况，就不得不坚持生产新的知识产品（包括新工具和方法）。这就是杜威称之为"技术"的过程。

  因此，在杜威看来，哲学所关心的最重要的问题之一并不是认识论或怀疑论的难题，而是逻辑，即探究的理论。他曾写道，与其说探究是"先在地获得已有的确定性"，不如说它是一种实验，或者说是"变得确定"（LW 1：123）。这一说法深入到杜威社会观点的核心之中。

  与现代认识论不同，杜威的探究观念强调原始材料和工具的使用，后者是为了前者的精炼而被设计出来的。探究也牵涉到其他工具，以供改善和重建那些早已存在却较为简单、原始的工具之用。探究还需要生产并存储中间部分，其中包含较为可靠的概念和对象。探究的目的或目标是获得在相对意义上完成了的产品，就是说，这种产品在受到进一步经验的检验并在需要重新加工或重建之前是令人满意的。

  在1916年的《实验逻辑论文集》（*Essays in Experimental Logic*）的导言中，杜威非常详细地讨论了探究的技术性隐喻。那篇论文充满了技术性比喻。以下是一个典型的例子：

    因此，虽然所有的意义都从先在于建议或思维或"意识"的东西中提取出来，并不是所有性质都同样适合一个具有广泛效率的意义；选择合适的性质使之与效率的意义相合是艺术的工作。这与将原始材料加工成有效的工具的工作相符合。铁锹或表弦是用先在的物质造成的,但并不作为现成的工具而事先存在;而且,要做的工作越精细、复杂,艺术干涉得就越多。(MW 10: 354)

杜威想去除传统上所谓的"逻辑对象"(logical objects)、"本质"和"理想"实体的神秘化。杜威所采取的方法是把它们从心灵的或形而上学的领域(比如柏拉图和弗雷格的著作中所做的那样)中驱赶出去,并把它们看作工具箱中的工具。这些工具包括逻辑连词和数字、抽象的词,如"民主",还包括本质,如"疾病"或"家庭"。如果理解了这些实体是工具和工具的产品,同样也会理解它们可以被重建和重构。它们不会被尊为固定的、完成了的本质。因而,政府、教堂的等级制,甚至大学教师所使用的概念性的工具,在杜威看来也需要不断地重建和重构。

所以,杜威主张,本质和理想不应该被认为是绝对的和确定的,相反,它们只是人工产品。与其说它们是由探究建构的,不如说是在探究中生成的。它们并不存在于推理的链条中,而是推理的副产品。在这种意义上,它们像农具。农具的发展和改进不是农作的直接结果,而是耕地、播种、收获的偶然的副产品。

正如杜威在1938年的《逻辑》(*Logic*)中所论证的那样,探究的对象和具体的策略方法在不同探究中很可能有差别,但是,每一个探究都是在探究的更普遍策略形式中进行的——他将其称之为"理智的普遍方法"(general method of intelligence)。然而,由于他的根基隐喻是技术性的,即将探究比喻为技术,他能够将只是蕴含在皮尔士和詹姆士那里的东西明确化。例如,他能够重建传统上被称为"理论"、"实践"和"生产"的人类活动的重要范畴。

通过重建亚里士多德式的知识类型层级,杜威如愿以偿了。

在亚里士多德生活的世界里，科学仍然只是经验性的而不是实验性的。换言之，亚里士多德的科学只是观察的（observational），而不是工具性的（instrumental）。工具化还没有被看作科学的一个本质要素，也没有被看作是发现有效探究模型的来源。亚里士多德因而认为理论或思考是知识的最高形式，并因之把它看得高于实践，而他又以同样的方式把实践看得高于生产。

但是，由于杜威的重点是生产出作为探究目的的成功结果，他将理论和实践看作探究中的组成部分，并且是进一步生产的工具。不过，他并没有完全扭转亚里士多德式的构想，因为他把理论和实践看作探究的阶段，其结果是生产出新东西。在杜威看来，如果要想成功生产出新知识，理论与实践必须合作。这是很重要的一点，值得做更详细的分析。

尽管实用主义的某些批评者有各种主张，实用主义归根结底不是一种行动哲学（philosophy of action）。在一种更丰富的意义上，实用主义是一种生产哲学（philosophy of production）。换个说法，实用主义是"有根据的断言"（warranted assertibility）之哲学。这里是在最宽泛的意义上使用"有根据的断言"的，其中能够得到有根据的断言的东西是艺术、历史编纂学、法律和技术科学（technosciences）的一部分。生产性的实用主义对行动本身并不感兴趣，但它对使结果运作起来的行动感兴趣，其目的是生产出工具和行动习惯（habits of action）。它关注的中心是使思维的相互作用的结果有效的线索，以及当这些相互作用在现实世界中发生时的其他种类的行为。

生产性的实用主义因而认为关于理论和实践应用首要性的问题是虚假和误导性的。三位经典实用主义大家中的两位——皮尔士和杜威——在这一点上显示了惊人的一致，詹姆士在其晚年也向他们两人的立场靠拢：探究的目标不是行动，而是新的、更精致的习惯、工具、目标和意义的建构，简而言之，是新的、更精致的产品。"更精致"一词在他们的著作中是被操作化的和被语境化的,是暂时的。这或多或少就是我们所称的"生长"(growth),而生长就是杜威教育理论的核心。

杜威在吉福德讲座(Gifford Lectures)中对这个问题讲得再清楚不过了。他的讲座内容在1929年以《确定性的追求》(*The Quest for Certainty*)为名出版。杜威在其中写道:"在反对沉思性知识对实践的长期贬抑的过程中,有一种倾向是简单地把以前的做法颠倒过来。但是,实用主义的工具论(我所称的生产的实用主义)的本质是把知识(或理论)和实践两者都看作一种手段,这种手段使得善——各种优秀的东西——在被经验到的存在中得到保证"(LW 4:30)。

这样,在生产性的实用主义者看来,作为探究阶段的理论和实践是平等的伙伴。它们一并起作用,所指向的不仅是对过去或未来的分析,还指向未来的计划。像好的商业伙伴一样,它们总是就可行性、设计、成本和潜在产品的市场状况等问题进行相互协商。理论高度关注实践,它确保选择是开放的,确保想象进入到设计阶段,确保潜在的产品与公司更大的目标是连贯一致的。实践也高度关注理论,它确保设计和生产的目标不是好高骛远或虚无缥缈,确保产品符合市场需求,确保产品的库存和产品的配件得到维持,确保有充足的资金流量开始下一个项目。理论与实践一起进行对话,不断地根据计划中的目的去调整手段,根据规划中的目的去调整已掌控在手的手段。伙伴关系的目标不只是行动,它更是生产。这种伙伴关系的目标是通过工具的改进和新产品的开发来不断适应变化着的情境。

我想,有人会说,"那怎么看待准则呢?"以上的说法不是将杜威陷于不稳定的、站不住脚的相对主义形式中吗?我们用来判断工具、技术和其他产品——包括那些社会的和政治的产品——的准则是何时产生的呢?杜威在1916年的《实验逻辑论文集》的导言中讨论了这一问题。正如农业生产的情形一样，准则不是被农作所产生，而是从农作中产生的。依此类推，民主生活的准则不是由民主过程所形成的，而是从民主过程中产生的。准则不是从历史铁律中，甚至也不是从技术的特殊硬件或材料中产生的。它们产生于理论与实践为被感知到的问题提供理智答案的交相作用中。

在杜威看来，理论与实践的交相作用不仅是成功的日常生活和技术科学的基础，而且也是社会和政治生活的基础。说得更专门些，杜威将民主定义为"相信人类经验产生目标和方法的能力，据此，进一步的经验将会获得有序的丰富性"（LW 14：229）。民主因而并不是维持一种历史制度，不是政府的特殊形式（更不是从某地借鉴到另一地的某种特殊政府形式），不是对固定目标或本质的追求。相反，它是一种实验方法，一种生产方法，一种教育方法，也就等于说是个人和共同体成长的方法。杜威想让我们相信，像最广义的技术科学方法一样，民主的方法包含"一种信念，这种信念认为经验的过程比获得的任何特定结果都重要，以致于获得的特殊结果只有在被用来丰富不断进行的过程并将其秩序化时才具有最终的价值。因为经验的过程是可教的，对民主的信念就是对经验和教育的信念"（LW 14：229）。

在这种联系中，杜威的经验意指什么？他告诉我们，经验是"人类个体与周围条件，尤其是人为环境的自由的交相作用。这种交相作用，通过增加事物之所是的知识，发展并满足人类的需要和欲求……需要和欲求——从中产生出能量的目的和方向——超越了存在的东西，因而也超越了知识，超越了作为知识的载体的科学。它们不断为未被探索的和尚未获得的未来开辟道路"（LW 14：229）。

这样，在杜威看来，民主化的众多路径之一将涉及到将实验、发现和生产技艺类型引入政治和社会生活，这些技艺类型已经在各种技术科学学科中被证明为非常成功了。这些通向民主化的路径并不信奉任何特殊的组织，不信奉任何特殊的历史的实践，不信奉任何特殊的信念体系（虽然它们确实排除了一些制度、历史的实践和信念体系，因为它们在实践中失败了）。它们也不信奉任何先前确定的目标（除非这些目标能够被描述为个人和共同体的成长）。由于这些实用主义道路与技术科学和教育的密切关系，它们并不寻求任何特定的结果。相反，它们要求运用调整的方法。这些方法已经在各门技术科学学科和教育中得到了成功的证明，但还没有被运用于人类生活的许多领域。就其（方法论上的）自我发展和自我更正的潜力而言，这样的方法之终点是开放式的。

对杜威而言，作为这种生产性实用主义之结果的教育不是灌输，也不是漫无目的的自我表达。相反，它涉及到老师与学习者、专家与非专家之间的相互作用，它能够改变和丰富双方的经验。正是教育的这一特征——不只是在学校里，而是在终身教育的课程中——使得教育成为进行社会改革的相当有力的主体。

杜威是在广义上使用这些术语的，因此，民主是探究方法的名称。当探究被应用于政治联合体的时候，它丰富了每一个与之相联的个人的生活，并使之有了价值，还因而丰富了这个联系起来的整体。而且，只有当这些政治联合体本身变得更丰富和更有意义时，技术文化的其他多种展现才会取得平衡。

在杜威看来，通向民主化的道路经过了学校、地方和国家报刊以及各级政府而向前进。它们途经劳动场所、宗教和市民团体聚会的场所、法庭。一旦技术被理解为生产用来处理问题情境的新工具——包括概念上的和理想上的——的智力活动时，它们会带来更多的而不是更少的技术。

对杜威来说，技术是理论和实践的丰富的混合物，其结果是产生新的、改进的工具，并从中发展出新准则。随着探究的技能得到改进，对感知的分类法也得到了改进。语言学上的和其他类型的分析，与各种实践一起构成了探究的阶段，但它们自身或其联合体都不是探究的等价物。对杜威而言，只要理想、目标和眼前的目的经过理智的检验和加工，技术就与之相关。在杜威看来，可触的和不可触的工具之间的差别不是本体论上的，而是功能上的问题。当需要这种区分时，它确实只存在于探究之中。

杜威著作中最引人入胜的是他深深信奉关于技术和民主化的三个观念，也就是他在1939年的论文中所称的"政治的技术"（political technology）。第一个观念认为，民主改革不将技术的人工产品与其使用方式区分开来，因为技术的人工产品就是它们的使用方式。第二个观念认为，民主改革没有现成方案，也不会有这种方案。改革不是目标而是过程，它在发展的每一阶段中都呈现出新的维度和新的意义，因而从来不能预测其结果。第三个观念认为，持续的民主改革大体上就是杜威的教育学所蕴含的东西。我相信，借助这三个观点，我们就会很接近杜威的社会观。

让我们来更具体地看一下与教育相关联的问题。杜威出版于1929年的论文《一门教育科学的来源》（*The Sources of a Science of Education*）提供了关于他的教育思想的本质的主要洞见。

我们可以在这篇论文中找到杜威的许多最难、被误解得最多的观念中的一个。如果想要理解他重建教育的蓝图的话，这也是其中最重要的观点之一。然而，他对这一问题的表达是如此微妙，以至于这些表述乍看上去很简单，难以引人注意，很容易使人遗漏他的要点。

杜威写道："教育本身是发现什么价值观是有价值的并且值得作为目标来追求的过程。看清楚进行中的事物并观察其结果，以发现它们在成长过程中的进一步的效果，是对发生的事物的价值进行判断的惟一方法。指望通过某一外在来源提供目标，注定不能了解作为不断进行之过程的教育是什么"（LW 5：38）。

关于这段话，有几点值得注意：

第一，它非但没有说而且事实上还否定社会条件是发现的来源。教育者本身同样也不是。社会条件远没有提供评价的最终准则，它们还属于需要用教育来进行评价的对象之列。甚至教育者本人表达在教学大纲、课程计划或指导语中的观念和理想也必须依据杜威这里所刻画的更宽泛的教育过程来加以评价。

第二，杜威的表述暗示，在具体的、经验到的问题缺场的情况下，技术科学的方法和内容都不能被直接应用于教育。换言之，科学和方法是教育的工具而不是其等价物。那些所谓科学的测试——比如对人格或智力的测评——并不是教育的起点，即便它们在个人身上使用时可能是有用的教育工具。教育也不以指导如何参加标准化考试为起点。

第三，杜威的说明启动了建构一种不限于课堂教育的准则的方法。本文所描述的这种方法在杜威著作中多次出现。比如，在1916年对哥伦比亚哲学俱乐部（Columbia Philosophy Club）发表的致辞中（该文后来以《逻辑的对象》正式出版），在1916年的《实验逻辑论文集》的导言中，他都强调这一点——事实上，他在每一部主要著作中都强调这一点。在评价中起作用的准则不是作为教育实践的直接结果产生的，而是作为它的副产品产生的，这是杜威工具主义的核心特征。

下面我想更详细地讨论第一点。社会条件不可能是教育价值的来源。这一点在两个重要意义上是真的。无论在哪里，当流行的实践决定教育的价值时，教育就变成了与应用调查与民意测试的结果没有多少不同的事情（当然，调查与民意测试实际上有可能对教育者有很大价值——但却是在不同意义上的价值）。如果这种社会条件是教育价值的来源，那么要做的只是把在社区中确立的或发扬的价值进行科学的复制，然后把它带到教室里进行讲解、排练并加以接纳。

当然，在这种教育实践受到尊重的地方，人们在接受共同体的哪些价值问题上继续存在分歧，而且，在构成更大的社会共同体中，哪些社区有资格宣称其价值可以被接受呢？在这个问题上，确实也经常存在不一致的意见。这正是杜威从1894年到1904年在芝加哥大学的十年中所强烈反对的那种教育。他不断提醒读者，让学生死记硬背而不给他们通过创造性的假设和测试来激发自己的机会，这不是教育，而只是将现存的准则灌输进传统中。

如果社会条件在第二种、可替代的意义上被接受为价值的来源，那么教育的价值或许可以从传统"美德"的条目中得到。威廉·贝雷特（William Bennett）力主的一门行为课程就是明证。威廉·贝雷特是美国前教育署长，出版过《美德丛书》（*Books of Virtues*）。这种观点认为，过去的"伟大观念"可以作为对未来行动的充分指导而被教给学生。教育主要是由阅读"伟大的书"并对其加以运用而构成的。

当然，在批评现存的"社会条件"之前，我们必须先理解它；在确定伟大的书适用于当前问题之前，我们必须先阅读它们。杜威在这一点上表达得极为清楚：就已经接受的价值而言，教育应当要求学生获得越来越广阔的视角。

举个例子。杜威试验小学的地理政治学课程是从研究纤维和食物开始的。学生们种植、烹煮和食用蔬菜。他们从棉花和羊毛中生产出布。然后，杜威和他的学生学习历史和贸易，从中开始研究这些因素与地理和世界上特定地区政治组织的相互作用。

以上，我尽力提供了杜威思想复兴的一些原因，我试图说明其理论的核心观点，以及其理论能给21世纪的公民提供些什么。我希望通过这些问题激发读者对杜威的社会观做进一步思考。

（孙金峰 译）

杜威的共同体理念

詹姆士·坎贝尔（James Campbell）著

本文探讨了杜威的共同体概念。文章从讨论杜威对社会本性的理解入手，强调团体及其价值以及社会批判的角色之间的关系。文章接着探讨杜威关于共同体本质和标志方面的问题，主要聚焦于作为一个道德场所的共同体。最后，简要考察杜威之提出要关注人们在共同体中地位的原因，以及在对"共同的善"关注中所必然遇见的某些问题。

一

很久以来，共同体一直是美国人的思想中的一个主要话题。在一个视其自身加入到自我创制过程的社会中，我们是谁以及我们为什么是谁的问题从来不可能不浮到讨论的面上来。无论美国人的人类完满模式是什么，他们已经强调，正是共同体给个人提供了可以表现其情感和道德的场所。我们眼下对美国社会发展方向的忧心忡忡——一个充满着我们已经从某个真实的轨道中脱落出来的假定以及对我们将要把我们的孩子领向何处去的担忧——使得我们要追溯到最早时对国家的讨论。

共同体的话题也一直是美国哲学的中心论题之一。它在杜威及其社会实用主义者同行中有着十分重要的地位。例如，米德和达夫斯（James Hayden Tufts）就谈到了建构和重构社会制度，以使得共同体能够发扬它的功能并避免重犯先前错误的重要性。"个人的生命年限非常宝贵和短暂，他的工作年头屈指可数，他能独自完成的事情也很有限。但人们已经学会了建立制度"。① 米德关于共同体的许多讨论包括了对社会批判的内在道德律的考察。这些批判"可说是将共同体从一个狭义和有限的范围回归到一个更为广义的范围"。② 关于共同体制度在人类践行中的角色和社会批判的本性讨论，在杜威的思想中也起着重要的作用。

在对共同体的本性和共同体在人类生活中所扮演角色的许多考察中，都有必要考察个体——即创造、维系并从中受益的自我。在讨论自我的起源时，社会实用主义者们不是将自我作为个体的诞生中呈现出来的东西加以讨论，而是将之作为在与其他个体共同体地生活在一起的过程中出现和发展的东西加以讨论的。在他们的观点中，个体通过他们所生活的共同体，而不是单纯地在共同体中发展了一种自我意识的感觉。因此，社会实用主义者不是依据是否与他者分割，或忠诚于某个事先设定的轨迹来看待自我，他们的分析强调自我在社会语境中的显现。显现的自我是彻头彻尾社会性的，他们在其中成长，且由于他们的社区生活而在一个共享的生活情境中得到发展。

在杜威看来，人类个体天生是社会的动物，对这样的社会动物而言，共同体是自然的。杜威进一步指出，共同体是必要的，

---

① 达夫斯：《詹姆士·海登·达夫斯文选》，引自詹姆士·坎贝尔编，卡本代尔：南伊利诺斯大学出版社，1992年版，第344页（edited with an Introduction by James Campbell, *Selected Writings of James Hayden Tufts*, Carbondale: Southern Illinois University Press）.

② 米德：《心灵、自我和社会》，查尔斯·W. 莫里斯编，芝加哥：芝加哥大学出版社，1934年版，第199页；亦见第389页（George Herbert Mead, *Mind, Self and Society*, Chicago: University of Chicago Press）.

我们需要群体而变成为人，我们在共同体生存中发展我们的人性和个性。"学会成为人，"① 这个过程，杜威写道，"是永无止境的"（LW 2: 332）。参与共同体对实现人类的存在是必不可少的，因为这种参与使得共同体的所有成员可能拥有更多样化和更丰富的经验。

杜威和其他的社会实用主义者所指出的人类个体的另外一个基本的方面，是习惯在我们生活中所扮演的角色。习惯使得我们的行为具有连续性和稳定性，它使得我们能够在每一个特殊的步骤上无需深思熟虑和规划行为就能行动。不仅如此，习惯还具有相当的持久性。"不管最初的境况多么偶然和不合乎理性，不管当下存在与形成习惯的那些条件有多么不同"，"它会一直坚持下去，直至环境坚决地拒绝它"。② 由于习惯的中心性和重要性，我们无法冀望从中得到某种"解放"。相反，我们需要认可它们对生活的普遍重要性以及它们对特殊习惯的特殊影响。杜威写道："那些我们没有意识到其重要性的习惯，不是由我们来支配，而是支配着我们，它们推动和控制着我们"。而且，它们将继续这么做，直到"我们开始意识到它们所完成的东西，并且通过了对结果的价值评判"（MW 9: 34–35）。

对我们目前的这个共同体主题来说，特别重要的是那些被我们称为习俗的社会习惯。关于这些社会习惯，杜威写道："个体的大部分重要习惯是由个体所出生和成长的先前社会的习俗所决定的"。这些习惯当中包含的是"德性的大部分内容"（MW 6:

---

① 学会成为人，就是通过交往的妥协培养一种成为共同体中个别而独特的一员的有效意识，使得他能够理解和重视共同体的信仰、愿望和方法，并致力于进一步把基本的有机力量转化为人类的资源和价值（LW 8: 332）。

② 习惯一旦形成，就会通过大量的重复行为使它们自己永久地保持下去。它们刺激、抑制、强化、弱化、选择、集中和组织这些行为使之成为与它们自己相似的东西。它们按照自己的想象在无形的空间推动之外创造出一个世界（MW 14: 88）。

413)。这些社会习俗或传统确立了组织行为的方式,我们目前总的来说对这些方式感到满意,也最大程度地愿意保卫它们并将它们发扬光大。这些制度之所以能够给我们分享的生活设定秩序,很大程度上是由于它们对共同体的成功生活具有的重要性。设定了给我们团体中进行的必要活动规定秩序的可能方法在数量上的虚拟的无限——这些活动包括生育和孩子的抚养,工作的分配和团体的经济产品的分派,通过医疗、农业和宗教等管理实质上是我们自己的地方,等等——这个被采用的制度系统必须是而且必须被感受到是合适而有力量的。

尽管对其他多种多样的可能路径持更为开放态度的个体可能把他们的社会程序看作主要是专断的,然而,团体中更具有代表性的成员把这些程序看作是自然的和正确的,实际上优于任何别的程序。杜威写道,由于社会的修饰,这些风俗必然是我们的风俗。"假如社会的风俗行为超过了行为的一致外在模式,那只是因为它们充彻着故事和被流传着的意义"(LW 10：329)。由于风俗对自我所扮演的这个角色来说是如此重要和根本,以至于我们很少注意到它在塑造我们的行为时是多么有力。① 在这里,就像个人的习惯一样,我们的目标不是从习俗中解脱出来,而是承认其强大作用。正如杜威所说:"不是在习俗之外和习俗之内的道德权威之间做出选择,而是在采纳更明智或不那么明智和重要的习俗之间做出选择"(MW 14：58；cf. LW 1：23)。

这些考虑把我们引向一个更具杜威色彩的观点,即人们都"需要在他们的行为中获得道德认可：类的共识"(MW 4：49)。更为经常地,这种认可活动是通过这些社会习俗而间接地获得的。

---

① 杜威在这里继续指出,忽略作为一种控制性因素的传统影响的倾向本身在很大程度上可以归结于这样一个事实:当我们开始反思、发明和设计新的方法和目标时,传统已经如此完满地完成了自己的工作,以至于我们不假思索地认可了它,因而,我们在由习俗所建立的界限内进行商讨和筹划(MW 6：414)。

做事情的传统方法——我们喜欢称之为"我们的"方法——具有能够使得它避开许多不让人开心的难以分辨的问题的特殊道德地位。杜威写道:"(在)习惯性的社会里,并不是所有人都能够想到在他所应该做的事(即道德的事情)与他习惯性做的那些事(即社会的事情)之间的差别"。换句话说,他继续写道:"这个以社会方式建立起来的社会是道德的社会"(MW 5:387)。即便是像我们所在的这个被认为更消息灵通和更具有反思性的社会,人们也经常"视他们的社会关系为理所当然;他们就是他们所是,他们是他们应当所是"(MW 7:314)。杜威继续指出:

> 大多数男女通过观察他们的周围事物来制定目标。他们接受那些由宗教导师、政治当局和共同体中享有威望的人所提供的目标。如果他们未能采取这样的一种途径,他们似乎会被许多人视为道德叛逆或无政府状态。①

杜威的观点对我们来说尤其有用,因为他对"习惯"一词的使用最初并不是与某种被假定的历史或人类学场景有关,而是与被提供的道德辩护本性有关。"习惯"一词的意义在他心目中指向"德性的重心",它的反面不是"现代的"而是"反思的"。他的意图就是实现这一重心的转移,即从通过与"祖传的习性"相一致所进行的辩护转移到"良心、理智或包含思想的某个原则"(LW 7:162)。

我们通常接纳我们群体的价值——我们的性别和阶级的价值、我们的宗教和家庭的价值——至少在最开始的时候,我们就

---

① LW 7:184; cf. MW 9:21。参见米德:"一般说来,我们假设这种关于共同体的普遍呼声是同过去和未来的更大的共同体相一致的;我们假设一个有组织的习俗象征着我们所说的道德",《心灵、自我和社会》,第168页。

以自己是否符合这些群体所认为好人的一般理想,来做自我评估。杜威将这种内化作了如下表述:"在我们的胸中形成了一种集合,这个集合讨论和评价那些被提出和被执行的行动。"(MW 14:216)随着自我的成长和发展,我们从群体中接受了我们的敌人和朋友、我们的目标和清规戒律。因为我们的群体做事情的方式已然成为适当的方式,我们经常不怎么动脑筋就能轻而易举地找到道德、政治和审美价值,这就像我们演讲时信手拈来的成语和脱口而出的熟人电话号码一样。换句话说,我们从社会获得的价值恰恰看起来是显而易见的;而它们之所以这样显而易见,是因为它们不对我们形成"外在"的限制,而这个外在的限制是我们所熟悉的个人主义的分析所倡议的。更确切地说,这些价值是内在于我们自我的强化因素。这些从社会中获得的价值,无论好坏,都是我们的一部分;它们是我们存在的习惯性因素,不会轻易被改变。

当我们考虑到富有挑战性的相关问题以及或许重建我们习惯的价值、传统和制度,以使得它们能够适应当代世界的变化的时候,一个特殊的困难在此显现出来了。我们的许多习惯,尤其是那些被觉得是最接近我们社会"内核"的习惯——像性观念以及宗教和政治标志——不会成为那类我们可能会批判性地思考的论题。相反,我们已经感到使它们"神圣化"的需要,或许使它们成为一个塑造孩子们行为的更好工具,或许增加它们用来惩罚我们之中越轨者的辩护的权力,或者只是单纯地帮助我们抚平对其合法性所存有的质疑。不管出于什么理由(或有多少理由),对我们习俗的神圣化使得潜在的评估短路了。其结果是,我们经常发现,只要不放弃我们视为我们自己的一部分的东西,我们就无法改变自己的习俗。在某种程度上,我们的传统造就了现在的我们,改变这些传统就有可能使我们变成别的东西。如此,我们生活在这种无法适应的冲突之中。举例来说,我们漠视当代现实,将一夫一妻的异性结合倡导为恰当的结合形式。我们如此强烈地渴望一个过去的公共市民文明的时代,以至于忘了这个文明掩盖着严重的不平等。我们发现有必要捍卫宗教文本的字面解释和政治崇拜偶像,即使这两者其实更应被当作象征意义。我们坚持这个被神圣化的成分,是因为拒绝它们就等于是拒绝我们自己。

即便在我们能将这种神圣化减少到最小的同时,我们意识到当尝试挑战习惯时将面对的困难。杜威写道,习俗持续下来,首先是"因为个体在先前建立的习俗中形成他们个人的习惯",因此,一个人"往往就像从他的社会群体中继承言语那样获得了道德"。并且,"如果一个孩子学会任何语言,他学的是那些与之交谈和教给他的语言,这是一个毫不神奇的事实",同样,毫不奇怪的是,个人也接受了语言学之外的其他习俗。因此,习俗的这种持续可以被归属于"想象力受到限制"的个体发展一个成为习惯的自我的标准的进程(MW14:43);并且,改变它将是困难的。"信仰、期望和判断的方式以及随之而来的喜欢或不喜欢的情绪倾向,一旦形成就不易被改变。"(MW14:77)

关于杜威对社会和习俗在塑造自我中所扮演的角色的理解的讨论还没有结束。人类个体不仅仅只是团体的成员。和我们生命一样重要的,是我们超越这些团体的能力。除了自我的传统和习惯方面,还存在着反应或回应的方面。当她或他成为这样一个有意识的自我——这个自我能够认识到根据团体的理想做一个什么样的好人——我们每个人就都发展了超越这个理想的能力。当然,我们意识到,通过对社会习惯所要求我们行为的不断认识,这种把我们从群体的集体意识流中分离出来的能力在慢慢地增强着。我们也知道这一实现主要发生在与其他实际生活模式的对抗之中。我们还意识到了,个体在不屈服于某种形式的、脆弱的相对主义情况下寻求平衡其他生活模式的知识以对抗我们自己频繁的神圣化时所面临的困难。随着年轻人逐渐认识到，人们在把频繁使用的传统模式等同于正确，他们很难再对道德上正当的追求保持活力。一个教育系统所要做的工作就是帮助未来的成年人准备使用这些习俗而不是被这些习俗所征服；但是，我们的学校和其他的教育机构对神圣化的压力显得过于敏感。

正如杜威所看到的，有效的社会批判者深深植根于在共同体中生活的个体，这些个体了解那里的问题和解决问题的各种可能性，他们试着将这些观点公之于众。这样，这些批判者就不仅仅是攻击他或她的社会。相反，正如我们从米德那里所看到的那样，个体力求"从一个狭小而有限的共同体转换到一个更大的共同体"。米德在别处也阐明了这个观点，他认为，个体试图揭示已被"这个共同体的这些偏见"[①]所淹没了的"原则"。我们的群体通过偶然或选择采用了忽略重要价值行为的习惯方式，这些价值通常本身在某些被削弱的或扭曲的形式中得到支持；已经培养出更多共同体意识的个体能够识别和指出这一点。假如成功的话，社会批判者能够通过使共同体面对和克服在其价值和当前实践之间的冲突，将它变成一个更富裕的地方。共同体建设的中心点是使得社会成长得以发生的讨论的过程。有效的社会批判者，由此试图通过与他者的相互作用，为得到提议的社会提案进行辩解，而且，通过这一合作调查过程，我们也发现了能够在此之上进行建构的工作的价值。

我们时不时地扮演着社会批评家的角色，因为我们都能够"置身度外"来评价我们的共同体状况。我们都不止是一个团体的成员，而且与更多的人熟悉；即使小孩子也能根据他们认为的在别的家庭中运作的较开明政策，来批评他们自己的父母亲所作的决定，我们能通过比较，提出改变我们的共同体的目标和手

[①] 米德：《心灵、自我和社会》，第217页。

段。这个应该在任何一个生活于多元文化世界当中的人身上培养出来的复杂的自我,是一个历史、当代事实以及社会评价的重要关系的储藏室。在他自己的工作和生活中,杜威试图扮演这个扎根于社会批判的角色,他主张推进公共善和个体的成长。他的工作中心在于具有这样的信仰:我们一定能建立起既具有持久性又对个体具有支撑作用的共同体,我们能够促进个体生命的扎根和成长。对社会自我来说,这种成长不是脱离,而是更多的介入,不是独立性,而是责任感。他们的理想是作为共同体建设的贡献者去解决社会生活的问题。

二

一旦我们从这个更宽泛的社会和道德立场转向对共同体本身进行更狭隘的考虑——尤其是对关于理解和推进共同体的观念的思考——那么,我们就到达了杜威的共同体思想的核心。这项工作的基本信念是,社会重建是一个复杂的过程。这个过程部分取决于对我们理智材料(即我们的观念和概念)的分析,部分取决于基本制度变化的凝练和制定。一方面,我们需要更清楚地思考我们继承的这个"共同体"观念到底意味着什么以及它将如何得到改进;另一方面,我们需要去发展更好的共同体。这篇论文将主要讨论前者。

在其职业生涯的始终,杜威一直关注整个政治概念领域的改造。在每一种场合中,他都对术语在他的时代中如何被使用感兴趣;但无论如何,他没有提议要我们仍受困于这些术语的习惯性意义。在他的概念性重建工作中,有三个可以分开的、本质上属于实用主义的主张。第一个主张是,政治术语的概念是被我们用作试图解决我们社会问题的工具,它们因而也就没有任何绝对的或终极的意义。例如,虽然有必要遵循被包含在我们所继承的、显然是不连贯的传统和档案之中的意义,对"共同体"的充分意识的需求却不能简单地以这种方式被揭示出来,我们也不能指望根据我们对术语所形成的某种意义而创造术语的可在将来强制使用的终极意义。相反,概念的功能的充分性必须在其特殊的情境中得到评价。杜威的第二个主张是,我们所继承的各种各样的政治术语的具有历史性界限的概念,由于生存的依赖的事实,确实曾经有着合理的当代意义。杜威提出的第三个主张是,到了他那个时代,许多继承下来的概念在推进公共善上已经不起作用了。换句话说,这些概念已经变成仅仅是习惯性的,它们主要是在不在场的情况下继续发生作用。有些概念对于给话语设定秩序是必要的,而且就像传统概念一样,它们因为具有熟悉性和适当性这样的优势而使自己获益。

在对"共同体"进行考察的时候,我们需要记得,在杜威那里,人类个体天生是社会的——对他们来说,结社和共同体都是根本性的。共同体或"公众"是自然的;我们需要群体以变成人。我们在我们的共同体生活中发展人性和个性。当共同体成员通过合作探究寻找解决他们共同的弊病时,他们的努力使得他们都相互受益。然而,杜威关于共同体生活对个体全面发展重要贡献的主张却不应被看作提出了如下信仰:所有的集团都必然获益。

事实上,杜威在描述和歌颂的意义上轮流使用"共同体"术语。他有时候讨论各种各样的"社会、结社、(和)群体"(LW 2:278):"零星的社区"(LW 2:306),"商业共同体"(LW 2:354)、"黑帮"、"工会"(MW 12:194)和"犯罪团伙"(LW 2:278)。在其余的时候,杜威聚焦于我们可能称之为"好的"共同体:民主的或道德的共同体(LW 2:328-332)。因此,杜威写道,除了诸如学术团体或"文坛"那些我们中的任何人都会以能够成为其中一员而感到骄傲的群体外,我们还必须把"共谋犯罪形成的团伙,在服务大众的同时蚕食公共利益的合作伙伴,以及为了掠夺利益而联合在一起的政治机器"包括在个体的术语范围之内(MW 9:88)。杜威不认为他的这种双重用法暴露了自己的含糊不清。相反,他相信自己指出了这些术语本身的模棱两可。他写道,像"共同体"这样的术语同时有歌颂的或标准化的意义以及叙述性的意义;一个是权利上的(de jure)意义,另外一个是事实上的(de facto)意义。由于有这两层意思,因此可以清楚地说一个歹徒"在某种关系上是高度'社会的',而在另一关系上说是反社会的"(LW 15:221)。杜威的中心兴趣在于:我们应该如何在"共同体"的道德意义上理解这个术语。

这个对道德方面的关注意图很快将杜威带入到如何评价共同体这个问题上。他写道,任何发展评价标准的企图都必须植根于我们所熟悉的社会:

> 我们不能拍拍脑门建立一个我们所认为的理想社会。我们必须把我们的概念建立在事实上存在的社会上,以确保我们的理想是可行的。但是……这个理想不能简单地重复我们实际上所发现的特性。问题是在实际存在的共同体生活形式中把我们所希望的特性抽取出来,并用它们去批判那些不被人们所希望的特征并提出改善意见。MW 9:88

通过在这些限制内进行的思考,杜威从他对成长的分析中提出了两个截然不同的标准。第一个标准是内在的:"被有意识地分享的利益数量和种类情况如何?"第二个标准是外在的:"与其他结社形式的相互影响有多么充分和自由?"(MW 9:89)。这样,杜威坚持认为,以匪徒暴民的个案为例,不管根据前一个标准这个团伙具有什么样的充分品质,但根据后一个标准,它将由于它本身的不充分性被制服。"犯罪团伙与其他团体之间不能灵活地相互影响；它只能通过将自己孤立起来而有所作为。"（MW 2：328）因此，我们认识到，充满活力的共同体产生于个体发展内部和外部关系的努力，产生于个体将自己在各种不同群体之中加以定位的努力，产生于个体将群体在更大的社会生活之中加以定位的努力。这些不同的定位是相辅相成的："由于不同群体之间根据它们自己的价值相互牵制，所以，实现完善人格便成为可能了。"（LW 2：328）处于此共同体中的个体意识到了他们的多重位置，加上随之而来的平衡的自我认同感，个体被完全同化到任何一个团体中去。①

杜威坚持如下立场：如果把所有的人类团体都视作是同体的充分的范例，那将是错误的。此外，杜威还向我们指出在我们所继承的观念中经常会被发现的另外两个误解。第一个误解是把共同体等同于国家或政府的制度。杜威谨慎地表明了他在共同体和它的"外部"形式之间做出区分的意图。正如他指出的，"我所说的'国家'是指通过政府的立法和行政机器对共同体生活资源的组织"（MW 2：81）。进一步来说，国家要恰当地从属于共同体。杜威说，有些社会的"机构比政治的机构更根深蒂固"，而且"需要比我们的传统政治机构更基本的手段来满足美国人的实际需求"，即一个有活力的志愿性机构和相关的共同体

---

① 在这里值得一提的相关主题是杜威称之为"一种融合的神秘意识"（LW 13：89），在社会中尤其是在社会危机期间，几乎完全拒绝这个外在的标准。我已经在两篇相关的文章中讨论过这个社会融合的主题："乔治·赫伯特·米德的社会融合和社会批判"，《美国哲学之境》，罗伯特·贝奇和赫尔曼·萨德坎普，Jr., vol. I，德州A&M大学出版社，1992 年，第 243—252 页（Robert W. Burch and Herman J. Saatkamp, *Frontiers in American Philosophy*, Texas A&M University Press）；和"缺乏融合的社群：杜威、米德、达夫斯"，《实用主义：从进步主义到后现代主义》，罗伯特·郝林格和大卫·迪普编，西港：瑞爵出版社，1995 年版，第 56—71 页（Robert Hollinger, David, *Depew*, *Pragmatism*: *From Progressivism to Postmodernism*, Westport: Praeger Paperback）。

(LW 3：135)。他继续说道："我们被非政治性的关联连接在一起，而且政治形式得到伸展，立法制度采取修修补补和临时性措施去做它们不得不做的工作"（LW 2：306）。他进一步指出，正是借助于这些"社会力量"，"我们固有的政治机器"得到了改变（LW 3：135）。

杜威拒斥的另外一个可能的误解是这样的信念，即一个共同体必须要展示其同质的以及它的某些批判者赋予它的单色的一致性。他承认，没有高度的共享，一个共同体就不成其为一个共同体。然而，这个共同体同时也应当包含着一个可能的视角的丰富性或复杂性，此丰富性或复杂性能够被容纳，而非得到简单的认同。他相信，共同体的发展不需要"牺牲个体性；其成员自身没有得到发展的共同体将是一个贫乏的共同体"（LW 7：345）。① 杜威尤其强调通过移民潮给国家带来的价值多样性，以及由于对这种文化的多样性缺乏欣赏所造成的持续流失。

> 人们不能在想象中认为，这个世界上的每个人都应该讲世界语，应该被培养成具有同样的思想、同样的信仰、同样的历史传统以及对未来的同样的理想和抱负。变化是生活的调味品，社会制度的丰富性和吸引力取决于分离的单元之间所具有的文化多样性。②

---

① 参照米德："要实现功能分化和完全程度的社会参与是一种存在于人类社会之前的理想。它现阶段以民主理想的形式展现。"《心灵、自我和社会》，第326页。

② 人们并不能在无拘想象的世界里幻想世界上所有人都说沃拉普克语或世界语，幻想人们有着相同的思想、信仰、历史传统，以及对未来的相同愿望。多样性是生活的调味剂，且社会制度的丰富性与吸引力正建立在各个分立社团的文化差异之上。如果所有人都分毫不差，那么在他们之间也就无需互相迁就，而更好的选择其实正是互相迁就（MW 10：288）。

在一个活生生的美国共同体语境中,"一致性不是一个同质性的东西",我们的努力应该更多地聚焦于"通过将每一个起作用的种族和人民都必须提供的最好和最有特点的东西抽取出来,组成一个和谐的整体",从而创造一致性(MW 10:204)。

在尝试建立一个能满足我们目前情形的"共同体"概念的过程中,杜威提出了增加丰富性的三个标志。第一个标志是简单的结合或互动。当然,第一个标志在杜威的全部自然存在概念中更多起到了一种提示作用:"迄今为止,任何可知的以及能被知道的存在都与其他事物相互作用"(LW 1:138)。这个交互式结合水平只是共同体的一个前提。"累积起来的集体行为的数量,本身不构成一个共同体"(LW 2:330)。然而,正是这个结合水平,在现代世界中增加了对一个充分的共同体、共享活动和共同价值的需要。第二,导致共同体的交互作用必须变成一种共享的行为。杜威的模式在这里是宽泛的。对他来说,此类共享活动类似于"参与一个游戏、一场讨论、一出戏剧和一次家庭生活"(LW 7:345)。就个体而言,必须进行合作来消除共同生活中的共同弊端,以达到那个被构想的共同目标。"无论何处,只要具有能够产生出被参与其中的单个个体认为是善的后果的行动,无论何处,只要善的实现能够影响到充满能量的欲望以及只因它是一个被共享的善而被努力加以维持,这个地方就存在着共同体"(MW 2:328)。

这个被分享的行动使得共享的价值成为可能,从而也产生了一个更充分的共同体的可能性。第三,杜威告诉我们,由于"人们所共有的目标、信念、热望和知识,由于沟通方式,人们逐渐拥有了共同的东西",人们生活在同一个共同体中(MW 9:7; cf. LW 13:176)。他接着指出:"要想与其他人一样,对事物具有同样的观念,与他们志趣相投……与他人一样,赋予一件事情和行为同样的意义",就要与他们一起生活在共同体中

(MW 9：35)。他写道，对于以这种方式生活的个体来说，"'我们'和'我'一样地不可避免"（LW 2：330）；但是，在有那样一个"我们"，那样一个共同体之前，"必然有一个被共同珍视的价值"（LW 13：71），而这个价值产生于共享的行为中。"一个在很大程度上是通过许多个体的目的聚拢在一起、像个体一样运行的社会并没有真正连接在一起"（LW 9：179）。因此必须要有一个共同感受到的核心价值观，它作为共同体的重要价值观来运作。杜威得出结论说，在一个充满活力的共同体中，每一个个体与其共同体"荣辱与共"（MW 9：18）。

三

杜威建议，个体应该把共同体的成功看作是自己的成功。从中我得到两个主要论题：即考察他把我们自身看作是共同体中成员的理由，考虑他对致力于共同善的呼吁。在讨论了这两个论题之后，本文将以简要探悉杜威关于我们如何发展这样一个共同体的思想作为结束。

至于最初的问题，即我们是否应该把自己视为社会存在物并重视共同体，可考虑杜威的核心主张："共享的经验是人类最大的善"（LW 1：157）。对于这一点的直接反应——就像一位批评家可能会做的那样——就是提议，我们既不能拥护杜威关于人的充分发展的社会意识，也不应当增加推进共同体建设的努力。相反，我们应该拥护的，在很大程度上是一种充分发展的个体意识，这种意识的推进要通过增加个人自由和扩展私人的利益，并且在家庭和亲密朋友的小圈子内运作。换句话说，分享的经验不能简单地成为人类最大的善。

尽管我不相信在这两个观点之间做出选择是一种纯粹情感的事情，但是，我并不清楚如何在这里做出反应。我们如何让个人主义者们相信杜威关于对人类本性和人的充分发展的社会分析的正确性？或者，他们怎么能够试图让我们相信他们的观点？当然，这些理想是能够被呈现出来的，也能够得到辩护，但是，它们在任何真实的意义上都不能被证明。关于人性的事实在选择理想上确实扮演了一个角色；但是，并不清楚的是，对于诸如这些事实是什么以及它们在价值的探讨中扮演着什么样的角色这样的问题的答案。即便我们假定杜威是正确的，那么，我们通过什么样的方法指望他人能够相信，他们能通过采纳杜威的人类共同体理念来改善他们的充分发展水平？

一种可能性是一种贯穿于社会实用主义者思想之中的谨慎意见。这种立场的实质是，民主共同体中的成功的生活要求其公民对共同福利——这个共同的福利排除了个人主义视角所赞同的私人主义——有一定程度的承诺。尽管杜威在这点上持赞同意见，然而，他似乎也非常强烈地被一个东西吸引着：接受一种为建立在正当的义务的基础上的社会姿态所进行的伦理论证的可能性。根据这个平等主义路径，我们都已经不劳而获地从人类共同体的先前努力中获得了好处，无论如何，我们要回报这种社会债务。"这个文明中我们最珍视的东西不是我们自己的东西"，相反，"通过持续的人类共同体的做和遭遇的恩典——我们是共同体当中的一个链接"，我们存在着。在我们的情境中的公正的反应须是做出某种尝试，通过为后来者造福而偿还这种社会债务。杜威在《一个共同的信仰》(*A Common Faith*) 一文中将这个观点做了总结：

> 我们的责任是保存、传播、矫正和扩展我们已经得到的价值遗产，这样，我们的后继者将比我们更扎实、可靠地接受它，更广泛地理解它，更慷慨大方地分享它。①

---

① LW 9: 57-58; cf. MW 14: 19.

杜威因此捍卫他为采纳这个共同体理想而进行的呼唤：对于那些继续在共同体生活中扮演合作角色的人来说，人的充分发展是最伟大的；借助于这种道德主张，我们有责任去扩展共享的经验的范围。支持另一种理想的个体，即那些对人的充分发展的社会理解不予重视的个人，是不可能被这样一个辩护所改变的。杜威的伦理论证试图唤起那些接受这个共同理想的人做出更大的努力，却不能向那些不接受它的人证明他们应该接受这个共同理想。当前的政治倾向显示那些人不相信这种严谨的论证。

我想在这里考虑的第二个主题是这个共同善的复杂性。迄今为止，这个主题一直隐藏在所有已经被考虑过的主题后面。很明显，所有推进集体福利的社会实用主义者的著作都假定，我们能够用"人民"或"共同的善"这样的集体性的术语，从合法性的角度来对社会进行讨论。比如，杜威写道，我们的讨论社会冲突的尝试就是试图发现"一些更为全面的、包容了差异性的观点"（MW 9：336）。没有这种"共同的善"的存在，采纳他所拥护的社会焦点，将会是自我挫败的，因为推进这一幻影般的善的尝试将会不同程度地支持那些成功地以其特殊兴趣去表达"共同的善"的个体和群体。

在赖特·米尔斯（C. Wright Mills）的提醒中，我们看到了普遍福利问题的复杂性："我们"是"政治词汇中最为棘手的词"。他强调说，当我们聚焦于共同体的集体福利时，我们特别容易越过重要的特性，忽视潜在的冲突。米尔斯继续指出，"对一个'群体'来说是问题的东西，对另一个群体来说根本就不成问题，它很可能是一个令人满意的'答案'。"[1] 意识到这个问

---

[1] 米尔斯：《马克思主义者》，纽约：戴尔出版社，1962年版，第19页（C. Wright Mills, *The Marxist*, New York: Dell Publishing）；《社会学和实用主义》，纽约：牛津大学出版社，1966年版，第412页（*Sociology and Pragmatism: The Higher Learning in America*, New York: Oxford University Press）。

题的复杂性并不必要承认它的不可解决性；我们要提醒我们自己，对所有关注共同体的人来说，都有必要强调和培养与它之间的批评性的距离。正如我们已经看到的那样，社会实用主义者们通过强调我们在多样的群体中的成员资格来培育这样的一个距离。

不管共同善有多么复杂，我们关于共同善的意识似乎在内容上通常是消极的。从一个"共同的"观点来看，我们倾向于把这种共同的善想作这样一个情境：局部的、私人的和特殊的兴趣在我们的决策中并不起破坏均衡的作用。从"善"的观点看，我们往往把它考虑为一种情境：在其中，容易辨识的特殊的社会问题——流行性疾病、环境污染、人口过剩、就业者中持续的贫穷，等等——已被减少到最小程度或已被消除了。杜威对我们关于共同善的标准意识的否定性本性的解释，将它与群体问题以及共同体的起源联系在了一起。他写道："人的行为对他人产生了后果"，而且，正是对这些后果的承认导致了"随后的控制行为的努力，以确保某些后果和回避某些后果"（LW 2：243）。通过将我们的情境与更多的理想的可能性相比较，我们确定了哪些后果是我们希望的，哪些后果是我们要回避的。

正是对"联合的和互动行为的间接、广泛、持久和严重后果"的认可和解决的尝试，使得具有"一种控制这些后果的共同兴趣"的公众存在下去（LW 2：314）。因此，公众是"所有那些受到交往的间接后果影响的人们"，在某种程度上，他们意识到问题的存在并确定"有必要使那些后果得到系统的照顾"（LW 2：245—246）。一个有自我意识的公众的发展，对社会的潜在解决问题的活动具有至关重要的意义。

虽然意识到这样一个公众是多么的必要，我们也认识到，在筛选和评估有价值信息的目标中，要严格限制充分发展一个公共的自我意识。其中的一些限制已经在我们先前关于习俗的讨论中被考虑过了。另外，杜威坚持说，"发展伟大社会的机器时代，已经侵入并部分地解体了先前时代的小共同体，而没有创造出伟大的共同体"（LW 2：314）；而且，在他写作这本著作之后的十年内，这一进程的势头丝毫未减。在这里，这个问题的一部分毫无疑问是我们面对的复杂性问题；但是，这个问题的另一部分，是我们已经发展起来的用以回应这些问题的智力专家的专业化，这种做法本身已经通过把社会问题的讨论从公共话语领域里排除出去，从而在不断地增加断裂。杜威继续说，由于社会缺乏对我们社会问题的理智的理解，"许多后果是被感受到而不是被感知到；人们遭受痛苦，但是经历过这些痛苦的人们并不能说了解了这些痛苦，因为那些人并没有找到痛苦的根源"。没有公众的充分的帮助，个体就不能理解恒久事件之流的意义及其附带的信息。我们既不能理解我们所揭示的事实的重要性，也不能把我们行为的后果放置在可理解的未来秩序之中。杜威指出："只有当间接的后果被感知到，并且只有当有可能筹划可以给突发事件安排秩序的机构时"（LW 2：317；cf. LW 8：443），一个依然是"未形成的"公众才能够被组织起来。

正是在信息的分析和政策取向的选择中，公众——或者回到更为熟悉的术语，即共同体——必须起到一个中心的作用。在这里，强调他们是复数的、多重的群体这个事实也是重要的，因为我们都是众多相互交叠的群体的成员。在讨论和交流中，在开展被分享的活动和发展被分享的价值（这些价值组成了每个群体对共同的善的意识）中，在协调各种各样的共同善的意识中，共同体把个体的行为聚焦在共同的问题上。对问题的感知以及对反响的干预涉及到从事件转向意义。"事件不能被从这一个传到另一个，"杜威写道，"但是意义却能借助于符号而被分享。"当我们的要求和冲动与共同的意义相联系时，它们被"转化为欲望和目的，而由于这些欲望和目的蕴含了一个共同的或被相互理解的意义，它们呈现了一种新的纽带关系，从而将一个共同的行为转化为一个利益和努力的共同体"。一个共同体从而"呈现了这样一种能量的秩序：将能量转化成那些受到赏识的以及被那些参与联合行动中的人们相互参照的意义中的一个"（LW 2：331）。在这样一个以意义交流为标志的理智化共同体生活中，相对于米尔斯向我们警示的东西，善的狭隘的意义似乎不大可能。

当共同体以这种方式成长的时候，我们能够促进单纯的相互作用转换为共享活动和共同价值，杜威将之称为"把物理的相互依赖转换为道德的——人的相互依赖"（LW 13：180）。与他的社会关注思路一致，他继续说，"人类最伟大的实验"是那种"以某种方式生活在一起的实验。根据这种方式，我们中每个人的生活在这个词最深层的意义上能够马上获益，既使自己受益，也可以有助于增加他人的个性"（LW：13：303；cf. MW 10：233）。通过人们能够意识到每一个体的福祉都与这个共同体以及整个世界中的其他人的福祉息息相关，通过意识到解决我们共同的弊病需要我们的合作努力，这项实验就能够被提升。对共同利益的这种认可还能够通过"被有意识分享的利益"的发展，以及"与其他形式联合体互动"的提升而导致共同体的改善（LW 9：89）。我们越是能够以这样的方式生活——即强调我们在让共同体充分实现中的位置并关注于共同善和通过共同努力发展共同体——我们也就越能发展一种社会所希望的模式。

对杜威和其他社会实用主义者来说，通过改善教育的媒介，可以提高"本地社区生活"的水平（LW 2：370）。教育在这个意义上远远超过了我们传统上所理解的"学校工作"。它是一个把我们过去所得到的经验带向现在和未来的终生过程。我们可以用刚刚考察过的那两个主题来考虑这些改善：教育必须有助于使得未来的思考更加社会化，也必须有助于将未来的思维活动导向揭示和解决共同的问题。

从前者开始,我们能够把教育在共同体建设中的目标,看作有助于个人学会更协作地生活,欣赏个人在社会过程中的作用,完成单个个体所不能完成的任务。杜威指出,"教育应该在所有人当中创造出一种推进普遍善的兴趣,这样他们能够发现,他们自己的幸福在为了改善他人状况而做的事情中得到了实现"(LW 7:243)。这种"把一个传统的个人主义目的……置换为一个明确的社会目标"(LW 9:180)的需求尤其重要,因为我们力图填补当代境遇所给予我们的更广泛的可能性。

米尔斯警告我们说,我们时常受到诱惑,把社会杠杆拱手交给教育管理者、民权与宗教领袖以及政治人物(所有人在过去都误用"我们",尤其是以低估个性的方式加以使用)。当然,杜威同时强调了培养个性对个体生活以及社会成功的重要性;并且,即便在他的"使(学生)充满服务精神"(MW 1:20)的呼吁中,我们发现他也没有对发展个性做出任何妥协。相反,对杜威来说,"民主的尚未解决的问题是对教育的一种建构,这个建构发挥了这种对共同的日程生活保持理智上活力、情感上忠诚的个性"(MW 11:57)。他希望通过为年轻人成为"最宽泛意义上的好公民"——即能够"认识到将他们和其他共同体成员联结在一起的纽带,认识到他们必须为建立共同体生活所应贡献的责任"的公民(MW 15:158)——而提高个体性。并且,当杜威呼吁发展"公众意识,一种公众服务和责任感"的时候(MW 10:183),这种公众意识也绝不是对现状的一种头脑简单的吹捧。教育必须帮助我们所有的人变得更具批判性;能够更好地意识到价值,更加意识到社会进步的可能本性。以这种方式,学生和成人"评判人的能力、明智地做出权衡的能力,以及在制定和服从法律时起一个决定性作用的能力"将获得成长(LW 9:127)。

对批判精神的强调将把我们直接引导到教育在共同体建设中

要达到的第二个目标：使得教育成为一个揭示和推进共同善的更好的方法。尽管我们的目标是帮助学生成为更有批判力的公民，使得他们能更好地处理在当代世界新的和困难境况中面临的问题，但是，我们不能寄希望于依靠一个狭义的解决问题的方法来达到这个目标。我们必须把教育引向发展"成熟的和全面的人类"（LW 13：336）。正如杜威所说的，教育的最终目标是培养有明智判断能力的成人，培养能够在人类生活的问题上"适切地和有区别地进行判断的人们"（LW 8：211）。把教育的重点放在判断而不是简单的知识积累上，是杜威对智慧所做的强调的一部分。杜威说，智慧是"一个道德术语"，"智慧不是意味着系统的和被证实的关于事实和真理的知识，而是一种关于道德价值的信念，一种引向那种更好生活的意识"（MW 11：44）。而且，由于人们需要进行不断的评估和批判，杜威强调了培养不断探究的必要性："能够被形成的最重要的态度是那种要继续学习的欲望"（LW 13：29）。这样，年轻人就能够使目前的经验更有意义，在将来能更有序地进入到为他们的各种各样团体生活做贡献的角色当中去。

毫无疑问，在这一点上，杜威关于共同体的概念对他思想的其余部分到底有多重要，以及这一思想与他把民主理解为一种合作性实验有着多么紧密的联系，已经变得清晰起来了。民主共同体的价值——"相互尊重、相互容忍、公平交换、共享经验"（LW 13：303）——渗透于杜威思想的各个方面。同其他社会实用主义者一样，在杜威看来，共同体的成功依赖于以一种民主的方式努力寻找共同的善。我们可能聚拢在一起来解决我们共同的问题；但是，正是这种聚拢而非问题的解决才成为首要的结果。在我们试图建设和推进民主共同体的尝试中，发展共享的行动和共同持有的价值观的过程是这个问题的关键。杜威坚持认为，我们有必要培养这样一种长期的关注，即培养透过特殊的问题而洞察到对话和长期合作的必要的能力。即便有偶然的乃至非常严重的障碍，我们也应该继续信任共同体的生活，因为，民主是"一种道德理想"。杜威继续指出，民主是"一种信念，这个信念认为经验的过程比任何获得的特殊结果更为重要"（LW 14：228—299）。而且，这种对民主过程的信任，这种认为共享的生活本身是人类生活之目标的信念是杜威的共同体观念的核心。

（吴欢 译）

杜威与民主

詹姆士·坎贝尔（James Campbell） 著

一

要想对杜威与民主的关系做任何讨论，可能最好从对概念本身的考察开始。杜威终其一生都致力于重构政治概念的完整范围，并且始终贯穿着三项相对独立的理论主张。从根本上说，每一项理论主张本质上都是实用主义的，需要我们进行不断的估量。第一项理论主张认为，这些概念在我们的探究中都是解决社会问题的工具，仅仅在某种抽象或确定的意义上，它们才具有绝对或终极的意义。因此，不可能通过诉诸任何传统或是历史文献，而能获得诸如"民主"那样的概念的完整意义。相反，必须根据我们所处的具体境遇来考量"民主"概念的充分性。他的第二项主张是，我们曾经沿用的各种具有历史性的政治术语都能产生合理的当代意义。杜威的第三项主张认为，包括"民主"在内的许多概念都局限在狭窄的政治范围内，它们不再有助于促进公共的善。这些过时的概念之所以能够继续存在，是因为社会中的某些力量——个人、集团和制度——能从中以及从它们的继续存在中获利。

当我们思考杜威所信赖的"民主"在当代境遇中究竟意味

着什么时，他很明显地是将"民主"看作是"一个具有多重涵义的词"。民主之所以具有丰富的涵义，是因为民主生活"必须在所有的社会形式和体制中随每代人、每年、每日以及人们之间生活关系的变动而不断更新"。杜威继续说：

> 每一代人都应为自己重新确立民主；民主的性质和本质是，它并不是可以由某一人传给另一人或某一代传给下一代的东西，而是要根据我们置身于其中的逐年变化的社会生活需要、问题和情况，去重新创造的东西。（LW13：299）

因为不断的社会进化，民主概念"必须被不断地重新探究，所以，民主也必须不断地被发现，再发现，再创造，再组织……"

我们需要做出一个基本的选择，是更广泛地思考"作为一种社会理念的民主"，还是仅仅局限于考察"作为一种政府制度的政治民主"。正如我已经提出的那样，杜威强调的是作为一种相互联合的生活方式以及一种互相沟通的经验模式的民主，以有别于作为一种政府形式的民主。正是这种更宽泛意义上的民主，承认"作为一种共同生活方式的民主所具有的道德意蕴"。在为这种道德意蕴辩护时，杜威说：

> 民主的理念比国家中所最好示例的民主更为广泛和丰富。这个理念要想得到实现，它就必须影响到人们的所有的结社模式、家庭、学校、行业、宗教。至于政治安排和政府的制度，仅仅是一种保障民主理念有效运作的机制。（LW2：325）

因此，若把民主看作"结社生活的其他原则的替代"，那就是错误的。民主并不是那种不可知论式的主张，即认为所有人的意见都一样；也不是那种怯懦的主张，即认为民主不过是免于专制的自我保护的设计。杜威认为，民主应被看作是"共同体生活自身所具有的理念"。

在阐述民主的这种更宽泛的道德意蕴时，杜威在下面的论述中表达了他的强烈信念："民主是一种生活方式。这种生活方式受到在人类本性的可能性中起作用之信念的制约。"这种对民主的信念包括"对个体性、每一个正常人所具有的独特的、与众不同的品质"，以及"对在具备适当条件下的人类理智判断能力的信念"。这里包含的内容，表明了个体性概念在他所有关于社会的思想中具有中心地位。杜威对个体性的信念源于他"对互相联合的生活、互相沟通的经验"以及"共享的合作经验的承认"。因此，杜威的著作有助于抵制一些民主概念对个人自由的过分扩张。他写道："合作是民主理想的一部分，就像它是个人能动性的一部分一样"：

> 友好合作的习性本身就是生命的一种无价的附加物……民主就是相信经验的过程比任何获得的具体结果更重要。所以，获得的具体结果只有在能被用作丰富和规范当前过程的意义上才具有最终价值。（LW14：228）

在这些结果中，承认和解决问题的可能性随着民主一同增长。而且，因为所有这些都植根于某种信念，因此，这种可能性只有根据社会行动未来的成功或失败，根据"它的作用、它的成果"来判断是有效还是虚假的。

作为一种生活方式的民主必须受到交互性生活的检验。杜威写道：

> 民主的理念在于要根据个体构成和指导团体的能力来分

担责任。而个人是依据团体所具有的价值是否满足他的需要来归属和参加某个团体的。从团体的立场出发,民主的理念要求团体成员与公共的利益和善相和谐的潜力得到解放。(LW 2: 327)

因为强调要参与社会生活,所以民主是"一种将最大的责任重担赋予最大多数人的道路"。完成民主的责任的起作用的水平,使得杜威的民主的活跃分子必须积极参与公共生活:"作为一种生活方式的民主,其基本点就在于每一个成熟的人都有必要参与塑造价值的过程。这些价值规范着人们的共同生活。"没有参与的机会,个人就不能成长:"只有当人性中的要素参与了指导公共事物的过程,人性才能发展。为了这些公共事物,男人和女人就形成各种团体——家庭、行业组织、政府机构、教会、科学协会等等。"然而,如果一个人是一个"旁观者"而不是"参与者",那么他会采取这样的态度:"某个人在单人牢房中,看着窗户外面的下雨;外面的一切对他没有什么不一样"。因此,杜威为我们树立了目标:"发展适合民主社会的某种社会方向——这种方向来自于对公共利益的欣赏之情的升华,以及对社会责任的理解。这些社会责任只能通过实验性的和个人性的参与公共事务的行为来获得。"

在了解了这种大范围民主的同时,我们还要简要考察一下民主的两个特殊方面:即政治的和经济的方面。正如杜威所言:"检验所有政治制度和行业组织的最高标准,是看它们对每一社会成员全面成长所作出的贡献。"在政治领域中,民主意味着"一种政府模式,一种挑选官员以及规范他们作为官员行为的一种专门实践"。这是一种政府模式,它"不会认为某一个人或阶级的福祉高于其他人或阶级的福祉。法律与管理体系对所有人的幸福和利益一视同仁。在这种法律和管理体系面前人人平等"

(MW 10：137)。要促进这些目标，需要发展出几个常见的程序："普选权，复选权，掌握政治权力的人对选民的责任，以及民主政府其他一些能有利于实现作为真正的人的生活方式的民主手段"（LW 11：218）。民主的政治方面也包括其他一些实验，诸如努力整合有助于解决社会问题的专家知识。

在现代工业社会中，民主的经济方面具有同样的重要性。因为正如杜威在1932年所留意到的那样："政治问题在本质上是经济问题"（LW 7：357）。自从我们的政治框架的基础建立以来，经济的变动已经使得它在很大程度上变得不相干了。因为："当我们的政治框架形成的时候，我们是不可能预见到经济的发展状况的。这种经济发展状况使得在大众统治机构的运转中产生了混乱和不确定性"（LW 13：107；cf. 11：366-371）。在现代世界中，许多人"对自己的生存条件只有最低限度的掌握。如果人口的绝大部分在经济上没有保障和无法独立，那么政治民主如何得到保证呢？这已成为未来民主的一个问题"（LW 13：300）。因此，甚至在杜威最早期的著作中，他就坚持认为目前"民主有名无实，除非它能在行业、市民以及政治中得到真正实现"（EW 1：246）。这种"财富的民主"要求共同体进行有组织的努力，通过政府行为去培育自由和平等。在这个方面，杜威将民主视为"一种将两种在历史上经常相互冲突的观念——个体的解放和公共善的促进——联合起来的努力"（LW 7：349；cf. 9：103）。

杜威对行业民主的强调能够反映在他倡导经济体制的民主管理以及倡导"在管理活动中赋予工人们责任份额"（MW 12：9；cf. LW 5：104）。至于工人们能够承担多大程度和什么类型的责任份额，还得由未来面对具体境遇的个人来决定和再决定。与行业管理的这些平等主义方面密切相关，杜威对民主理解中所具有的一种完整意义的经济成分，也要求某种可以获得的、对工人们的生活有意义的职业，要求一些能给他们的日常工作带来"巨大的和有人性价值"的变化（MW 1：16；cf. 12：9；14：86-87；LW 1：271-272；5：240；11：221）。生活中的审美与道德方面的考量因此要求我们改进工作环境，以使工人们不再必须在"事故和必然性条件的限制"下被迫从事工作（MW 9：143），不再是"他们所照管的机器的附属物"（LW 3：124），也不再从事那些"抑制个人判断力和能动性"的工作。（LW 5：137；cf. 1：271）这种对工作环境的民主重构也能提升工人们的地位，增强他们对自身地位以及共同体的社会目标的意识。杜威认为，我们的目标必须是"每个人都应该做能使其他人的生活变得更好的事情，做能因此而使人们之间的联系纽带变得更显著的事情……"（MW 9：326；cf. LW 5：105）。

二

到目前为止，我们主要讨论的是杜威对"民主"概念的意义的理解。我将在这一节更关注杜威对民主实践的思考。杜威非常强调社会存在的过程性，强调在新的条件下采取不同的方式去解决过去遗留的社会问题。这与他对政治概念的重构的分析相得益彰。我们各种各样的结为团体的行为——在官僚体制中，在行业组织中，在非正式的俱乐部、组织和邻里关系中——就其对上述的民主意义影响的程度来说，可能更充分和更有效。

杜威认为，社会制度是"有组织的行动模式，它是以那些将人们联合起来的需要和利益为基础的"（EW 3：347）。一些以杜威的这种描述为基础的典型社会制度是：习俗、经济体系、政治程序、宗教、语言、财产、法律形式和学校等。杜威写道，所有社会制度的目的都是"不分种族、性别、阶级或经济地位的差别而解放和发展人类个体的能力；都是为了教育每一个个体，使他们能完全实现自身的可能性；都是为了每一个社会成员的全面发展"（MW 12：186；cf. EW 5：48；MW 5：431；9：9；14：54；LW 7：227）。但是，制度往往拖了后腿："人类生活中拖后腿的力量是巨大的"（MW 14：77）。宗教教义、商业实践、教育制度以及家庭构成都会随着时间的推移而变得不合适。

  工业的习惯变化最快；过后很久才是政治关系的变化；各种法律关系和方式的变化更延后，然而同时，那些与人们的思想和信念模式密切相关的社会制度中的变化却极少发生。（LW11：42）

  制度上的滞后是我们社会存在中的一个持久状况。依据情境的特殊性，制度上的滞后会起到或严重或轻微的作用。

  杜威认为，当严重滞后的情形得到发展的时候，这些有问题的制度必须被加以重建。这是一个丰富的、共同参与的民主过程。这一过程要求不断的争辩和讨论，从而使得过时的制度与我们选择要生活于其中的社会蓝图相协调。他断言："我们的目标以及所有人类的任务，就是去建构一个恰当的人类社会生活环境，这种环境有助于产生出健全的和完整的人类，而健康和完整的人类反过来也将会维持一个合理的和健康的人类生活环境"（LW 13：336）。杜威将目前进行的重建看作是一种自由民主共同体生活的一部分。随着重建工作的展开，这种自由精神"赋予普通人一种新的兴趣和一种新的感受：即普通人，绝大多数人都将具有各种发展的可能性。而这些可能性从前一直被压制着，或由于制度和政治条件而遭到禁止"（LW 11：365）。从这种解放绝大多数人的发展可能性的企图出发，杜威还提出了现代自由民主的三个指导性主题。

  第一，在一个不断进化的、其中的社会制度会由于自身拖后趋势而充满各种张力的社会中，自由主义被视为"社会转型的调节器"，它"能调整陈旧事物与新生事物的关系"。（LW 11：36，133；cf. 291-292）自由的民主试图从眼下感受到的问题出发，走向可以促进公共善的解决方案。第二，尽管自由主义起到了调节和中介作用这一事实，但是，我们不应该将自由主义看作是某种极力降低变化程度的东西；相反，自由主义应该尽力寻求社会的激进变革以及那些能触及问题之根本的变革。杜威写道："自由主义现在必须变得激进。这意味着要'强烈'感受到社会制度组织结构中的彻底变革，以及相应的实施变革行动的必要性（LW 11：45）。"复兴的自由主义必须寻求"各种不平等、压迫的原因而不是症状，不是使用社会力量去纠正现存体系产生的那些邪恶后果，而是利用社会力量去变革体系本身"（LW 11：287）。第三，自由主义还必须通过和平的方式产生这些激进变革。正如杜威所言："民主只能通过逐渐适应、感染和扩散到人们日常生活每个部分的方式才能实现，这一方式与它所要达到的目标是一致的"（LW 13：187；cf. 11：218，298）。

杜威相信，那些接纳革命观点的人们以"作为影响激进变革的主要手段"来为暴力的不可避免性进行辩护，这种做法是错误的。"不需要使用暴力也能发生大范围的变革"（LW 11：45，58）。即使杜威承认美国有一个"暴力的传统"，承认权力"在被整合进现存社会体系的程序中，在正常时会成为一种强迫力，在危机时期会成为公然的暴力"（LW 11：46，45；cf. 294），但是他仍然拒斥对暴力的持续依赖。他这种拒斥的部分原因在于，他相信当代世界中革命的代价极其高昂，风险也极其巨大（cf. LW 9：94；11：266，288）。除此之外，他坚持认为，即使假定革命曾经是必要的，那些鼓吹继续革命的人也不能证明现在仍需要革命。"坚持暴力的使用是不可避免的主张实际上限制了理智的有效运用，因为无论在什么情况下，受所谓的不可避免性所支配的理智都是不可能得到有效运用的"（LW 11：55；

cf. 58）。杜威不是把暴力看作社会进程中的内在因素，而是认为"导致暴力冲突的因素未能将冲突置于理智的审视之下。实际上，在理智中利益冲突能根据绝大多数人的利害关系来调节"（LW 11：56；cf. 5：415）。回到先前的论点，杜威断言，依赖暴力的方式将无助于自我管理。相反，暴力有可能为我们带来新的统治者。正如他所言："如果没有民主参与程度的增长，我们所取得的成果会相当糟糕，其中许多成果可能会不得不推倒重来"（LW 9：110-111）。

自由民主试图将社会理智运用到被分享的生活过程中去。它承诺"使用无拘束的理智作为指导变革的方式"（LW 11：41；cf. 3：178）。它能够在不诉诸暴力的情况下为社会提供必要的基本变革的可能性。我们应该破除一种古老的传统，即"相信自然本性、神意、进化论或昭示的命运，也就是说相信偶然性指导着人类的事务。相反，我们应该相信有计划的、建设性的理智活动"（MW 10：240）。要完成这种转向可能需要承认一个事实，即"一种民有和民治的政府应该是一个保障和扩展统治者和被统治者个人自由权利的积极有效组织，而不是一种压迫的工具"（LW 11：248）。杜威进而认为，建立一种"集体性的社会计划"体制是可能的。这种集体性的社会计划体制能够使人们将"自由主义一般信条转化为具体的行动纲领"（LW 11：32，64），从而使当前民主社会的重建工作保持在一个更高水平上。

以这种社会重建为基础，杜威引导出了一系列关于社会行动的设定。在社会重建过程中，对这种集体性社会计划的信任，来自杜威的一系列关于社会行动的设定。一个设定是，我们能够以诸如"人民"或"公共的善"那样集体性的术语，从合法性的角度对社会加以讨论，而无须以个人、私人或各种集团善的名义来进行讨论。正如杜威所说的那样，当我们试图去处理社会冲突时，我们会努力去发现"一些能够将各种分歧整合起来的更具包容性的意见。"(MW 9:336)当然,公共善的设定是关键,因为如果我们不是一个拥有共同善的集体单位,那么,社会焦点可能会不恰当地支持那些将自身的特殊利益说成是共同福利之体现的个人或群体。杜威的第二个设定是,美国社会最终会保留一种民主,因为目前手中掌控大权或至少以为能够加以控制的人们希望通过现存的手段来保存现状。

第三个设定是一个基本的常识,即民主共同体的成员能够辨别各种意见,并且愿意听从合理的建议。杜威坚信,"当建议被表明是合理之时,人们是愿意听取并遵循的。这是他们普遍具有的品质"(MW 10:403)。除此之外,他们不仅愿意遵循已提出的行动路线,而且也愿意沿着还不太明确的道路开展社会探究。

这第三项设定使得民主社会的重建工作在很大程度上变成了一种教育事业,而不是狭隘的政治活动。杜威认为,自由主义的事业在其"最宽泛的意义上首先是教育的事业"(LW 11:42; cf. 44)。自由主义的工作表明,为发展一种丰富公共舆论而进行的普遍、耗时的努力并不是被误导的行动。那些被误导行动最好被以更当下和实际效果为目的的党派活动所取代。因此,在杜威看来,我们所熟悉的许多民主实践活动——搜寻真相、研究各种导致纠纷的论题、鼓励对立群体之间的对抗——都是不必要的。"在陈述事实,尤其是表达他人的意见时,公平竞争和诚实正直"(LW 9:94; cf. 13:117; 14:227)等等都是杜威所拥护的理智的社会探究的诸方面。"民主理想的保障取决于理智地使用组合起来的、统一的、真诚的努力,从而意识到社会及政治问题的性质和原因。"(LW 11:515)

杜威并不相信民主生活的进程会没有任何冲突;但是他确实相信,尽管有这样或那样的矛盾,共同体的合作性探究行动仍然是可行的。因为社会中的环境不断变化,冲突也会不断发生。"当然会存在相互冲突的利益,否则的话就不会有社会问题了"。

(LW 11：56；cf. 7：322-328）然而，承认这一点并不意味着对民主的失望，毕竟，受到控制的冲突可以导致有利于社会的结果。"冲突是思想的牛虻。它冲击着绵羊般的温顺，赋予我们积极计算和控制的能力"（MW 14：207；cf. LW 13：125）。特别是，当我们以合作探究的态度去处理冲突时，社会冲突能帮助我们"更清晰地意识到不同的利益。这些利益在任何持久性的解决方式中都必须被涉及到和被协调好"（LW 13：115；cf. EW 4：210）。杜威认为，这就是民主的社会重建的方式：

> 民主的方式——在一种有组织的理智活动的范围内——就是将这些冲突公开化，使得它的具体主张能够被了解和被评价，能够根据更包容性的利益而得到讨论和评判，而不是由它们中的一方来表达。(LW 11：55)

杜威认为，真正的民主就是相信社会中那些"必然产生"的争论能够通过"双方都参与的合作性工作来解决……"通过培养"友好合作的习性"来消除冲突（LW 14：228）。

从本质上说，杜威的观点是，民主能够被视为一种合作性的实验。那些参与实验的人们就是以民主的方式去寻求共同的善。为了解决问题所需要的时间和努力都是与此无关的。我们必须采取一切必要的行动去去除这些痼疾。只要这些痼疾还存在，行动就要持续下去。在建设和促进民主共同体的过程中，开展共同行动和发展共享价值的过程是重要的。杜威声称，我们的社会群体需要发挥某种长期的注意力：

> 目的不能局限于对关于某种特别有限的问题的决定产生影响。相反，应当关注确保这些决定能够影响到特殊的要点，深化利益，创造一种对所有类似问题的更理智的见解，

从而保证在未来的思考中给予一个更私人化的反应。(LW5：413)

分歧将会产生，出现错误也属预料之中。但这些分歧与错误都必须得到容忍，因为我们相信我们的伙伴对公共善的真挚与承诺。

在探索了杜威对作为合作性探究民主的分析之后，我们要简要地考察对他的观点所提出的一些挑战。某些最重要的挑战可以表述如下："人们对这种民主社会重建工作的方法的兴趣不够充分"，或"人们没有足够的理智去这样做"，或"人们还不能充分无私地这样做"。第一种批评——人们对合作性社会探究过于冷漠——表明杜威所提供的民主实践视野高于现实公民的参与水平。第二种批评——人们愚昧无知，因此无法进行合作性的社会探究——提出了这样的问题：我们所熟悉的那些公民是否有足够的聪明才智去扮演在他们所共享的生活中应当扮演的角色？我们经常碰见的那些人是否有足够的理智去驾驭社会存在的日益增加的复杂性？第三种批评——人们过于自私而无法进行合作性的社会探究——断言我们所熟悉的那些人并不具备必要的、公正无私的品质。对于每一种批评，杜威的回应可能是，虽然目前这些批评可能看上去有相当的说服力，但是，没有一个这样的批评看到了合作性探究的民主实践所带来的各种可能性。

对杜威观点的另一条批评路径不是针对个体社会成员未能满足理解民主的要求，而是针对杜威对民主实践自身可能性的理解，特别是针对他对社会权力的轻描淡写。这种批评认为，在杜威观念中占据中心位置的个人、各种志愿组织、地方性群体以及其他一些方面，事实上在现实中是微不足道的；在我们社会中，政治活动既不是合作性的也不是探究性的，而是权力的运作。另外，在这种批评看来，杜威的民主式修辞——公开参与大街小巷的讨论、在媒体上充分和公正地暴露问题——掩盖了一些社会权力的事实，使得开明的、愿意合作的公民对于权力政治的现实运作准备不足。虽然我相信对任何幼稚的自由主义来说，这绝对是一种根本性的批评，但它决不构成对杜威立场的任何充分的批评。诚然，杜威的方法并不符合我们目前所熟悉的社会情形的任何标准模式；他的著作也不是当代政治实践的指南。然而，杜威的思想的现实意义在于，如果我们希望摆脱目前实践中的问题的束缚，那么我们就需要重建我们的社会境况，从而创造出诸如合作性探究的民主之类的更适当的事情。这样，政治过程就能够被视为一种有教育意义的过程。在此过程中，我们处理社会问题的能力以及理解共享存在的能力都能得到了提高。杜威断定，"这种合作性学习过程恰好是民主最需要的教育"。(LW 5：416)

三

下面的论述进一步表明了杜威对民主与教育之间亲密联系的看法："民主必须伴随每一代人而再次获得新生，教育就是它的助产士"（MW 10：139）。两者之间的关系是"交互的"或"相互的"，因为民主"本身就是一种教育原则"，这个原则通过涉及社会问题而使得成长成为可能（LW 13：294）。"在人们制定他所属的社会群体的目标和政策时，每个人都要根据他的能力去分担他的责任。只有在此时，完整的教育才能实现"（MW 12：199）。这里提及能力，并不是要提议将人们划归于某种等级体系，而是想断言公民在民主社会中必须接受足够的教育，才能对被提出的选择加以批评。因此，对杜威来说，"民主中还未解决的问题就是建立一种可以发挥个性的教育。从理智上说，这种个性对共同生活保有活力；从敏感性上说，这种个性对公共的管理怀有忠诚"（MW 11：57；cf. 12：185；LW 7：364；13：297）。

在为更大的共同体赢得关注方面，借助于为共同体准备一批具有批评视野的观众的努力，社会批评的有效性将会得到增加。为此，教育的主题成为杜威所有著作中关于社会重建的一个中心主题。如果一个社会希望克服那些从过去延续下来的种种现实的、潜在的痼疾并将那些更美好的事物传递到未来的话，那么，它就必须关注教育。作为工作的第一步，我们需要对"教育"这个术语的涵义进行不同的思考，判定它是否能使我们的孩子更好地面对现代世界，并需要为完成他们将要扮演的角色做好准备。我们也需要为达到这些被预期的教育目标而重新进行制度性实践。

对教育可能性的思考并不表明杜威认为教育的改善得到了保障。有别于批评家往往意识到的，杜威更强调教育过程中的现实局限："'教育'在它最宽泛的意义上并非无所不能"。(LW 9：110) 虽然学校经常被视为"社会系统中心甘情愿的勤杂工"，(MW 10：191) 但是它仅仅是"众多社会机构中的一种教育机构"(LW 11：414)。学校不是"最终的规范性力量"，"社会制度，职业趋势和社会安排模式才是塑造心灵的最终影响力量"(LW 5：102)。然而，教育改革对于摆脱未经反思的陈旧制度的再生产来说，仍是一种根本性的方式："要维持一种真正变革性的社会秩序，就需要某种理解和社会安排。而学校对于这种理解和安排的形成尽管不是充分条件，但也是必要条件"(LW 11：414；cf. MW 9：85，126)。

在民主社会的重建中，教育和学校可以发挥两方面的作用。首先，教育和学校能够使学生在当今世界的各种新的、困难的情况中成为解决问题的能手，能够帮助学生学会如何思考，而不是简单地灌输一些我们现在认为是他们今后需要的东西。杜威认为，教育者的目标不是"培养出仅仅储藏有大量知识信息或在某一领域具有高技能的学生，而是要培育出对自己所处位置中的任何事务都具有良好判断力和心智的学生"（LW 8：211；cf.

327；MW 9：153）。教育的终极目标因此是培育具有"健全判断力"的人，培养能够将其判断力恰当地和有分辨力地运用到人类事务中去的人（LW 8：211）。教育的重点是判断力，而非信息或知识，这构成了杜威对智慧而非智力的强调的一部分。杜威写道，智慧是一个"道德的术语"（MW 11：44），它与对一个更美好世界的选择所进行的评价和批判有关。而且，由于我们需要这种不断进行的评价和批判，杜威强调了需要持续的探究。"能够被形成的最重要的态度是不断学习的欲望"（LW 13：29；cf. 8：139）。通过这样的方式，学生们能够使他们目前的生活更有意义，也使得他们更加井井有条地踏入未来。

教育和学校工作在民主的社会的重建中的第二个作用是帮助学生学会更和睦地相处，共同工作以完成那些个人无法完成的任务。教育者因此也在学生的社会化中、在"使得学生充满服务精神"中扮演了一个中心角色（MW 1：20）。杜威进一步扩充了这一点："教育应当为所有人创造出一种对增进公共善的兴趣。由此，人们发现自己能够在改善他人的状况中实现了自身的幸福。"（LW 7：243）如果我们希望实现我们社会境遇中所出现的各种更大的可能性，那么，这种目标——"以一个确定的社会性目的取代传统的个人主义目的"——就显得特别重要了。（LW 9：180）"在一个复杂的社会中，与他人共同行动和互相理解的能力是达成共同目的的条件。这种能力只有依靠教育才能养成"（MW 10：139）。

进一步考察杜威对社会化的倡导中的两个因素是有价值的。首先，虽然杜威提倡赋予学生服务的精神，但是他并不试图消除或阻碍学生个性的发展。相反，他的目标是通过让"学生们成为最完整意义上的良好公民"，以发展他们的个性。杜威的意思是，借助于这样的方式，培育出能够"认识到自己与共同体其他成员的联系纽带"和"必须一起分担建立共同体生活责任"

的公民。(MW 15:190, 158; cf. LW 11:205-207)。其次,虽然杜威提倡发展"公共意识、公共服务精神与责任感"(MW 10:183),但是这种公共意识是一种批判性意识,而决不是安于现状的简单想法。他认为,"如果在一个受金钱利益控制的国家中,我们的公共学校教育体系仅仅生产出一些讲效率的产业后备军和公民后备队"(LW 5:102),那么,我们就不可能培育出良好的公民。教育必须使得学生们能够更好地欣赏各种社会价值,更清楚地意识到社会进步的各种可能性。学生们必须不断"发展睿智地判断人和各种措施的能力,发展积极参与法律的制定和服从法律的能力"(MW 9:127)。他们必须有能力在"积极参与建立一个新的社会秩序的过程中发挥自己的主动性"(LW 9:182; cf. MW 8:412)。

杜威相信,民主的学校教育程序能够培养学生们的参与和评价能力。如果一个学校的所有决策都是代替学生制定的,青年学生的个人责任感和集体责任感没有被培育出来,那么,这样的学校是无助于民主的公民社会的探究的。相反,一个民主的学校不会将社会化的目标与达成目标的手段分离开来。"为社会生活进行准备的惟一方式就是参与社会生活。"(EW 5:62; cf. LW 11:222, 254)而且,如果社会生活是为了满足人们"领导和被领导"的需要,那么学校就必须为这两种需要提供机会。我们因此必须在学校中努力去"创建一个类似我们希望实现的社会类型的方案,并且形成与此方案一致的思想,从而逐渐地修正成年人的社会中存在的各种越来越大、越来越多的顽疾"(MW 9:326)。在这样的以共同体为导向的学校中,孩子"能够作为共同体的成员去行动,摆脱他的行动和感觉的原初的狭隘性,从他自己所属的群体的福祉出发去构想自己"(EW 5:84)。倘若一所学校中的教育是按照"共享行动原则"的思路来组织的(MW 9:18),那么,我们就期望对一种孤立化的学校教育带来一种完全不同的总体冲击。在这种孤立化的学校教育中，"一个孩子把帮助另外一个孩子列入自己的任务将被视为一种教育犯罪"（MW 1：11）。共享行动的教育使得"每一个个人成为联合行动中的分享者或伙伴"。这样，他将联合行动的成功看作是自己的成功，"将联合行动的失败看作是自己的失败……"（MW 9：18；cf. EW 5：88）并产生出一种使得民主的共同体生活更有可能的意义共享的感觉。

纵观杜威对民主教育的讨论，他都非常严肃地对待指导的责任。虽然杜威承认这里存在着操纵的可能性，但是他拒绝认可所有受到操纵的教育活动。他强调要在将学生从所有控制中解放出来与试图严格地控制他们这两种极端立场之间进退有据（cf. MW 1：90；2：279－283；LW 5：319－325；13：8－10）。当然，从历史上看，教育的趋势，特别是价值教育的趋势是朝着后一立场，即朝着严格教化的方向发展的。杜威认为，年幼的孩子最初是一个个高度可塑的个体，但是对于许多教育者来说，这种可塑性"并不意味着自由地、广泛地学习的能力，而是意味着学习成年人群体的风俗习惯的能力，意味着那些有权有势的人希望教给他们的学习特别事物的能力"。这种教育概念"巧妙利用了青年人的无助，它所形成的各种习惯有助于维护社会规范的界限"（MW 14：70，47）。杜威继续提出，这种"外在的强制灌输"是操纵性的，它与指导无关。他所谓的指导是指"为了最充分地实现自身而解放生命过程"（MW 2：281）。这种意义上的指导是"对自由的帮助，而非对它加以限制"（LW 13：46）；他坚持认为，教师通过指导学生思考所谓"我们文明中的根本性的社会问题"，（LW 5：102）可能防止学生们因为各种偏见而偏离对共同善的追寻。

由此可见，任何指导都必须依赖于对构成人类充分发展的东西的理解。如果学生们能够自发地寻求他们的善，那么他们就没有必要得到指导。充分发展的概念必须由教师、学校董事会、家庭教师协会以及其他成年人团体来选择。教师和其他团体指导学生选择的这些目标必须是能促进共同善的目标。在杜威看来，教师在学校中起到的作用近似于专家在更大的社会中所起到的作用。虽然学生们至今仍然仅仅是不全面地发展的，但他们正在学习履行他们今后在社会中作为他人意见评价者的角色。

最后，杜威对民主与教育关系的强调，重点不在于学校教育而在于对参与公民的不断教育。他认为，"在探究与探究结论的传播中的思想自由，是民主制度的神经中枢"。（LW 11：375）对民主社会中知识共享的强调，要求我们抛弃"理智的纯粹个人主义观点"，以及"将理智看作是个人所有物的顽习"（LW 11：38，47）。通过共同生活中人类的合作努力，我们就能获得作为社会所有物的知识。"禁锢于私人意识中的知识是一种神话。社会现象的知识特别依赖于传播，因为只有通过传播，知识才能被获取或检验"（LW 2：345）。作为合作性探究的民主要取得成功，就必须借助于大范围的公共性互动以及共享生活的持续过程。因为这就是作为一种生活方式的民主之要义所在。

（欧阳彬 译）

杜威的探究理论

拉里·希克曼（Larry A. Hickman）著

尽管杜威严厉批评所谓的"知识论的事业"（MW 1：122），但他因为毕生致力于发展一种探究的理论而享有盛名。杜威坚持认为，他所处时代的主流知识论本身就包含着失败的萌芽，因为它预设了知识是脱离了实际的探究发生的语境的东西。"知识论中构想的知识的问题，就是普遍性的知识的问题——普遍知识的可能性、程度及有效性的问题。'普遍的'到底是什么意思？在日常生活中，许多特定的知识都有问题；我们试图得出的每个结论，不管是理论上的还是实践上的，都会面临这样一个问题。但是，没有普遍意义上的知识问题。"（MW 10：23）

杜威认为，当认识论者们进行研究的时候——通过设定"特定的"知识或"被证明的真信念"（就像他们通常做的那样）的情形，并进而试图发现它是怎样被证明的——他们往往让事态逆向发展了。杜威建议说，更有成效的方法是考察探究的实际情形之间是如何相互联系的，以及它们如何增加了我们对未来行动的指导资本。换句话说，分析本身不是目的，它应该是能生产出令人满意的结果的工具。在杜威看来，通常所实践的认识论一方面是被证实的和相应逻辑工具相冲突的混合体，另一方面，它又是不相关的心理学和形而上学成见的混合体。如果这些成见能被抛弃的话，认识论就可以自由地起到作为一种探究理论所要真正发挥的作用。到那时，"认识论"和"逻辑"这两个术语就能变成同义语了。

尽管杜威事实上频繁地使用"知识"这个词，但他认为，这个词有太多不恰当的内涵，因此，它有必要被替代。为此，杜威尝试了用两种方法。首先，就像我刚才表明的那样，他经常用动名词"知道"（knowing）来取代实体性的术语"知识"（knowledge），以便强调认识总是更大的探究过程的一部分的事实。

但是，即便如此也不能完全传达杜威的思想，所以他发明了短语"有根据的断言"（warranted assertibility）。这个短语的两个部分有些啰嗦，但描述性的短语指向不同的方向。"有根据的"意指一个个体性的结果，并因此在时间维度上指向已经完成了的某物。有根据的东西是反思的结果，在某个具体的疑问或困难已经被解决的意义上说，它已经是有效的了。"断言"在时间上指向还没有完成的事物。可断言的事物是某种普遍的事物，因而也是潜在的适用于未来情况的事物，这些未来情况类似于因之而被产生的事物。然而，不像那些被许多认识论者研究的所谓的知识（或被证明的真信念），有根据的断言既不要求确定也不主张永恒。它能提供的最好的东西就是在一个不确定的世界里寻求稳定性的尺度。

作为有机体行为的探究

从19世纪70年代杜威还是本科生时起一直到1952年杜威去世，达尔文的著作对杜威的思想产生了极为深刻的影响。1909年，为了纪念《物种起源》发表50周年，杜威写了一篇短文。在这篇短文里，杜威把自己的工作对哲学所做的贡献刻画成像达尔文对生物学所做的贡献。正像达尔文已经证明固定的生物物种观念是站不住脚的一样，杜威将要试着表明根本没有固定不变的或必然的哲学本质或真理。与杜威的一些批评家们所声称的正好相反，这一提议既不是被怀疑主义推动，也不是被虚无主义倡导。它基于对一个可观察到的事实的坦率的承认：生物都必须不断地适应变化着的环境。尽管为了自身的持续存在，它们需要重叠及互相贯穿的稳定样式，但是从根本上及长远的角度来看，它们的生活是高度不稳定的。

杜威把探究看作是反思性的有机体力图通过适应而寻求稳定性的首要手段。正是通过探究，人类才能够对自己习惯的形成加以控制，并由此创造新的工具。从短期来看，这些工具能够使我们改善我们不满意的状况。从长远来看，它们可以影响到我们自身进化的进程。

因为探究是一种有机活动，并且因为有机体不仅会遇到便利，还会遇到限制，所以，断言必须接受持续的检验，根据也必须得到时常的更新。成功的生活需要对被经验的情景进行积极的和持续的重构。因此，杜威有根据的断言的观念不像在柏拉图、笛卡尔及许多当代哲学家的思想体系中起作用的知识概念，它不是一个想要对已经"存在在那里"的固定不变事物获得一个更好看法的旁观者。

杜威总是提醒他的读者们，如果说当代科学教会了我们什么，那就是没有什么已经"在那"的东西——在永恒意义上"在那"的东西。这样我们才能获得更好的见解。在直接的或未经反思的经验水平上，我们所认为的"在那"的东西总是处于变化中。在反思的或有组织的经验水平上，我们所认为的在任何给定时间下"在那"的东西是人类智力活动的结果，因为这种活动考虑到它在直接经验里发现的材料以及当前使用的工具。探究的目标，就是使用能够使它们变得更有丰富意义的方式，重构已被发现的材料和可利用的工具。

作为工具的探究

杜威拒斥质朴的实在论的观点,这种观点声称事物已经像它们最终将要成为的那样呈现给我们了,甚至在我们把它们纳入考虑范围之前就已经那样存在了。他也反对科学实在论的见解,这种观点宣称存在一种确定的现实,这种现实很容易被科学家们发现,并因此与科学的"规律"相符合。结果,一些早先的评论家将杜威解读为推进了观念论的这个或那个变种:诸如科学规律或逻辑在人或者神的心灵中都是连贯的观点。

新近,一些杜威思想的阐释者争辩说,杜威持有一种与一些法国后现代主义者相似的相对主义。这些法国后现代主义者认为,人类作为语言的使用者,反而被困于无限的隐喻和比喻的网中,其中没有任何一个隐喻比其他隐喻更有特权或更受到保障。例如,理查德·罗蒂就主张杜威在推进如下观点方面的权威性:科学与艺术之间没有实质的区别,它们都是文学的不同类型。杜威将科学实在论和极端相对主义都视为带有缺陷,他不遗余力地反对它们。

杜威将自己的一个观点命名为"工具主义"。1903 年,他和他在芝加哥大学的学生和同事一起出版了一本名为《逻辑理论研究》(*Studies in Logical Theory*)的文集。该文集宣告了作为思想流派的工具主义的出现,并试图阐释工具主义的内涵。

在杜威工具主义的语境中看,有根据的断言发端于工具和材料的实验性操作以及它们所经历到的情境。而实验法的全部要点,在于通过调查我们所经历过的情境(当然我们自己也是这一情境的组成部分)是如何被重构的,来看看能否使事情变得更好。

与很多传统哲学所提出的观点相反,杜威确信,我们用于探究的工具不是先验给定的。它们是在已被证明为成功的探究过程中被发展出来的工具。探究也因此成为反思性的活动,在该活动中,现存的工具和材料(它们可能是切实的,也可能只是概念上的)得到新颖的和创造性的重新安排,以便生产出某种新的东西。这一过程的副产品常常包括得到改良的工具和材料,这些工具和材料可以被用于接下来需要探究的场合。

忽略这点就会从根本上误解杜威探究理论的激进本性。杜威的观点是,逻辑形式能够通过其讨论的主题和获得根据的结论来促进探究。在1938年出版的《逻辑:探究的理论》(*Logic, The Theory of Inquiry*)这本书中,他很精确地谈到了这个问题。(LW 12:370)

使这个断言极富争议的原因之一是,传统的逻辑恰恰做出了相反的断言:逻辑形式被强加于探究的主体之上。杜威因此关注到了传统的逻辑。这是极端重要的一点,稍后我将在本文中再次提到它。

先验在探究中的角色

尤其是自康德以来,先验的概念在哲学话语中扮演了一个十分重要的角色。因此,理解杜威使用这个术语的两层含意也是十分重要的。他所谓的"外在先验"的概念与康德使用这个术语的方式,以及后来英美分析逻辑和认识论使用这个术语的方式是相符合的。在这个意义上,先验严格来说是先于任何经验的。例如,在康德那里,先验所提供的恰恰是经验得以可能的条件。康德因此把时空看作是先验的形式,为了获得任何经验,都必须给被感知到的东西赋予这样的先验形式。杜威否认存在着这种意义上的先验。例如,在他看来,时空不是被带入经验的形式,而是在经验基础之上得到建构的概念。

然而，杜威真正允许的是他所谓的"操作性的先验"（LW 12：21）。他观察到，我们在探究中发展了被称为"推理规律"的行动习惯。由于它们是习惯而非具体的行动，它们因此是普遍的。和其他类型的习惯一样，它们已经随着时间的推移而被接受，因为它们已经被发现产生了成功的后果。杜威在精确的工具主义和实用主义的意义上使用了"成功的"这个术语。他写道，当推理规律"以一个长远的或探究连续性的方式产生出来结果，或在进一步的探究中确证结果，或在同样程序的使用中纠正结果，它就是成功的"（LW 12：21）。当然，在这个问题上，杜威利用了皮尔士的工作作为他的出发点。

杜威提供了几个很好的例子来说明他的这个观点。他建议做一个逻辑上的定式，比如"排中律"（即陈述一个事物或是 A 或非 A，但是不能既是 A 又是非 A。例如，或者是液体或者是非液体，但不能既是液体也是非液体）。在我们要推理的意义上，这就是一条逻辑法则，这样，我们必须把它和其他逻辑规律一起进行考虑。但是，并没有外在的或康德意义上先验的规律。杜威把这种规律称为"约束"或"需要满足的形式条件的系统表述"（LW 12：345）。同样，杜威说过，这些规律"像指导性原则和探究规则性的有限理想一样有效"（LW 12：345）。比如，杜威提醒我们注意一个显而易见的事实：在接近冰点的一个特定温度时，水既不是精确的液态，也不是精确的非液态。

合同的法则是一种规范商业安排的契约，杜威认为这些法则在同样意义上也是一种契约。如果我们要做生意，我们必须重视被证实为成功的"指示原则"的某种形式。也即是重视那些被证实可以规范很大范围内特殊事务，以维持商业共同体运行的方式。如果我们要着手进行探究，我们必须又得考虑"指示原则"，即在同样精确的意义上被证实为成功的、特定的合乎逻辑的形式。

但是，这些"规律"并不是在不顾及主体关系就可以应用的意义上是先天的。正是因为其与主体有关，这些规律促进了探究。它们源于主体性质，又作为检验我们关于它的概念的工具回到主体性上：如此，它们也是需要满足的条件。例如，在他讨论排中律时，杜威指出："曾经被认为是既穷尽也必然的选言判断后来才被发现是不完全的（有时候甚至是完全不相关的）。这个事实在很久以前就应该是一个警告：在探究的连续性过程中，排中律原则提出了一个能够满足的逻辑条件"。它阐明了完全满足逻辑条件的探究的最终目标。为了确定主体，缺少可替代性可能是探究的最困难任务（LW 12：344）。

可操作意义上的先天性（这也是杜威承认的惟一的一种先天性）就是那些被作为先天探究的副产品而被带入到眼前的探究中的东西。不存在康德意义上的先天，没有绝对在先或外在于经验的"先天"。

常识和科学

杜威认为，大多数哲学家——特别是自笛卡尔以来的哲学家——所预设的经验内部的分裂不但毫无根据，而且软弱无力。杜威认为，由哲学家们的怀疑论倾向造成的科学探究和常识之间的分裂也毫不例外。杜威将常识规定为人类经验的一部分，是人们作为对他们周围环境的反应而做出的必须的行为调整。换句话说，常识涉及到日常的用途和享乐，而且它关心实际的东西。

杜威拒斥这样的一般性的观点：在常识和科学之间存在着形而上学或本体论的差异。然而，他确实认为这两种类型的探究之间有着逻辑上的区别：它们使用不同的逻辑形式。随着科学的探究工具变得更加精致，科学从常识中成长出来，但是科学并不是作为探究终结或结束点意义上的"最终"。它并不能在任何最终意义上告诉我们世界"真正"是怎样的，它也不是所有其他经验形式的范式。用一个最近因让－弗朗索瓦·利奥塔（Jean-François Lyotard）而变得很流行的词语来说，它不是一个"统治性叙事"。按照杜威的观点，科学探究是探究"为了"。它是最终必须回到效用和快乐的世界以检验其结果的理论事业。

历史上一个重大的哲学错误，是把从常识经验抽象而来的对象当作仿佛先于和独立于它从中抽象而来的经验。它们然后被说成存在于一个与常识分离并优于常识的领域之中。在经验中造成这样的分裂后，一些哲学家花费了大量的时间试图表明这两个领域应该是相关的。

杜威认为这种做法毫无意义，并将之称为"哲学的谬误"。杜威的建议是，一旦常识和科学之间的连续性得到承认，探究领域的这些不可靠的分裂将暴露其本来面目——它们的差异仅仅是逻辑形式上的不同。形而上学或本体论的分裂本来就不应发生。

逻辑的对象

杜威于 1916 年在哥伦比亚大学哲学俱乐部的演讲中指明了关于这些问题的解决方法。他谈论的主题是所谓的"逻辑对象"或"逻辑实体"。这些主题据说包含了诸如"之间"、"如果"、数字和实质等这样的术语。杜威观察到，从历史上看，这些实体往往被处理为：（1）对象的物理属性；（2）智力或精神属性；（3）某种既非物理也非精神而是"形而上学"的中间物。

杜威反对以上所有三种观点。他认为，逻辑的对象只是逻辑的。他以此意味着，它们都是推论的副产品。因此它们是"当且仅当推论被发现时才会被发现的事物或事物的特质。"（MW 10：90）

理解杜威在这些问题上的激进革新的关键点，在于他的论证：逻辑的问题应该从更合适地体现为精神或灵魂特征的问题中分离开来。当然，杜威并不希望否定探究包括精神的过程或者探究中出现心理的因素。其关键点是坚持认为探究是具有反思能力的生物体对其周边环境的行为反应。同样的，杜威写道，探究属于"发生在这个世界上而非仅发生在心灵或意识之中的行动或行为"（LW 10：90）。这就意味着，不论什么样的精神过程都伴随着特定的探究，它是其行为的结果，而不是某种伴随着的精神或心灵过程，这一点决定了它是探究。探究，就如同走路和吃饭一样，是杜威所称呼的"外部事实"。

杜威对这一问题的处理方式符合其宽广哲学视野的显著特征。他削弱了这一逻辑对象问题的习惯的本体论路径（这一路径依赖于将逻辑对象化归为先前存在的范畴），他认为应当按照逻辑对象的功能来对待它们。因此，杜威把探究看作是一门艺术，它的产品和副产品（包括逻辑的连词如"和"、"或"和数字）是被制造的物品。杜威提醒我们，这些物品的制造是有某种目的的，或者它们至少是和某些过程相联系的。将其视为具有某种独立于目的和过程的存在是向旧有做法的倒退，这个旧有做法赋予其一个不合逻辑的本体论地位。

几何点、瞬间，甚至逻辑分类，都为杜威的观点提供了极好的例证。它们指称一种既非物理和心理，也非形而上学的实在。这种确实被指称的实在只是受到控制的探究行为的实在。如果像传统所做的那样，把它们看作某种独立于探究的东西，就将会与这样一位生物学家犯同样类型的错误：他或她相信可从一条在水中之鱼的状况推出不在水中之鱼的状况。

抽 象 化

杜威之所以用这个特殊的比喻——水里和水外的鱼——作为

他对抽象对象讨论的一部分，也许源于他对詹姆士的解读。詹姆士观察到，任何人在沿着水族箱的一边看过去时，都能看到一个跨过这个房间的对象，正如由水底反射到水面的烛光又反射到水中一样。他提出，水就像是可感觉事实的世界，而水上的空气则像是抽象观念的世界。

当然，两个世界都是真实并相互作用的，但是，它们只是在彼此的交界处相互作用。任何生命的轨迹以及我们人类生活的地方，只要有完善的经验存在，就是水。我们就像在感觉的海洋里游泳的鱼，被更高级的成分包围着，但是却不能呼吸到这种纯而又纯的成分或穿透它。然而，我们从中获取氧气，不间断地与其进行接触，一会儿接触这部分，一会儿接触那部分，我们时时刻刻都在接触它，我们以新的路径和新的活力返回水中。空气所代表的抽象观念是生命中所不可或缺的，但是，它自身是不适于呼吸的，只具有重新引导的积极作用。一切比喻都总是有缺点的，不过，我倒相当喜欢这一比喻。它指出，有些事物本身并不足以产生生命，但是在别的地方却是生命的有效的决定因素。[1]

杜威在其自己对抽象观念的论述中详细说明了詹姆士的比喻。第一，在抽象和具体之间存在着活生生的交互关系。正像鱼通过日常生活环境之上的空气来获取氧气一样，人类经验从抽象的实体和关系中吸收营养。当这个活生生的关系遭到忽视的时候，抽象往往变成某种否定的东西，甚至也许成为某种拙劣的摹仿品。它成为某种独断的和远离日常经验的东西。

---

[1] 威廉·詹姆士：《实用主义》，坎布里奇：哈佛大学出版社，1975年版，第63页（William James, *Pragmatism*, Cambridge: Harvard Universtiy Press）。

第二，抽象和具体之间的活生生的关系的维系要借助于实验。抽象并非目的自身，而是发展新方法的工具，这一方法可以应用于具体的领域和存在的经验。探究总是涉及到抽象，因为它总是涉及到把一连串可供选择的行动过程清楚地表达出来的假设。它也依赖于先前探究的副产品——关系（以及关系的关系）。然而，探究最终是为影响到具体的、经验世界的变化而得以实施的；在此并只有在此，抽象才能被决定是成功或失败，是有用的还是无用的。

第三，与西方哲学的悠久传统背道而驰，抽象并不属于比具体经验更高级或尊贵的形而上学的或本体论秩序。詹姆士在他指明空间位置的类推中使用了"高级的"术语，而非形而上学的卓越性。杜威的解释使得这一点更加明确：抽象和具体是探究之中具有同等地位的阶段或状态。在讨论抽象历史的过程中，杜威提醒我们，苏格拉底通过督促雅典人避免过度依赖具体——即避免通过简单的枚举而进行推论——为他的雅典同胞做出了巨大的贡献。苏格拉底促使他的雅典同胞从事假设性推论的努力在探究历史上是一次巨大飞跃。然而，柏拉图却犯了相反的错误：当他开始将抽象作为形而上学的实体加以对待时，他开启了西方哲学两千五百年的不幸历程。

自柏拉图以来的哲学家们往往将抽象认为是高于或优于具体经验。导致这种看法的原因之一，在于抽象被说成提供了普通经验无法提供的"确定性"水平。例如，"2＋3＝5"这一数学命题由于其无论何时何地的适用性而被认为是一个永恒的真理，具有形而上学的优越性。但是杜威却不这么看。数学命题之所以经常被认为是永恒的真理，其原因在于：

> 数学免于要求任何有限的解释的条件。它们除了只是满足系统内部转换的条件的需要而在形式上产生影响之外，没

有任何意义和解释，不会有任何系统之外的指称。不存在包含任何具有（甚至是）间接存在的指称的概念中的意义上的"意义"，这个事实可能解释了数学问题只是一系列任意符号的观点。但是，在更宽广的逻辑意义上，它们具有一种由对转换条件的满足所决定的关系所排他性地和完整体地构成的意义。(LW 12∶396)

换言之，数学命题在上述两个意义的任何一个中，可能都是有意义的。就它们与一个形式系统其他成分的关系而言，由于它们满足了系统内部转换的条件，它们是有意义的。正是在这个意义上，它们显得无论何时何地都是真的。它们在形式系统内的位置是稳固的，并且，它们在系统内的转换结果在那个有限区域内是一致和可靠的。在此意义上，数学命题不指称存在的个体。

然而，在另外一种意义上，即在数学命题指称某个存在的个体或另一个体的意义上，它们并不具有独立的应用性。司空见惯的是，在实验科学以及日常经验中，抽象的数学命题过于"细致"，无法运用到粗犷经验中。但是，重要的是注意到杜威并不认为数学命题或任何其他类型的命题会因此而或真或假。我将在后面关于命题的部分更详细地讨论这个问题。

探究中的质料与形式

现在该回到探究中质料与形式的关系问题了。在杜威的批评者看来，杜威《逻辑：探究的理论》的一个污点是它缺少符号。他们会问，在一个逻辑越来越符号化的时代，我们会期望人们严肃地阅读一本只有寥寥无几符号的逻辑著作吗？

杜威在这本著作的导言中讨论了这个问题。他坚持认为，许多逻辑问题都是质料与形式相分离的结果，而这也转而成为在缺

乏"形式与质料不相脱离的一般语言理论"的情况下盲目追求符号化的结果。（LW 12：4）

杜威认为，逻辑形式随着探究的展开而显现出来。不过更为重要的是，他认为逻辑形式是伴随探究而生的副产品。为了理解这一点，有必要区分探究与逻辑，杜威有时将前者称为"初级"探究，将后者称为探究的"理论"。他这样写道："初级探究本身是对探究（或逻辑）进行探究所揭示出来的形式的本质。"初级探究的功能是把它的主题安排进既定的形式中。而对探究的探究（逻辑）的功能，是探讨这些形式，揭示它们与其他形式的关系并合理地安排它们，以方便其在未来探究中的使用。当这些东西（既定的形式）被应用于未来的探究中时，它们便成为得出进一步结论的手段。反过来看，它们也成为了对象。于是，杜威实现了一个极端的转变：他依据对象在连续探究中的作用来描述其特征，从而规定对象的功能。他写道："对象是探究的客体。"（LW 12：12）

一旦既定的对象确定下来，对象（或既定的形式）往往在它们初始的主题发生变化之后，还要持续下去。旧的形式会被强加于新的主题上。在一些情况下，这样做效果会很好，但是，在其他情况下，旧的形式并不能与新的主题相关。杜威认为，这恰恰就是亚里士多德三段论所发生的情形。杜威争辩说："随着对作为形式的主题的拒斥，亚里士多德传统的形式的不朽也将探究从逻辑的适当的范围中排除出去。作为逻辑学的源头的三段论决不是推理的形式。它曾是对包含和排他关系的当下的把握，而这种关系在本质上属于真正的全体。"（LW 12：93）

杜威一贯认为，逻辑必须处置形式的关系，而且，他接受了一个广为流行的观念：正是这种关系使得逻辑与其他科学分道扬镳。但他也注意到，逻辑学家们在关系意味着什么这个问题上往往存在着分歧，而且，就逻辑形式如何与主题关联问题上，他们间的争论尤为尖锐。比如，逻辑上的形式主义者往往认为逻辑形式与主题之间没有任何关系。但是，在如何解释这个结论问题上，他们自身并没有获得一致意见。例如，其中一些人认为，形式构成了形而上学可能性（可能世界）的独立王国。而另外一些神秘主义气质淡薄的人则认为，逻辑是研究句子或命题的形式的句法属性。依然还有另外一些持较现实观点的逻辑学家对以上两种形式主义都存在疑问。他们认为逻辑形式是从先前存在的材料中抽象出来的，而不是亚里士多德的"可辨析的种"。

杜威反对上述所有观点。正像我已提到的，他主张，逻辑形式在不断探究过程中日趋接近主题。主题不具有先于探究的逻辑形式。

为了阐明这些观点，杜威将我们的关注点引向法理学史。他观察到，存在着大量的情形：

> 程序的形式已经取代了内容而成为主导性的因素。在这些案例中，它们不再是内容的形式，它们如此地孤立以致变成了纯粹的形式——这个事实包含的意义可能对逻辑学有指导性。之所以如此，是因为法律形式显然应为设法结束争论的目的提供服务……这些法律规则提供了五花八门的方式的范例，在这些范例中，行为的"自然"模式由于服从于规则中所产生的条件而采取了新的形式。随着新的社会交相作用模式和交往模式产生新的条件，随着新的社会条件安置新的交相作用，新的形式便产生出来，以便满足社会的需要。例如，当一种新型的工商企业需要大规模资本时，所谓的有限责任性便会影响构成伙伴关系的逻辑规则形式。（LW 12：370 – 71）

正是得到控制的探究工作，通过允许新的逻辑形式接近主题而来掌控它。这些新的形式产生之后，逻辑所需要做的事情便是揭示它们之间相互关联的方式，进而决定它们在以后探究中的可能的用途。

判　　断

关于逻辑的著作经常开始于对词项的讨论。它们接下来要考察那些将词项联合起来以组成命题或判断的方式，以及将这些命题或判断组合成论证的形式。比如，亚里士多德曾经把词项组合成四种判断形式，即：所有的 S 是 P，某些 S 是 P，所有的 S 都不是 P，某些 S 不是 P。他通过推演证明了，当这些判断构成包含两个前提和一个结论（三段论）的形式时，有些由这些形式所建构的论证有效，有些则是无效的。

杜威以不同的方式开始讨论逻辑。在他看来，词项和命题只能被理解为是与判断相关的东西，他将其称之为"探究的既定结果"（LW 12：123）。就像我们已表明的那样，探究开始于可疑的或有问题的情境。各种工具和材料被用来处理有疑问的情境。假说得以形成并在他所称的"戏剧演练"中加以尝试，以减缓情境的不利因素。沿用这样的方式，评价（appraisal）被制定出来。最后，在探究获得成功之处，这一情况被以一种保持稳定并且无疑问的方式记录下来。

因此，在杜威的用法中，判断与命题不是等同的。命题只是作为探究一个间环节的提议。另一方面，判断则带有他所称的"存在的含义"（existential import）。命题"肯定"（affirm），而判断"断定"（assert）。杜威使用了棒球的隐喻来澄清这一点。他用当时的俚语写道："投出的棒球对击球手来说是'命题'；它表明在当时的情境（surrounding）和暂时无关的环境（circumstance）下，他下一步应该如何处理"（MW 10：365）。

进一步延伸这个类比，我们可以说判断是棒球手通过关于是否挥棒击球的（快速）思考所做出的。可见，投出的球是命题，而挥动的球棒是判断。在这种情况下，精心思考将被观察到的状况（conditions）和被确定的规则——如那些决定击打区的规则——一同计算在内。

换一个类比，我们可以说，法庭上的命题是各方中的一方对一个争议的肯定，而判断是法庭根据证据和该证据与已确定的法律先例的关系进行思考后所下达的"断言"（assertion）。当然，中间的判断或者如杜威所称的"评价"（appraisal）——例如决定证据的可接受性的判断——同样也是以在法庭上对某事做出最终判断或解决为终结探究的一部分。但是，虽然命题和中间判断（评价）都是中间环节，前者比后者更不确定。

许多逻辑学文本把命题的主项当作以一种确定方式给予意义的东西，而把谓项当作以判断的方式为已确定的主项提供属性的某种概念性的东西。杜威拒斥这种观点。他争辩说，判断的主项和谓项是作为探究过程的一部分而交互决定的（LW 12：128）。他认为命题的主项并不是已被决定意义上的给定，因为如果是这样的话，在一开始就不存在探究的机缘了。既然探究的要义是"找出"，那么命题的主项就是某种模糊的并需要进一步确认的东西。

情况很可能是，在探究的先天例子中，命题的主项会获得确定的形式；但这并不能确保它会与当下的探究有关。科学以及在常识探究中的进步，都要求我们把以前的探究结果当作进一步探究的原材料，而不是可一劳永逸地接受的确定结果。

人们有时会认为对命题主项的纯粹指称可以仅仅通过指向某物并把它称为"这"来确定。但杜威认为不存在纯粹的指称性（referentiality）。他指出，即便是指向的行为也并不确立纯粹指称，因为对象的任何感官特征（包括它的时间阶段）也可能是指向的对象。事实上，命题的主项和谓项是交互决定的，它们的界定通过相互磨合而得以修正和完善。要首先建立"这"，须要在谓项中建立。也就是说，这是一个特殊的暂时性的步骤。要首先建立"这"，也就是建立"预先"，也就是假定的某特殊一类的例子。因而，把主项和谓项联起来的命题是不确定的。这就是要进行测试和进行操作的标志。

杜威的观点在判断要完成的目标方面也与主流逻辑理论格格不入。一般理论认为，判断的意义是使判断的主体精神状态或态度发生变化。但是，杜威认为这种观点向主观主义做出了太多让步。根据他自己的观点，判断的作用是使以结束为最终判断的探究存在状态发生变化。肯定地说，在更广的存在状态下发生的改变，可能要涉及到精神状态和态度的改变，因为它们也是存在性的（existential）。但是，忽视更广泛的存在状态而专一地关注精神状态和态度，就是为纯粹的幻想打开了大门。

这在杜威所谓的"实践判断"或涉及到价值因素的判断中尤其明显。道德决定的目的不是从某些前定目的中进行选择并从而改变一个人的精神状态，而应是评估一种存在状况，用当下可以支配的最好工具来处理它并达到一个判断，这一判断将中间性的情境加以转变，使得其构成成分的差异和关系变得非常确定，以便把初始情境中的要素转化为一个统一的整体（LW 12：108）。

命题及其关系

正如我已经所说明的那样，杜威在如下意义上把命题与判断相区别：命题是中间性的，即命题是一个特殊个案最终解决（判断）的工具性东西。除此之外，杜威把命题分为两种不同但却相关联的类型。他所说的存在性命题必须处理与"实验性观察所确定的实际条件"；他所说的理念性的或概念性的命题必须处理"相互关联的意义,它在内容上并不直接指称存在,而是通过对表现出来的可能性操作而可运用于存在"。(LW 12：284)像我们指望的那样,在先前关于抽象性的讨论中,杜威说明了这两种命题具有相关性,它们无优劣之分,而是平等的伙伴关系。他认为,两种命题在探究中展示了一种"劳动分工"。

按照一些逻辑教科书的观点,杜威关于命题既不真也不假的主张是一种无稽之谈。但当我们一旦记起他是把命题当作手段而不是目的时,他的主张就足够明确了。作为手段,我们能够谈论它们有效或无效、强或弱,甚至相关或不相关;但是,我们却不能说它们真或假。那些有效的、强的并与促进探究相关的命题才是正确的,而那些无效的、弱的并与促进探究无关的命题则是错误的。在判断涉及到有根据断言的程度上,它才被说成有真或假。论证也被说成形式上的正确或错误。这样的用法大大地触怒了某些主流逻辑学家,这些人习惯于把命题归为或真或假,把论证归为或有效和或无效。

为澄清这些问题,杜威举了一个例子:"三段论'所有的卫星都是由绿奶酪做成的;月亮是一个卫星;因此,月亮是由绿奶酪构成的'是形式上的正确。然而,这里所包含的命题是无效的,不仅因为它们'内容上的假',也因为它们不是推进探究,而是'阻止和误导了探究'"(LW 12：288)。在此系列里,判断"月亮是由奶酪构成的"被认为已经解决了问题,然而,这样的判断在是否"有根据的断言"的意义上是错误的。

杜威对命题的完全解决十分复杂,所以对它的完整讨论超出了这篇文章的范围。然而,在结束之前,我想把注意力聚焦于几个我所感兴趣的要点上。

首先,杜威区分了特称命题与单称命题。由于这两种命题有时具有同样的语法形式,所以它们二者经常被混淆。一个特称命题(例如,"这是坚硬的")会让人注意到一些变化,即一些感官作用的变化而引起的新事件（LW 12：289）。这种命题在它们对特定时间和地点的指向的意义上是特称的，它们自身并无进一步的指称。杜威告诉我们，特称命题"代表一个问题之确定（determination of a problem）的第一个阶段，它们提供了一组资料，当与其他资料相混合的时候，这组资料则说明这样的情境表现出哪种类型的问题，并因而提供了一种指向和检验一个预定的解决方式的证据"（LW 12：290）。

虽然从语法形式上看一种单称命题等同于特称命题（还是"这是坚硬的"例子），但两种命题在探究中发挥着不同的作用。一个特称命题仅仅表明一个变化出现了并可能因此形成一个问题，而一个单称命题则决定了"这个"是一个特定种类中的一个例子。在"这是一块宝石"例子中，单称命题的逻辑结构更为明确，因为，这个命题断定了"当下发生的事是作为描述一种类别永恒特征的证据"（LW 12：291）。由于它们断定了推论可以超越此时此地，获得人们不能在下断言时刻所体验到的"恒久的"或"普遍的"的特征，单称命题因此被认为具有一种特定的表现性的性质。

为了澄清他对此问题的处理方法，杜威引入了几个技术性的术语。他提出，当在某一刻仅仅注意到某物是硬的时候，我就意识到一些性质。但是由于我们的经验是复杂的和交叠的，在一个给定的时段内，我们可能会体验到许多不同的性质。在存在的意义上，一些性质涉及到另一些性质。但是，仅停留于对这种存在性关联的认知对推进探究并无大用。依然需要发现哪些性质在当前问题情境中是彼此密切关联的以及是如何关联的。就像杜威所说的那样，"推论和计算是确定具体关联的必要工具"（LW 12：277）。

换句话说，推理是必须的：探究是一种干涉活动，它必须弄明白哪一相关关系与某一特定问题的解决方案有关。例如，命题

"这是一个钻石"还可以使我们合理地推论出一些其他的性质，比如，其中的"这"就不是指金属。在这种情况下，一种属性成了固定不变的特点或特征。因此，推理能够使存在意义上相互关联的性质转换成一种对推理有用的形式。它们被用来指示某些不在场的东西。

全称命题，如"凡是钻石的东西都是属于玻璃划不破的东西"，就是种类之间关系的一种表达。全称命题不是像单称命题那样意指某物是某个种中的一个，而是意指一种类在另一个更具有包容性种类之中的成员身份。杜威在这里不是简单地建立一种关于命题种类的分类学，他实际上旨在阐明不同类型命题是如何以使得判断成为可能的方式而发挥不同功能的。

全称命题扩大了推理的范围。它们使得推理从一种特质扩展到另一种特质。甚至更为重要的是，它们为单称命题提供了逻辑的基础。在缺乏进一步条件的情况下说某物是某种类中的一个，则很不明智。也就是说，"还有别的种类与这一具体的东西相关"（LW 12：294）。

全称命题是存在性的。与全称命题不一样，普遍命题是概念性的。它们表达一些可执行也可不执行的可能行为。如果这样的话，它们甚至不用假装含有存在的含义，它们是与探究存在相关的（LW 12：303）。在这里，就像别的地方一样，语法形式是会使人受误导的。"所有"这个词（与"任何东西"具有相关性）可能指示出在表达更高一级可能性存在命题（如，"所有的钻石都是水晶"）之间的存在关系。另一方面，它可以表达"一种可以通过定义从概念分析得出的必然关系"（LW 12：296）（"如果任何一个东西是钻石，那么它就是一个水晶"）这一语法形式更明显。在第一种情况中，这种说法是全称的，是因为它关涉的是属于一个更具包容性的特定种类存在性的单称（这个钻石，那个钻石，等等）。在第二种情况下，这种说法关涉的是意义之间的联系，这种意义可与存在事件相关也可以不与存在事件相关。我们也许会（从理论上）做出这样的判断：如果所有的钻石都消失了，那么所有的水晶也都消失了。普遍命题根据一个意义相关系统来表达意义。它们首先启动程序去查明某些与存在的事态相关的东西，而不是断定存在的关系。所以，杜威称全称命题和普遍命题为"词的变化形式"。当探究在它们之间来回摆动时，它们在一系列探究中像伙伴一样相互作用。

普遍命题展示蕴意（implication）。当被经验到的彼此相关联的存在性质被看作特质和特征（借助于单称命题和全称命题，使用与正在进行的探究有关的方法）时，这些特质和特征会得到进一步的抽象。"这是一个钻石"便成了其他的、联合的特色的——诸如"这是一个水晶"——可靠的标志。或者，"如果一件东西是钻石，那么它就是水晶"。一旦用这种方式进行抽象，前面作为特质和特征起作用的、允许合理地确定推论的东西便可被称作属性（property）。

虽然存在的东西或质量是相互关联的，虽然一个特定种类的确定是推论的事情，但是完全抽象的（非存在的）属性，也以蕴意所给定的概念系统标志的形式互相关联着。然而，就像杜威留意到的那样，这样的系统不会"从天上掉下来。"它们是在"由处理人类行为的实际情况需要而建立起的状况中，逐渐演化并得到明确阐述的"（LW 12：278）。

杜威承认了两种普遍命题的逻辑形式：一种是含有部分或有限存在的含义的命题，另一种是没有存在的含义的命题。第一种类型的普遍命题的一个范例，就是牛顿的万有引力定律。杜威说，即使它与质量和距离那样的特质相关，它也是"以对最终存在的应用可能性指称为框架的，（因此）其内容受到了意旨的影响。像这样的假设的普遍性，不能穷尽它们可能被应用其上的存在的事务，结果是，它们必须被抛弃掉，以迎合更充分、更适合当下对象的其他的假设的普遍性。这可以从牛顿万有引力定律到爱因斯坦公式的变化中得到说明"（LW 12：395）。

另外一种普遍命题可以用数学公式来说明。命题"2＋2＝5"纯粹是一个确立的意义系统中的意义关系，因此，它免于任何"特权的解释"。（LW 12：395）用技术的用语来说，不管怎么说它没有超出概念体系的推理。

我们需要对最后一个逻辑关系进行讨论。除了关联、推理和蕴意之外，有序的逻辑话语还包括杜威所谓的"指称"。为了反对逻辑形式主义者，杜威认为探究的要点在于对存在层面难题的解决。因此，他认为谨慎思考的补给应包括概念性东西的操作。也就是说，普遍命题中符号之间的含义关系的确定，需要被一种"补给"完成和完善，这种补给能够把抽象思考的结果带回到存在意义的疑难情境中，而疑难情境产生了某一特定结果的问题探究现场。由于在普遍命题和全称命题之间存在着联结关系，这是可能的。换句话说，探究中使用的符号关系必须是对存在事务的指称。需要重申的是，探究的意义在于以这样一种方式重新梳理关联关系：依靠承载着有根据断言的判断，一个有问题的情境得到最终的解决。同时，很有趣的是，虽然逻辑标准的处理往往以指称开始———一个命题的主项有着确定的指称，但是，杜威的探究理论却是以确定性的指称为结束的，即，作为探究的结果如何应用到以及检验存在事务的一个名词。因此，指称对杜威来说是接近终点的探究内部的一种关系，而不是一种启动了探究但又与探究分离的关系。

作为社会探究的逻辑

假定这样的事实：把命题概括为两大类——存在性的命题和概念性的命题。杜威意识到，他的读者可能想知道到底是哪一个在先：话语中抽象的意义关系的构成，还是存在性的意义关系的构成。杜威对这一问题的回答可以分成两部分：首先，由于存在的命题和概念的命题作为探究中相结合的方面的共同作用，他认为这一问题带有"修辞的"色彩。因此他强调所谓探究中的"补给"活动。

> 如果符号不能够使我们标记和保持作为推理基础的那些事物的特征，将事物处理为符号的能力则不会持久。例如，如果没有可以区分和表现构成"烟"的这一东西（它又是火的信号）的可被经验到的视觉和嗅觉性质的语词和符号，我们对那些性质的反应，很可能就像动物一样，只是模仿与之相类似的活动。但是，不会产生没有错误的和不盲目的推论。而且，既然它所指称的火并不是当前能够被观察到的，那么任何关于火的预期都将是模糊和不确定的，甚至可以设定一个这样的预期。(LW 12：61-62)

即使这个首先性的问题是"修辞性"的，它也会导致硕果累累的思考。探究的互相结合的不同方面共同起作用的语境在来源和含义上都有着深刻的社会性。存在的东西所具有表征力量这一事实并非自然的本性，而只是附加其上的文化的事实。交往包括本文章中所描述的探究工作的各个方面，是具有反思能力的人的联合活动结果。这些活动包括协作活动和竞争活动。因此，文化既是语言的条件，又是语言的结果（LW 12：62）

探究促进了反思性有机体间的协作，因为这使它们在对一个明显行动作出最终不可逆的承诺之前能进行预演或尝试。在非常原始的层次上，动物使用威胁的手势来取代和回避攻击。在一个更高的组织层次上，两个朋友更愿意就不同意见进行"商议"，而不冒断绝友谊关系的危险。在更成熟的层次上，复杂的政治和经济行动计划是民主选举和有序改变所谨慎思考的主题。这些都是探究发展的阶段。就如杜威所说的那样,"推论的习惯一旦养成,它就有其自身发展的无限能力。这种彼此之间的意义的有序发展有着引人入胜的兴趣。当这一切发生时,模糊的逻辑条件变得清楚了,一种逻辑理论由此而产生了。"(LW 12: 63)

至此,应该非常清楚,杜威否认作为目的自身终结的探究这一观点,他同时也否认探究的理论(逻辑)作为一门严格的、正式的学科是自足的,是与日常生活事件没有相关性的。正是由于以上理由,杜威认为,下一次的科学技术革命如果可能发生,会涉及到社会科学的进步。在杜威看来,探究以及探究理论是最重要的工具之一,这一工具帮助我们处理如何共同生活、考察我们环境条件的约束,以及人类方方面面的需要和热望。

(林建武 译)

杜威与罗蒂之间的实用主义与自由主义

理查德·舒斯特曼（Richard Shusterman）著

整个里根主义的80年代以及进入后苏联的90年代，罗蒂一直用实用主义来赞扬和保卫当代美国民主的优点，同时鼓吹他称之为"后现代资产阶级的自由主义"的政治哲学。[①] 罗蒂

---

① 见罗蒂："后现代主义者的资产阶级自由主义"，载《客观性、相对主义与真理——哲学文集》第一卷，剑桥：剑桥大学出版社，1991年版，第197—202页（Richard Rorty, "Postmodernist Bourgeois Liberalism", *Objectivity Relativism, and Truth: Philosophical Papers*, Vol. 1, Cambridge: Cambridge University Press）。此后引用这本书中的这篇文章和其他文章，都缩写为 ORT。提及罗蒂的相关著作《哲学文集，关于海德格尔和其他人》（剑桥：剑桥大学出版社，1991年版）(*Philosophical Papers, Essays on Heidegger and Others*, Cambridge: Cambridge University Press)，将缩写为 EHO。在这一章中引用罗蒂的其他著述如下：《偶然、反讽与团结》*Contingency, Irony, and Solidarity* (Cambridge: Cambridge University Press, 1989)，缩写为 CIS；"暴徒与理论学家""Thugs and Theorists", *Political Theory*, 15 (1987), 564—580，缩写为 TT；"当知识分子遇到政治""Intellectuals in Politics", *Dissent* (Fallv, 1991), 483—490，缩写为 IP；"社会希望与作为喜剧的历史""Social Hope and History as Comic Frame"，翻译成法文出版名为"L'espoir social et la fin du socialisme", *Les letters francaises*, January, 16, 1992。我引用的是原始的英文打印文件，以及一个发表的缩写本，名为"处于社会主义末尾的知识分子"（载《耶鲁评论》，1992年，第80卷，第1—6页）（"The Intellectuals at the End of Socialism", *Yale Review*)。

经常援引杜威作为其灵感的源泉,经常求助杜威的论点来证明其合理性。罗蒂声称他的自由主义完全是"杜威自由主义的延续",他把他和杜威的不同,定位在"对自然科学和其他文化之间关系的说明上,以及根据词语和句子而不是根据观念和经验来说明再现主义对反再现主义的问题上"(ORT 16)。更直率地说,罗蒂拒不接受他所领会到的东西,与杜威赋予自然科学超过书写文化之上的特权是一样的,正如他拒绝像杜威所做的那样赞同在像经验或观念之类的非语言实体中进行交流的哲学。除去这些差异,罗蒂声称他会一直鼓吹"杜威曾梦想的……[同一种]民主的、进步的、多元的社会"(ORT 13)。

通过赞扬美国的资产阶级民主以及谴责左派知识分子自命不凡却毫无用处的"破坏性",罗蒂的自由主义触犯了全世界的马克思主义和后马克思主义激进分子。但是,它也让许多信奉杜威的美国自由主义者感到震惊。对于杜威那彻底和明确的反资本主义自由主义被如此扭曲和同化为"对现状的辩解(*apologia*)——正好是杜威断定为那种'不得要领的和注定毁灭的'自由主义类型",像理查德·伯恩斯坦这样一些长期朋友和实用主义同道们为此感到十分沮丧[①]。伯恩斯坦反对罗蒂这种自以为是的观点:资产阶级的自由主义只需通过少量"改革者的修补"来进行小范围改进(ORT 16)。他援引了杜威的著作《自由主义和社会行为》(*Liberalism and Social Action*, 1935),这本书激烈强调"现在自由主义必须变得彻底,'彻底'意味着对在体制建设中彻底改变的必要性,以及促成这些变化的相应行为的理解。因为在实际情形所具有的可能性与实际情形自身之间的

---

① 理查德·伯恩斯坦:《新的一代》,剑桥:政治出版社,1991 年版,第 233 页(Richard Bernstein, *The New Constellation*, Cambridge: Polity Press)。

鸿沟是如此巨大,以至于支离破碎的政策不能特别担负起二者的桥梁作用。"①

鉴于今天对于资本主义经济并没有真正可供选择的办法,罗蒂的回应是:把坚持杜威激进主义的当代尝试当作空洞的"怀乡练习"而不予考虑(SH 22)。他蔑视激进的知识分子将自己扮演为受社会关注的受压迫者斗士的方式,他们彻底改革的总体理论其实并未触及到具体的政治现实和提出切实可行的建议,而只是用来满足他们作为前卫革命者的自我形象——其特殊、深奥的知识可以拯救世界。

这里,我将比较罗蒂和杜威的自由主义,其间特别注意他们对当代自由社会中自我实现的哲学生活这个中心问题的意义。我做比较的目的不是要去评定罗蒂的忠实度,也不是去校正杜威观点的纯洁度。对于实用主义的前瞻精神而言,这种历史纯粹主义是错误的。在试着理解杜威的彻底自由主义是如何发展成为罗蒂的保守主义时,我希望通过让他们两人的观点交锋,以提出一个更为均衡的自由主义。

为了探寻他们之间差异的更深的哲学根源,我将考虑诸如此类的问题:自由的本质、偶然性、哲学证明、审美统一性的价值、自我的社会建构以及目的和手段的关系。此外,由于实用主

---

① John Dewey, *Liberalism and Social Action* (Carbondale: Southern Illinois University Press, 1991), 45; 此后缩写 LSA。提及杜威的其他著作如下: *The Public and its Problems* (Carbondale: Southern Illinois University Press, 1984), 缩写为 PP; *Ethics* (1932) (Carbondale: Southern Illinois University Press, 1989), 缩写为 E; *Philosophy and Civilization* (New York: Capricorn, 1963), 缩写为 PC; *Experience and Nature* (Carbondale: Southern Illinois University Press, 1981), 缩写为 EN; *The Quest for Certainty* (Carbondale: Southern Illinois University Press, 1988), 缩写为 QC; *Art as Experience* (Carbondale: Southern Illinois University Press, 1987), 缩写为 AE; *Individualism Old and New* (Carbondale: Southern Illinois University Press, 1984), 缩写为 I。

义是历史主义的，并且它认识到哲学上的差异往往是社会变革的产物，因此我将探寻如何能够根据罗蒂和杜威不同的世界来理解他们的差异。我最后要表明的是我们自由的实用主义者怎样通过分离罗蒂和杜威的差异，通过在处理我们当前社会困境时，保留从哲学上激发社会改革和更具参与性的民主这个杜威式的希望，以及保持对哲学局限和滥用的罗蒂式理解，来超越杜威-罗蒂的相互抵消。当然，这也包括超越我们作为寻求最好生活方式的哲学家的"私人"社会困境。

基础和证明

罗蒂和杜威有同样的目的：把自由主义从启蒙形而上学的传统哲学基础上解放出来。由洛克和康德所确立的标准自由法则通过某些自然权利的学说，试图将人类自由建立在本体论的基础之上，这些权利最终可以由我们的上帝赋予或自然赋予的理性天赋中推导出来，为了在合理的选择和行动中实现自身，理性要求自由。因此，作为人们应该具有的和社会必须保护的东西，个体的自由得到了保证，因为自由作为人性的理性本质的一部分，构成了事物的真正本质。杜威拒绝将自由主义建立在关于不能剥夺的权利和必然的人类本质的形而上学学说的基础上。作为一个实用主义者，他拒斥形而上学固定的本质世界，转而强调我们整个世界的可塑性、改变性和偶然性。

罗蒂因此而赞扬杜威，通过在没有"哲学的支持"的情况下给予自由主义以"哲学的清晰度"，通过"揭穿'人类本性'和'哲学基础'这一概念"（这是诸如自由主义之类的政治理论被假定去要求的东西），杜威使自由主义对于当代反本质主义哲学家来说"显得好像不错"（ORT 178, 211）。对罗蒂而言，没有固定的、本体论意义上的本质和不变的真理可作为哲学基础去求助,因此,并没有政治或是其他实践的哲学证明的存在地盘。任何提供证明的企图,由于使人们注意到实践已脆弱至需虚假的哲学支持这一事实,只会引发对相关实践的不信任。

然而,罗蒂错误地认为杜威攻击传统自由主义的形而上学,主要旨在使自由主义对哲学家而言显得可靠。相反,杜威旨在通过限制自由主义中贪婪的个人主义,使自由主义对群众而言显得可靠。如果个体的自由建立在不变的、本体上的人性这一前提之上,这就意味着自由早已经存在于我们之中。因此,我们能做的就是不去打扰它和个人;最糟的事情就是将外部限制强加于它。在这里,自由被定义为消极的自由,被定义为除去干扰的自由;而自由主义被等同为一种放任自由的政治,它拒绝利用多数人去限制少数人的自由,否认赋予多数人一种积极的自由可以达致更好的生活。

杜威拒斥天赋权利的观念,因为它把自由看作一种抽象的、形而上学的前提,而不是一种依靠有条件的社会并要求社会进步的具体善。对杜威而言,"自由……是某种被实现的东西",而不是"某种个人作为现成财产拥有的东西";它的实现要"受到个体所生活的社会介质的条件制约"。因此,"有组织的社会必须运用其权力,为大多数个体获得与纯粹法律上的自由有区别的实际自由创造条件"(LSA 21)。

罗蒂忽视了杜威拒斥自由主义的哲学基础中的这个动机,因为他更加欣赏消极的自由,使其免受共产主义批评家的批评,后者和杜威都强调积极的自由和公共生活。罗蒂也忽视了杜威拒斥自由主义旧的形而上学基础,并不是简单地拒斥哲学证明。实际上,杜威极力为他想象的自由民主政治提供令人信服的"哲学支持"。杜威根据人类对完满的经验、成长、自我意识和社群的基本渴望,详细阐述了这一点。杜威更进一步显示,为了在一个变化的、带有偶然性的世界里——其未来多少可以被人的行为和经验智慧所影响和改进——更频繁、更安全地获得这些渴望的目标，[人们]就需要共同努力。① 尽管杜威拒绝从必要的本质中先验地推导出民主，但是他关心"自然自身，如同我们同时代最优秀的知识所揭示和理解的那样，[是否可以] 维护和支持我们的民主希望"，给予它一个令人信服的"理性的保证"（MW 11：48）。②

罗蒂忽略了这种对哲学证明的非基础性选择，这并不奇怪，因为他不想留给这一证明任何合理空间。罗蒂所展示的，被伯恩斯坦恰当确定为残留的"实证主义张力"，罗蒂敏锐地把证明话语二分为"真正的"哲学证明（从共同的第一原理进行分明的、学术论辩式的演绎），以及通过辩论术和讲故事的纯粹修辞上的主张。③ 尽管历史主义和偶然性使前者变得易受攻击或易遭质疑，但后者也不是真的具有哲学证明——它可以从逻辑上确立所强调的东西——的资格。有了这种残缺的二分，[我们] 就容易

---

① 如果这些主题和他那个人通过参与公众生活得到发展的民主理想，使杜威听起来像亚里士多德，我们也必须简单地记住几个明显的差异。首先，杜威所体现的实用主义与亚里士多德式的知性论的理论（theoria）理想，不仅在伦理学中、也在认识论中相抵触。其次，杜威是一个平等主义自由主义者，他珍视个性，不能忍受奴隶制和阶级的观念，不能忍受在生活中对固定身份和作用的默许。第三，杜威人类繁荣兴旺的观念没有固定的目的，善的新目的和新景象总在涌现，而最基本的"目的就是成长本身"（E 306）。

② 罗伯特·韦斯布鲁克对于将杜威《经验与自然》和《确定性的追求》中的形而上学看成"努力为民众提供一种哲学人类学"，做了一个很好的证明，见《约翰·杜威与美国民主》，伊萨卡：康奈尔大学出版社，1991年版，第320—366页（John Dewey and American Democracy, Ithaca: Cornell University Press）。

③ 前者是严格的逻辑论证领域，基于共同的前提，由逻辑有效性的形式标准来评判；后者是修辞说服的领域，它的话语由它的"审美"吸引力——即通过使得它所倡导的立场显得多么有魅力，使得它的对手显得多么糟糕——来估价（CIS 9, 44）。罗蒂将他的论述局限在美学领域里，杜威大致也是如此。但是，尤其是对于一个实用主义者来说，没有理由仅仅因为它依赖这些被宽泛地认为是美学的标准，就将这种话语贬低为非哲学的。

理解为什么罗蒂错误地认为杜威提供了一个故事而不是"哲学支持"。但是，[我们]难以理解为什么罗蒂拒斥实证主义，却又坚持这种实证主义的两分法。

或许一种答案是：与杜威的哲学世界相比较，罗蒂的哲学世界更为专业化和职业化，这种比较潜伏在他们实用主义自由主义的许多差异之中。罗蒂的哲学体系在实证主义的庇护下变得专业化了，并且日益与美国主流文化生活相隔离，它为自己在演绎论证中的专业严密性和逻辑精确度而自豪，为自己要求某种知识而自豪，这种知识通过与科学的同化，成为其逻辑合法性的一部分。根据这种科学主义的专业标准，处在政治理论这一黑暗（和危险实践中的）领域中的证明论证——况且它是用非专业性语言阐述的、明显是被政治理想的动机激发的论述——几乎不能算作专业的哲学证明。而且，如果不是专业的哲学，它们简直根本就不是哲学，而只是意识形态的论辩和文化批评。

自由和自我实现

杜威和罗蒂的自由主义不仅都特别注重个体，也都特别注重可称之为人的个性的东西：人独有的自由和自我实现。虽然杜威在自我实现要求积极的共同生活上与罗蒂不同，他也强调平等的民主理想不是社会职能或社会身份上的平均一致，而只能"根据每个个体的内在生活和成长来衡量"（E 346）。因为杜威和罗蒂一样，认为"民主意味着个性是最初和最终的实在"，它通过自我实现获得满足，这应该是个体和社会的共同目标。尽管社会为它的实现建构了环境条件，但"个性不能由任何人（无论他怎样聪明和强壮）为其他任何人（无论他怎样低级和衰弱）实现"；而"只能是……这个正在认识到他的个性的人，在这个词的积极意义上他是自由的"（EW 1：244；EW 3：344）。

杜威更进一步强调，一个自由的民主，必须引导它的成员获得这种主动授予的积极自由。罗蒂［对此］提出异议，他害怕任何对于个体怎样实现他们自身的社会偏见，将会令人讨厌地侵扰他们个人的消极自由。对他而言，自由主义的首要价值就是消极自由优先，而不是任何自我实现或授予的积极概念，它"能够不打扰人们，听任他们安静地实验他们各人对于完善的看法"（ORT 194）。积极自由和消极自由的此不同举措，是杜威和罗蒂自由主义版本最显著差异的基础所在。

这可以说明为什么杜威要冒险进行政治－经济系统的彻底改革，以便大多数个体获得适当的条件（即积极自由）去实现他们自己；而罗蒂唯恐损害业已存在的消极自由，转而主张"忍耐的而不是解放的"政治（ORT 213）。这也可以说明罗蒂为什么将自由主义理想消极地定义为"避免残暴和痛苦的愿望"，将自由主义社会看成是"为了互相保护的目的而合作的一伙怪人"（CIS 59, 65），而杜威则积极根据创造一个真正的社区来定义自由主义，它致力于在相互联系生活中的自我实现的真正快乐，并承诺集体行为，以便每个成员在（和通过）为公共利益作贡献时可以实现自身。

最后，他们对积极自由和消极自由的不同强调，说明了为什么杜威的自由主义试图连接个人和公众，而罗蒂坚决拒绝这么做。杜威的乌托邦旨在"使每个个体的发展和维持一种社会状态——其中一个人的行为可以为所有他人的利益做贡献——相协调"，使得完全不同的个体的自我满足，可以为"一定的共享价值"做贡献（E 350）；罗蒂更为谨慎和消极地想让个体自行其是，无论他们是什么（不管他们有多么不足）。他认为"一个公正而自由之社会的目的是：让它的公民成为个人主义的、'非理性主义的'和审美主义的，像他们在闲暇时高兴去做的那样——不引起对他人的伤害。"这种理想"要均衡自我创造的机会，然后让人们自己去利用或忽略他们的机会"（CIS xiv, 85）。杜威［对此］会这样回应：由于这样的机会应该是真正平等的（即积极授予的平等，而不是排除干扰的自由的平等），社会就不能简单地听任人们忽略机会，而必须创造条件和习惯，鼓励他们去利用机会。

这种差异似乎不止是纯粹的个人偏好的结果。这反映了罗蒂和杜威所居住的不同历史社会，以及这些社会赋予哲学家的角色。在杜威的时代，人们仍然相信彻底的社会改造是可能的，而在规划社会改造时，哲学家可以扮演重要的角色。这一信念如今几乎已被彻底摧毁。美国的哲学家已不再像杜威那样扮演显著的公众角色。社会结构（包括他们自己的专业结构）不再允许他们这么做；他们可以自由地建构理论，但是，要是他们认为通过有影响的政治行为就可积极贯彻其理论，那是愚蠢可笑的。[①] 在这样的条件下，消极的、个人的自由优先就很自然了，因为它似乎是我们惟一必须去实践的自由。这样看来，罗蒂似乎也不比杜威错到哪里去，因为对于他自己的社会现实而言，他是正确的。

尽管杜威和罗蒂在他们所偏重的个体自由的类型上有分歧，但他们都认为自我实现对自由的民主政治而言具有最高价值，而且这种自我实现明显是个人的和审美的。实现自身不是充分发挥任何人类或公民固定的、普遍的本质，也不是符合一个预定的、由自然或社会制定的道德或社会规则。它更像一个详细的、有创造性的个人成长方案，一个尼采式的成为人之所是的方案，通过

---

① 这个观点要求有两个需要注意的精确性。我没有宣称美国的专业哲学家（也就是那些统治着我们哲学系的学者）就没有任何政治作用或影响。约翰·罗尔斯的著作就影响了最高法院的抉择，其他专业哲学家有时候在多种公众事务上也有发言机会，如堕胎、生态学、安乐死和威胁逻辑等。我的观点是，有影响力的政策的肇始都不是来自哲学系。其次，我也不否认在大学和其他地方，政治哲学还有其他的、可能更有权力、更有影响的来源。政治学系或许就是一个来源。

利用一个人的独特条件、天赋、爱好和机会，把自己塑造成为一个更完满、更有魅力的人，他可以更经常、更稳定地享受更多有价值的经验。为了实现一个人"与众不同的个性"，罗蒂鼓吹持续的"自我扩展"、"自我丰富"和"自我创造"的"审美生活"，这似乎是更坦率的（EHO 154，158；CIS 41）。但是杜威对于这些美学主题也很直率。他承认"自我实现是一种伦理理想"，并强调"它要求个体充分发展他们的独特个性"，这只能通过持续的"成长、学习和人格的完善"才能达到（E 302，305，348）。

审美自我实现的首要性，有时会被杜威对科学和政治关注的均衡性所阻碍。但是，这些对他而言仅仅是用来满足经验之完满阶段的手段（尽管是宝贵的手段），他将这种完满经验等同于审美经验，并赞扬它是使生命值得一过的愉悦。杜威因此断言："艺术是一种行为模式，负载着当下能够令人愉快着迷的意义，是自然完满的顶点，而'科学'是将自然事物引领到这种愉快结果的一位合适的侍女"（EN 269）；正如他宣称的那样，"艺术比道德更加道德"，因为它的想象力发现和实现了新的美德和理想境界，而不是试图强制推行陈旧的、常规的东西（AE 350）。①

尽管杜威和罗蒂二人都鼓吹审美自我实现的理想，但是他们对于怎样具体体现这种理想存在分歧；这导致了他们政治观点的惊人差异，尤其是在自由主义对共享民主的需要，以及公共领域和个人领域之间的分裂方面。对杜威而言，自我实现要求积极参

---

① 因此我反对伯恩斯坦的这个观点：罗蒂的"审美化实用主义"就是导致他和杜威的自由主义分歧的东西（伯恩斯坦，第233页）。关于杜威特别重视审美经验，也见 AE 90-92, 278；以及理查德·舒斯特曼，《实用主义美学：生活之美，艺术之思》，牛津：布莱克威尔出版公司，1992年版，第10—12页，第25—33页（Richard Shusterman, *Pragmatist Aesthetics: Living Beauty, Rethinking Art*, Oxford: Blackwell）。

与公共领域和政府事务。只有在"确立他们实践的社会条件"中,只有"直接积极参与规章条款的制订——在这些规章条款之上,相关的生活将得以维持,对利益的追求将得以进行"中,个体才能充分实现她的自由、独特的自我和天赋(MW 5: 424)。因此,自治对于自我实现而言是根本的。由于个体总是受环境条件的影响,她必须对管理其自身的社会会有积极的兴趣,对公民同伴——他们与其相互作用且影响她——的共同利益有积极的兴趣。因此"任何真诚地宣称个体重要性的自由主义,都必须深刻地关心人类共同体的结构",而一个谨慎的、关心自己自我实现的自由主义者应该承认,个体的成功也依赖于他人的成功(LSA 31; E 302)。

因此,杜威旨在将自由、平等和博爱协调起来。罗蒂则转而寻求"将自由和平等从博爱中分离出去",将自我实现从自治中分离出去(ORT 210)。他"在私人和公众之间[作了一个]严格的区分"(CIS 83),强调自我实现在本质上是一种私人事务,一个关于"我独自应该做什么?"的问题(ORT 13)。对个体的自我实现而言,自由民主制度的公众的、政治的功能纯粹只是一个外部保护框架(尽管它是我们所知最好的框架),而不是个体自我实现的一个内在的、影响其发展的要素。

通过在更基本的问题——涉及自我的本质、自我的社会建构,以及能指导自我重建的美学类型——上探寻自由主义和自我实现的根源,我们可以更好地评价这些自由主义和自我实现的不同看法。

偶然和统一

杜威和罗蒂二人都将自我视为个体的、偶然的和变化的创造物,不是一种本体论上预先决定的、普遍共享的人类本质的必然表现。对杜威而言,"不存在一个像是固定的、现成的、完成之自我之类的东西"(E 306),因为每一个自我不仅产生行为,而且也是其行为和选择的产物。这种选择不仅仅依赖于限定其选择的环境(自然的和社会的)之的偶然性,而且依赖于影响未来选择的行为结果的偶然性。然而,对罗蒂而言,"自我的偶然性"变得更为极端。如果不存在人类本性的非历史本质或"人类生活的永恒的非历史语境"来规定自我必须是什么,那么自我整个儿就是"一种机会,一种纯粹的偶然",一种"随机的"、"偶然的巧合"(CIS 26, 37; EHO 155, 157)。

罗蒂的论证将"不是在逻辑上和本体论上必然"的偶然性与"完全是随机的和特异的"偶然性合并起来;它体现了这样一个错误的假设:我们要么具有绝对的必然性,要么就具有彻底的随机性[1]。杜威拒绝做出这种飞跃:通过否定建立在形而上学本质上的本体论必然性,去断定自我是一种随机的偶然事情。他承认历史化的本质(例如,在有强大效力的生物和社会规范的形式中)和偶然的必然性——事实上是对引起人类生物学和历史学上的偶然进化和现行结构所必需的规律和需要。因此,与罗蒂相对,杜威基于当前的生物学和社会科学知识,不仅能谈到"人的内在本性"(E 308),而且能够从历史化本性出发,去证明那种对人类兴旺最有助益的生活和政府的正当性。

而且,虽然两位哲学家都肯定一种旨在持续发展的"主动的、动态的自我",但杜威比罗蒂更为强调自我发展的统一性和

---

[1] 对于所谓习俗的专断性,哲学家经常犯同一种令人误解的混淆。在习俗中,"独断"和"偶然"这两种不同的意思被合并了:逻辑上的和本体上的必然性,并不与彻底的多变性、偶然性、无理性和毫不费力的可逆性相对。我在一篇论文中详细阐述了这些混淆及其哲学后果,见"习惯:对于同一主题的多样性",载《哲学研究》,1986 年第 9 期,第 36—55 页("Convention: Variations on a Theme", In *Philosophical Investigations*)。

一致性。杜威把成长作为最高的道德理想来鼓吹,他建议用改变去"对抗僵化和固定,从而实现我们自我重建的可能性。"但是杜威也极力主张自我的改变是通过"真诚的、持续的兴趣"构成的,并通过某种统一线索聚集起来。就我们真正的自我感觉而言,"我们个人的同一性是在将这些变化连在一起的持续发展的线索中发现的"(E 302, 306)。罗蒂"自我扩展"的"彻底变化"的计划通过不断采用新的、经常是相冲突的词汇来重新定义自我,拒绝用自我的一致性和统一性来强制"拥抱更多可能性的愿望"。我们不应该担心自我失去它的统一性,因为它从来不曾真正拥有任何统一性。我们只是"偶然的、特异的需要的随机聚合",我们当作单个自我的东西,事实上是冲突的"类自我"的集合,"[具有]不相容的信念和欲望体系的……一个多元的人"(EHO 147, 162)。

罗蒂的自我分裂基于对弗洛伊德的戴维森式解读,并同后现代主义对主体的解构相吻合,那么,人们能否宣称,由于他的自由主义建立在一个更复杂的、在心理学上更为现代的自我观上,因此就要比杜威的自由主义更有道理呢?① 罗蒂自己一定会拒绝这种主张,因为他刚好批判将伦理建立在某些基础的人性理论上的想法。他甚至主张,通过与我们更偏爱的伦理观、与我们所发现最有魅力的理想和制度保持一致,这种自我理论反而会得到他们的力量(ORT 192 - 193;TT 577 - 578)。

如果没有一个足够统一的自我将它拢在一起,自我扩展的自我实现的吸引力究竟在哪里?它绝妙地符合于当代社会(得到

---

① 见唐纳德·戴维森:"非理性悖论",载沃尔海姆与霍普金斯编:《弗洛伊德哲学评论》,剑桥:剑桥大学出版社,1982 年版(Donald Davidson, "*Paradoxes of Irrationality*", ed. ollheim and J. Hopkins, *Philosophical Essays on Freud*, Cambridge: Cambridge University Press),罗蒂在他的《弗洛伊德和道德反思》(*Freud and Moral Reflection*)中引用了这篇文章,见 EHO, 143—163。

很好宣扬的）最大化、多渠道的消费理想，这是一种过量的商品、形象和信息量的摄取——远远超出能够被消化和聚合在一个相互联系的整体之中。① 罗蒂认为自我作为不相容的类自我的随机聚合，不断寻求新的可能性和多重变化的词汇，这似乎是后现代消费社会的理想自我：一个支离破碎的、困惑的自我，贪婪地享受尽可能多的新商品，但缺乏坚定的诚信去挑战其消费习惯，或挑战操纵他们和从中牟利的体制。②

总之，罗蒂对偶然性的彻底化，造就了一个远比杜威狭窄的个人主义的自我实现观念。他们二人都否认自我实现可以和一个普遍的、非历史的人类本质（因为它不存在）相一致。但罗蒂径自得出结论说：因此，通过彰显将我们从社会其他成员中区分出来的偶然性差异，通过把我们自我创造的努力局限在个人领域、局限在"我们将独自干什么"的问题上，自我实现必须展现在一个人独特个性的最大化中（CIS 24—25；TT 13）。凭一个人自己为自己的自我差别施加影响，这是罗蒂对［上面那个］

---

① 这也指我们后现代的审美分裂，最典型的是多频道电视、远程控制的频道转换、多画面收看、浓缩为急速拆散影像的 MTV 风格。当然，这种后现代审美不仅遍及电视文化，也遍及知识文化——日渐增长的"新"书籍、理论和具有令人眼花缭乱的、同时进行的分场会议的大型会议。对晚期资本主义消费主义的批判喜欢质疑，这种多样性是否比"大家伙"（Whopper）和"大老兄"（Big Mac）之间的差异要少些肤浅性，我们是否真正享受到我们所谓的广泛选择。另外，这也不清楚，是否深度就是最高价值；我们同样不清楚，如果我们的选择被严格限制去提供更大的集中性，我们是否会更加快乐。

② 同样地，通过一个随机偶然的、无中心的、分裂的自我，私人化的自我实现的理想特别适合于这样的社会：个人不同的社会角色不会引导他们走向一个统一的自我完善，其中个体为她不得不扮演的多重角色所迷惑，以至于她几乎想不到要试着将他们协调成杜威所推荐的"完满的完整人格"（第 328 页）。这种渴望得到的趋向整体、统一的部署，可以向着变化和成长开放，但目的在于不断将他们整合为一个连贯的但永远包含复杂性的统一体，这种部署是杜威提供的可靠的、稳定的统一体，无需求助于他和罗蒂都反对的固定的、本质的自我。

问题的回答。杜威则会劝我们找个朋友,找找社区。因为为了创造我们自身、甚至我们的私人自我,我们需要和他人一道对我们的社会环境施加影响;因为它那相当稳定的偶然性,比起罗蒂强调的随机、偶然的反复无常对自我具有更大的构成力量。他们实际上有效地限制了后者的范围。

社会和哲学

尽管杜威给予个体以目的论上的优先地位,但社会先于个体并塑造了个体之构造。"个体总是经验的中心和顶点,但个体在他的生命经验中确切是什么,依赖于相关生命的本性和运作"(LW 14:91)。这种自我的社会构造,是杜威"个人的自我实现要求积极的公众生活"这一观点的核心:"如果个体的精神和道德结构、他们的期望和意图模式"(I 80)极大地依赖于社会所鼓励的习惯、思想和价值,那么,对提高我们实现自我的质量而言,改进我们的社会似乎是根本性的。而且,如果人在本质上是社会的动物,既需要又享受社会生活,那么个体只有通过走出自身,并在相关联的生活中扮演积极的角色才能完全实现自身。因此,杜威得出结论:"只有通过加入共同的智慧、分享共同的目的——比如为共同的利益尽力——人类个体才能实现他们的真正个性,变得真正自由"(LSA 20)。

这个融合"自我创造和公正、个人完善和人类团结于一个单一图景中"的观点,正好是被罗蒂批判为那种不可救药地误导的哲学思想(CIS xiv)。但在这样批判的时候,罗蒂既不否认自我是由社会塑造的,也不否认为了达到自我实现的目的,个体应该努力确保那种为这一目的提供最好的架构或手段的民主社会。罗蒂否认的,是自我实现的方案要求把参与公众生活作为这一目的的一个部分。然而,这正是杜威所要求的那种公众和个体的整合:"要摆脱把民主想象为某种制度的、外在的东西的习惯,要学会养成将民主视为个人生活的一种方式的习惯"(LW 14:228)。

罗蒂为什么拒斥杜威那最终将个人的自我实现与为了公众利益的公众行为等同起来——将自我的伦理学与他人的政治学捆在一起——的民主理想?为什么他强调除了需要会"听任他们安静地测试他们私人的完美景象"的社会组织之外,自由社会中的个体不需要社会凝聚力将他们结合到一起?为什么他特别怀疑把追求个人完善和公众民主联合起来的哲学主张?

首先,罗蒂想从哲学的暴政中保护我们那弥足珍贵的消极自由。不管他那自我完善的理想多么稳靠,哲学家都不应该超越那些让他们过自己的生活所必需的东西,去规定不同的个体必须怎样过他们自己的私人生活。而且,这种理想也不应该被鼓吹为公众福利所必需的东西。将自我完善和公共利益联系起来的理论则正好推进这种主张。对罗蒂而言,即使强调自我完善要求积极参与公共民主进程,它也由于把一种特别的私人自我实现理想强加给我们的消极自由而亵渎了民主。

对杜威而言,消极的自由不是足以保证真正民主的自由。公共的民主关注必须和自我实现的理想融为一体。同罗蒂相反,杜威会进一步主张,如果狭窄地只顾自己、只关注私人事物,自我实现就无法充分完成:

> 通过忠于和他人的联系这一行为形成的这种自我,与在同他人的目的和需要隔离或敌对中培养的自我相比,是更为完满和广阔的自我。相反,那种由更广泛的兴趣产生的自我,可以说是单独构成了一个发展和完满的自我,而其他生活方式由于斩断了其成长所必要的联系,就阻碍和不能满足自我的发育。但是,如果给自我实现一个刻意目

的，或许刚好会妨碍对那些为自我带来更广阔发展的联系的充分关注。(E 302)①

此处，这种争论似乎到达了一种平衡，其中理论选择或多或少地依赖审美判断：如果不卷入公共生活的话，自我实现真的足够丰富并可真正满足或实现自我吗？罗蒂又提出了另一个论点，反对将参与公共生活当作个人自我完善的一个本质部分：[参与公共生活]徒劳无益。当公众似乎是某种如此抽象、遥远和深奥的东西，以至于几乎无法赋予我们个人生活以丰富的、具体的内容时，我们如何根据公众对更多的民主及其他共同利益的需求来阐明我们对自我实现的追求？罗蒂认为，公众生活的实质是如此单薄、乏味和毫无特点，以至于无法为独特的成长提供足够个体资料。杜威相信公众政治可以培养更为宽大、广阔的自我，但对罗蒂而言，它仅提供不能令人刺激的商品、标准化的程式和官僚制度，尽管这对统治而言是必须的，但它不是亲密、有趣、通过它自我可发展并发出独特声音的特性。

我们可以再一次由冲突的观点和争论背后看到构成他们的不同的社会情形。在杜威写作的时代，社区生活对于个体来说更为充实和相关，像他那样的哲学家们在公共生活中扮演着更为活跃

---

① 查尔斯·泰勒在他的著作中阐明了（没有提及杜威）一个十分相似的论证，见查尔斯·泰勒《本真的伦理学》，剑桥：哈佛大学出版社1991年版（Charles Taylor, *The Ethics of Authenticity*, Cambridge: Harvard University Press），强调认识具有不可避免的社会视域和对话过程，这种认识正是在独特的自我实现的概念中所预先假定的。然而，这种背景式的假设不会必然得出结论：公众行为生活和对他人的关心对自我实现要么是必须的要么是最好的。阿兰·瑞恩（亦译阿兰·赖恩）（Alan Ryan）指出了泰勒那惊人的、但不被承认的杜威主义，尽管他重视的是不同的问题——与社会相联系的客观性问题。见阿兰·瑞恩《杜威和美国自由主义的高潮》，纽约：诺顿出版社1995年版，第361—362页（Alan Ryan, *John Dewey and the High Tide of American Liberalism*, New York: Norton）。

和显著的角色。① 在这种背景中,"完全的自我实现要求参与社会生活"这一思想显得更有意义。相反,罗蒂[所处]的当代美国不再对哲学家有公共要求。与其说我们被要求通过为社会服务去发展自我,不如说被隔绝在大学里,被迫(来自社会和同事的压力,包括终身职位和不同薪水这些体制结构上的压力)采取一种狭窄的、专业的自我实现模式,其生活轨迹不外乎为专业杂志写写稿,为大学出版社写写书。在这样的环境里,我们自然认为专业声望和私人愉悦就是——用实用主义的术语说——自我实现的全部。因此,如果杜威是一个城邦(polis)哲学家,那么罗蒂就是一个"校园"哲学家,后者也是当代美国社会惟一愿意拥有的那种哲学家。②

对于美国哲学遭到公众废止的责任,并不能仅仅由一股全球的(或许也是民主的)、已经破坏了知识分子权威的社会力量来承担。自20世纪40年代以来,受逻辑－语言分析这种意识形态的

---

① 要证明这个观点,一个人不必持有这样的幻想:杜威时代的生活是被哲学王所引导的完善的、完整的城邦生活(polis)。杜威自己就抱怨,他那个时代的技术、工业和经济的变化引起了社区生活的中断和分裂。人们只需承认,在后现代社会,这些社会性的解中心的、支离破碎的和不稳定的力量大大增强并益发解构了社会的统一。大卫·哈维(David Harvey)对福特主义的(Fordist)现代主义转变为后现代主义"灵活积累"经济的社会经济学叙述可使这一点清晰起来,见《后现代主义的条件》,牛津:布莱克威尔出版公司,1990年版(The Condition of Postmodernism, Oxford: Blackwell)。也可见罗伯特·贝拉(Robert Bellah)及其他人关于渐进的社会腐蚀的说明,罗伯特·贝拉编《心灵的习惯》,纽约:哈伯和罗出版公司,1985年版(Robert Bellah et. Al., Habits of the Heart, New York: Harper and Row)。更早的社会学研究肯定(一直到20世纪70年代)活跃的社区生活一直存在,虽然它被看作是越来越"支离破碎"、"分崩离析"、不连贯、难以和更广大的公众结构相结合,最终导致了"政治进程中公众信心和信任的衰落"。见莫利斯·詹诺维茨《过去的半个世纪:美国的社会及政治变迁》,芝加哥:芝加哥大学出版社,1978年版,特别是第9页,第22—23页,第271—319页(Morris Janowitz, The Last Half-century: Societal Change and Politics in America, Chicago: University of Chicago Press)。

② 因此,罗蒂如此尖锐地攻击校园哲学和文化政治,尽管是可以理解的,但也很有讽刺意味。我们将在下面考虑到他的批判。

统治——一种杜威所警惕的和与之战斗的统治——的美国哲学，在将哲学从社会实践隔离出来的过程中也扮演了一个重要角色。通过用远离实际语言和社会问题的技术话语和元问题重构哲学，这种形式主义方法强化了分门别类的专业化。他们更加青睐"纯"哲学（那些更接近或更好地还原为严格的逻辑－语言分析的哲学）领域，并把其他哲学排斥为"应用"哲学。这种做法把政治和社会思想推到边缘（尽管不像医学伦理和商业伦理那么边缘）。

最后，所有真正的哲学问题（即使那些似乎同生活有着深入的、坚定的关系的问题）都被认为在本质上是语言的问题，都可以用逻辑－语言处理来解决或消解。[①] 有了这种基础性的前提，哲学几乎对具体的社会和政治问题完全无能为力，这些问题典型地体现了经验和标准的复杂性而不是纯粹的语言复杂性。这正好是罗蒂迫切要求的结论，也是他的自由主义与杜威的自由主义明显分歧的地方。[②]

---

① 我应该弄清楚，英美语言哲学的问题不在于它关心语言，当然，它还有深层的社会政治维度，而在于它过分的形式主义，以及对语言进行社会中立的分析。甚至最明显的例外，像奥斯汀、维特根斯坦，他们强调语言的重要的社会维度，都从未以福柯和布尔迪厄所提议的那种方式，对支配语言意义的实际的社会政治因素和斗争进行细致的经验研究。我关于这一点的论述，见理查德·舒斯特曼《中产阶级以及盎格鲁美洲的哲学》，载《批评》，1995 年第 579/580 卷，第 595—609 页（Richard Shusterman, "*Bourdieu et la philosophie anglo-americaine*", In *Critique*）；我对分析哲学的形式化和专业化压力更详细的讨论，见理查德·舒斯特曼编《分析美学》，牛津：布莱克威尔出版公司，1989 年版，第 1—19 页（Richard Shusterman ed., *Analytic Aesthetics*, Oxford: Blackwell）。

② 罗蒂在专业上是由哲学的逻辑语言转向形成的，所以他把语言当作惟一的、对自我实现至关重要的社会维度，这是不足为奇的。但即使在这里，他也成问题地把自我的语言分为公众用语和私人用语，授予私人语言和特异语言以特权，将他们视为对自我实现是根本性的东西，而将公众语言仅仅视为一种手段，为我们通过我们私人语言实现自己提供安全的环境。我对罗蒂分裂语言的工作以及他那更一般地脱离实际的自我文本化的批判，见《哲学实践》的第四章和第六章，亦见《实用主义美学》，第 101—106 页，第 255—258 页。

杜威认为，哲学应该成为社会-政治改革的中心，不是凭借为社会-政治变革推演出本体论的基础，而是凭借为其想象出最好的目的和手段。杜威责备当代哲学家"在产生指导观念上缺乏想象力"，他宣称哲学只有"用指导性假设的构造，而不是用对普遍存在的知识的总括性要求"才能证明它的价值（PC 11；QC 248）。在提出具体手段和目的时，哲学应该"考虑哪一个是切实可行的——它根据可行的东西来构造和定义它的观念，把科学结论作为一种工具来运用"（QC 227）。

相反，罗蒂承认哲学缺乏社会-政治效用。尽管他的实用主义和杜威的一样拒绝通过求助于本体论的本质和自然权利来授予权力，但他否认这一观念：哲学可以通过为社会授权提供有效手段得到补偿。罗蒂"不能发现在形成实现我们社会民主人士共有的目的手段上，哲学有多大的用处"。相反，他在构想我们个人的乌托邦景象上，在我们对自我实现的寻求中，在为我们提供可以占用、改造和超越的语言上，看到了"它的主要用途"。因此"哲学对于追求个人完善而不是对任何社会工作而言，变得更为重要了"（TT 569；CIS 94）。①

公众/个人和手段/目的

罗蒂的哲学私人化最通常被解释为不关注道德满足，被解释为试图证明我们自私地占有私人财富和自恋的自我实现是正当的。但是，这种指控似乎是毫无助益的简单化，尤其是他经常批

---

① 除了要求哲学提供具体手段之外，杜威还经常推荐它的普遍作用——通过它所蕴含的"智慧"和"经验方法"引导社会变革。但是这些观念过于模糊而不能有任何助益，而罗蒂在对他们的忽略中，通过更忠于实用主义的精神——避免空洞的"名义上的解决"，可以说是更厚道地解读了杜威。

判我们社会的自私和贪婪。① 一个更有效的批评应该去论证：罗蒂之所以否认哲学对政治的贡献，是因为他对这种贡献应该是什么怀有过分的期望。他一定知道，哲学家有时被咨询到一些公共事务，他们还培养了一代代的社会公仆。但是，对于罗蒂与众不同的自我实现方案而言，这显然是不够的，这种方案似乎站在政治最前沿，要求对社会目的有新的远见卓识，要么至少要求实现我们社会业已分享的那些目标的新方法。他相当理智，并不期望这种革新的贡献能从专业哲学家当中产生。但是，他假设有意义的政治必须要担负这种宏大的创新形式，这就不是那么理智了。罗蒂的观点——公众生活的选择简直太缺乏刺激，以至于不能为自我实现提供有意义的内容——遭受着同一种过分期望之苦，把有意义的自我实现等同于彻底的革新和与众不同。

为罗蒂的哲学私人化辩护的最好方式就是证明：通过将哲学由公共问题指向私人完善，我们更有效地重新将哲学由手段指向了目的。对罗蒂而言，对杜威也一样，只有在个体经验中，使生活值得去过的目的或顶点才能实现。因此，自由的民主政治及其公共制度自身不是目的而是手段，它为个体提供自由和本钱来享受他们所选择的目的，并以他们自己首选的方式将实现自身作为目的。如果哲学可以直接通过提供自我创造的语言和范本为这些目的服务，那它干吗必须用关心公共手段来间接地为其服务呢？

我们还记得杜威的回答：民主生活的公共手段是自我实现目的的一个内在部分。这种回答部分基于完满和统一的美学基础。个人的愉悦对于完满而言尚不够丰富。"分享经验是人类的最高美德"（EN 157）；而公民生活则为自我完善贡献了不可缺少的满足和维度。而且，由于自我是由其周围社会形成的，因此杜威式的自我统一或"完整人格的完满"目标就要求整合公共

---

① 例如，见 SH 和 IP，在注释 1 中的引用。

生活和个人生活，而不是罗蒂式的割裂。

但是除了这些美学上的考虑外，杜威拒绝将个人完善的目的从公众参与的手段中分离出来，还涉及他对工具/手段区分的独具特色的整体观。真正的手段不只是目的所必需的外部条件，更确切地说是构成其整体所必需的部分，正如色彩和线条作为一幅画的手段，也构成这幅画的目的的一部分。杜威认为目的和手段之间传统的、明显的区分，与理论和实践的区分是有关的，他们二者都源于雅典的阶级等级制度：将手段和实践等同于低等的劳动阶级，目的和理论则被赋予有条件享受手段的悠闲的精英分子。由于实用主义反对优先将理论从实践中分离出来，也就应该反对把目的从手段中、进而把个人从公众中分离出来。①

罗蒂出于个人目的对哲学的关注，似乎刚好是特许这种区分策略，尽管它凭借对哲学的旧形而上学主张的揭露披上了让人放松警惕的伪装。杜威极力主张，如果我们真的关注目的，就必须同样关注导致目的的手段；因此，"从手段中分离的目的"、从公共行为中分离的个人完善只是有闲精英分子"多愁善感的放纵"。"它是一种只对那些已处于有利地位之人有吸引力的学说"（QC 223；E 202）。

罗蒂可以用那种对"多愁善感的怀旧"的指控，来回答这种对"多愁善感的放纵"的指控。并不是公共手段不如个人目

---

① 逗留于社区的宗教情感，即那种通过杜威和公理教会的长期联系而深深影响杜威的宗教情感，或许可以从另一个角度解释杜威对社会所承担的责任以及对个人完善和社会完善的融合：就好像拯救个体灵魂要依赖于加强信徒所在社会的纯洁性一样。对杜威民主观点中的宗教方面的最仔细的关注，见洛克菲勒《约翰·杜威：宗教信仰和民主人道主义》，纽约：哥伦比亚大学出版社，1991年版（Steven C. Rockefeller, *John Dewey: Religious Faith and Democratic Humanism*, New York: Columbia University Press）。也见詹姆士·克罗潘伯格：《未定的胜利：1870—1920年间欧洲思想中的社会民主和进步主义》，纽约：牛津大学出版社，1986年版（James Kloppenberg, *Uncertain Victory: Social Democracy and Progressivism in European Thought*, 1870–1920, New York: Oxford University Press）。

的重要;相反,实际说来,是今天的哲学在改善这种手段上无所作为,却在实现私人目的上却大有作为。因此,从实用的角度来说,将哲学这块好钢用在刀刃上会更合情理。① 作为后现代的、后苏联世界的公众哲学家,"我们不太清楚自己怎样才会有用",因为我们既不能将资产阶级的自由民主建立在哲学基础上,也不能具体地设想任何更好的选择办法(SH 13)。作为这个变幻莫测的复杂社会中处于边缘的知识分子,我们哲学家完全缺乏变革公共生活和促进团结的实际手段,因此,对于将理论从实践中分离出来、将目的从手段中分离出来而言,为这种变革建构模糊的理论就是个更大的罪过。

或许杜威的时代多少有点不同。但是,如果认为我们多元化的、后现代的、自由的社会将留意,我们从哲学上迫切要求一个紧密联系的社会公众领域,一个由共享的目的和价值维系的、优秀的"旧日社会(*Gemeinschaft*)"(ORT 209),那就是沉浸于对传奇时代的怀旧幻想之中,那时的哲学家自诩可以"编排城邦的和声"。对罗蒂而言,这种"社会和公众的觉醒[以及与之相伴的公众哲学的觉醒],就是我们为个体和私人的精神自由所付的代价"(ORT 194)。② 它不仅是值得付出的代价,而且它已经付出过了,不会有任何归还。

文化政治学

杜威向自由哲学家提供了一种民主生活的景象,在那里,人

---

① 杜威在批判伊壁鸠鲁主义为从通过改进社会来改进自身的更艰苦的奋斗中那种特许的自私撤退时,预见到了罗蒂这种个人主义的反应。"这是一种社会条件困难和苛刻时始终兴盛的学说,尽管可能顶着其他名号如伊壁鸠鲁主义,以便它所培育的人们趋向于后退,将他们自己投身于知识和审美的精致中去"(E 202)。

② 具有讽刺意味的是,在罗蒂的文本中,这则引用标明了"对于杜威来说",等等。

们作为自由的、与众不同的个体，通过服务于他们对自由主义的社会性寻求，可以实现自己；在那里，私人完善与社会行为融为一体，并且社会行为使私人完善更加丰富；在那里，哲学训练为公共改革作贡献，而不只是对私人发展作贡献。要放弃这个自由主义乌托邦，放弃它在杜威的格言——民主是"社区生活自身的观念"——基础上对自我和社会、自由和一致的充分整合是非常困难的（PP 328）。放弃这种景象，对于我们这代左派知识分子而言尤其艰难。因为，为社会-政治改革而参与这样的公共行为（无论是校园中的静坐示威、全国游行抗议，还是社会上有意识的留宿音乐节），我们作为能够进行与众不同的自我实现的自由个体，这正好是给予我们真正身份的东西。这种公共的政治行为，就是我们如何将自己由顺从的孩子转化为自由的成人，由全神贯注于父母指定教科书的、孤独的读者和电视观众，转化为热衷于创造我们自己与众不同的文化和生活模式——其中之一就是社区——的集体激进主义分子。

尽管杜威的自由主义理想让我们难以舍弃，罗蒂所描述的当代现实同样令我们难以拒绝。后现代美国社会完全不能建构那种紧密整合的公众、分享关怀的社区，而杜威的个人-公众自我实现的民主理想正建立在这种社区的基础上。[①] 但是，即使罗蒂放弃对一种哲学上有启示的、杜威式的"伟大社会"的希望是正确的，那么他得出结论认为我们理论家能够希望从哲学中得到的全部只是私人愉悦，却是错误的。罗蒂的逻辑错误是认为：作为

[①] 杜威自己已经在1927年承认，作为一个实质的、和谐的社区的"公众的衰落"。他将这种损失归咎于工业、经济、管理力量的分裂作用，他们强加了社会组织这个新的非人的形式，这种形式对我们复杂而巨大的技术"大社会"（Great Society）是必需的。但是，他认为在"寻找大社会能够变为大社区（Great Community）的条件"时，哲学可以扮演一个至关重要的角色，他强调一个必要条件就是"地方社区生活"的复兴（第327页，第370页），我将在下面讨论这种选择。

一种真正社区的那种公众的丧失，除了给我们留下私人性之外别无所有。在伟大的社区和私人的个体之间也存在较小一点的社会或公众观念。他们小到足够成为人与人之间有意义联系的真正社区，又强大得足可以把个体与更广阔的社会连接起来，并向个体提供一个能演示和增进他自由的真正舞台。

大学社区就建构了这样的公众，而且关注机会均等行动和课程中的文化多元主义已成为具体政治改革的中心。① 而且，这种课程改革经常在哲学上被对教规谱系性批判、对边缘和差异的中心性的解构性论证以及对固定的绝对价值的实用主义批判所激发。很容易看到，60年代的激进的学生行为第一主义，经过二十年的政治挫败，以及对在更为核心的政治领域中实质性改革不断增长的失望，能量已转向了文化和教育政治。

罗蒂敏锐地谴责我们是"终身职位的激进分子"，合并文化政治与真正政治，用享有特权的校园居民的问题代替穷人和无家可归者的问题。他斥责道，我们假装大学里的文化改革"最后将以某种方式与真正左派政治问题的解决结合起来"，他将这种左派政治问题曲解为通过"重新调整贫富之间的权力均衡"、"主动减少不幸，战胜不公"（IP 488-89；SH 7）。他猛烈抨击我们对文化政治的关注，因为通过我们课外的政治体制，它暗示进而促进了对改革行为的彻底失望，因为它由于无可救药的腐败而拒斥自由的民主制度。

---

① 女权主义社会是另一个部分一致的公众。确实，罗蒂赞扬它进步的理论和政治，他甚至认为实用主义哲学对它而言是"有用的"，见罗蒂"女性主义和实用主义"，载《密歇根季评》，1991年春，第247—250页。然而，他却相反要诋毁文化政治方案，尽管女权主义显然是其中一种形式，其原因我将在下面探讨。他对女权主义理论和文化政治的鼓吹（甚至中肯地承认建构独立的女权文化的价值）让我想到，罗蒂诋毁文化政治并不是真正针对这一方案本身，他针对的或许是它最有优势的和最彻底的学术形式的消极极端，一种结合了马克思主义和后结构主义主题的形式。

但是，这种推论，就像论证"集中关注地方大学校队，必然意味着美国国家足球联盟是无法挽回的、必然失败的，因而必须被解散"那样愚蠢得令我们震惊。而且，正如否认大学（或高中）比赛是真正的橄榄球比赛会显得很奇怪一样，论证这样的问题——由于文化压迫和种族主义问题在大学校园不如在犹太社区那样尖锐，他们就配不上"真正的"这个尊贵术语——同样也显得非常奇怪。最后，对罗蒂而言，用贫与富这种狭隘的经济术语来描述政治上的不幸和不公，似乎有点儿过分简单化了（尽管是典型美国式的）。富有的德国犹太人不可能买到雅利安人的解放。

我们文化行动第一主义分子和罗蒂一样，知道在巴纳德同性恋的女权主义者问题和哈莱姆黑人区无家可归的、精神失常的吸毒者的问题之间的差异，正如我们知道，我们的校园改革没有为解决更痛苦的、更为紧迫的经济问题——罗蒂将其等同为真正的政治问题——提供实质性的帮助。但是，就算承认这一点，我们仍然可以断定罗蒂所否认的东西："文化的、尤其是学院的政治，是同真正的政治相连的"，并且它应该被朝气蓬勃地追求（SH 20）。因为大学政治关系到穷人的入学和奖学金、雇佣的机会均等以及接受助长压迫的国家和公司的投资，这很难和罗蒂所称赞的真正政治分开。

那么，为什么罗蒂要拼命否认这一点，尤其是在连续性对于实用主义拒斥本质主义的二分显得如此重要的时候？显然，他是在担心文化政治的全盘主张，以及那种精英主义的、囿于门户之见的、消极的方法。罗蒂认为这种政治"要求我们社会的通盘改革"，而且它努力通过揭露意识形态和文化越界来达到这一目的，他们通过文学理论专家解构文本的工具发生影响，后者掌握了保罗·德曼（Paul De Man）称之为"文学性的语言学"的东西（IP 487）。正如罗蒂所轻蔑地认为的那样，这种策略"颠覆学生的父母，迟早会有助于颠覆不公平的制度"（SH 20）。

但是，罗蒂对文化政治忧心忡忡的批评停留在合并这一种类的两种完全不同的变种上——可以将他们称之为后结构主义的马克思主义与后现代主义的实用主义，二者都认为文化政治是我们人文学科教授当前可为民主所做的最好之事。马克思主义者主张，整个自由主义的社会-政治体系是如此无可挽回地腐败，以至于一切已确定的民主改革手段甚至普通语言的运用，都已经受到了资产阶级意识形态的污染。对于左派教员来说，只能通过使用一种资产阶级压迫者和被洗脑的受压迫者都不能理解的语言，越界分析文化文本、进行反对自由主义的意识形态的写作和教育，来实践学术上的颠覆。这种颠覆应该是可行的，不仅因为它在道德上拒当同谋，而且，它有可能为努力彻底瓦解自由主义增添一份历史力量。

另一方面，实用主义者拒斥这种意识形态体系和语言的整体化理论以及伴随它的全盘革命梦想。对于大学和文化政治应该被用来提高民主程度的想法，他们不为其提供异想天开的理论基础；他们只是提供这种切合实际的观点：[大学和文化政治]是我们人文学科的教授拥有最多知识和最大权力的领域。（和后现代主义者一样，这些实用主义者欣赏局部地、逐件地行事，正如他们怀疑通过一个彻底的他者乌托邦所进行的总体化批判一样）。

对于这种实用主义者来说，文化政治不是一个摒弃自由民主制度的借口，反而刚好为我们提供一个可从内部去实践它和提高它的领域。它为实质性参与民主行动和改革提供了一个更熟悉、更易管理的舞台，一个更好控制和更为一目了然的领域，在那里，我们可以用具体的方案进行实验，并更好地检测他们的效果。在这个舞台上，我们的政治行为立即就是切实的并常常也是有效的，因此对从事、关心政治行为的习惯提供了积极的巩固。

这些习惯如果得到充分发展和巩固，就可以给我们坚定的政治部署和自信的实际知识，对于我们将自己成功地投入更宽阔的、更可怕的、罗蒂指明为真正的政治领域而言，他们是必需的。如果我们已经准备好应对这个世界、准备好去帮助无家可归者，而不是从文化上藐视，这可能会更好。但是，用这一点去谴责我们对改善本地学院社区（和我们的公众自我）的努力，那就是使"美德"的敌人变得"更好"，就是忽略民主习惯的连续性。

当然，这些习惯和本地社区的主题是杜威自由主义的中心，他坚持"民主必须从家中开始，而家就是睦邻友好的社区。"因为只有这种"面对面的社区"才能提供"靠近和直接交往的活力和深度"，通过这种交往，我们可以学会把彼此尊为独特的个体，去关心我们相互的福利，也关心我们私人的福利（PP 368）。① 对于我们人文学者来说，由于市场的压力，我们被迫成为流浪学者，大学就经常是我们惟一的本地社区，而文化就是我们的栖身之地。这是一个试验我们自由民主之优点的好地方，也是沟通罗蒂和杜威差异的最好路径：通过使我们成为更好的、更为活跃的公众自我，享受人道关怀——由我们的哲学希望和信念激发的公共行为——的最高成就来运用文化政治，去增进我们的个人完善。

（彭锋 译）

---

① 正如罗蒂在《爱与金钱》（载《常识杂志》，1992年，第12—17页）一文中主张的那样，如果没有真正的接触，对很容易变得残酷的人而言，穷人就会变成"难以想象的"抽象，因为（用莱维纳斯［Levinas］的话说）"我们看不到他们的脸"。正如罗蒂所认为的那样，自我欺骗的、自恋的校园文化政治家可以学习怎样进步，从关怀我们有时类似于无形的学生，到关怀更难以想象的、看不见的民众。

儒学与杜威的实用主义：一种对话

安乐哲（Roger T. Ames）著

作为对话的一个很有前景的开始，我们或许受到这样一个事实的鼓舞：怀特海（A. N. Whitehead）这位自称是"美国"哲学家的人物，向他同父异母的兄弟说起过杜威，他说"如果你想了解孔子，去读杜威；如果你想了解杜威，去读孔子。"[1]在《过程与实在》中，怀特海进一步指出，他的"有机主义哲学看起来更接近中国思想的某些流派"。可是，同样是这个怀特海，在其他地方也曾经宣称：在哲学活动中，有趣比真实更好。总结这两点来看，通过假定怀特海这种地位的哲学家会推荐我们将杜威和孔子加以串读（tandem reading），即便不是作为真理的资源，而是作为一种令人感兴趣的练习，我们或许都会受到鼓舞。然而，任何东西都不会比真理更为遥远。对于他与杜威和孔子所共享的那种过程性的感受（process sensibilities），怀特海似乎多有忽略，并且，怀特海在事实上也显然没有考虑作为"实用主义者"的杜威和孔子。在怀特海看来，杜威和孔子都服膺于那种他所认为的天真的经验主义

---

[1] 参见吕西安·普莱斯（Lucien Price）所编的《怀特海对话录》，纽约：门特书局，1954年版，第145页（*Dialogues of Alfred North Whitehead*, New York: Mentor Books）。

(naive empiricism)，而除了最枯燥乏味的哲学探险之外，那种经验主义什么也没有排除。诚然，如果我们试图诉诸于怀特海的权威，将他作为我们在此所进行的孔子与杜威之间对话的基础的话，我们便立足于最不可靠的根基之上。

事实上，在怀特海自身所处的时代，对怀特海的哲学同行以及对怀特海本人来说，在杜威与孔子之间进行比较的任何提示都似乎令人感到迷惑。但是，从我们目前的高度而言，我将论证：我们能够界定一套看起来毫无关系但实际上彼此相关的历史境况，多年之后，这种境况或许会得到权衡与考虑，并且，作为事后之见，或许还会被诠释为那样一种情况，即我们所期待的正是这样一种对话。在我们目前的世界中，是否正在发生显著的改变，这个世界能够将杜威的实用主义和儒家哲学富有成果地联系到一起呢？协力促成杜威的第二次中国之旅需要什么样的条件？在这一次，正如杜维明的"三期儒学"最终抵达了我们美国的海岸一样，杜威是否会赶上落潮，而不是遭遇到五四中国破坏性的旋涡呢？

当今之世，在宏观的国际层面，美中两国具有可以争辩的最为重要的政治、经济关系。尽管为明显的互利关系所驱动，由于缺乏深入的文化理解，这种日益复杂的关系仍然不仅是脆弱、不稳定的，而且在很大程度上是发展不够的。

如今，在我们高等学术的坐席中，西方哲学——几乎全部是欧洲哲学——构成世界范围内课程的主流。正如在波士顿、牛津、法兰克福和巴黎那样，这种情形在北京、东京、汉城和德里同样真实。如果土生土长的亚洲哲学和美国哲学在海外受到忽略，那么，在他们自己国家的文化中，他们也显然被边缘化了。[1] 詹姆士在他吉福德讲座（Gifford lectures）的前言中曾经

---

[1] 诚如 Raymond Boisvert 在其《杜威：重新思考我们的时代》奥尔巴尼：桑尼出版社，1998年版（*John Dewey: Rethinking Our Time*, Albany: SUNY Press）

承认:"对我们美国人来说,聆听欧洲人谈话的哨音,似乎是正常的事情。"②当他这样说时,他几乎是正确的。除非他可以邀请亚洲人士成为阿伯丁的听众。

从太平洋的美国一边开始,在诠释学、后现代主义、新实用主义、新马克思主义、解构主义、女性主义哲学等等旗帜下,专业西方哲学内部的一场内在批判正在进行。这场批判有一个共同的目标,用索罗门(Robert Solomon)的话来说就是"超越的伪装(the transcendental pretense)",包括观念论、客观主义、总体

(接上页)一书中所论:在20世纪初,美国哲学家不论在欧洲还是亚洲都享有荣誉,但不论是何种影响,都显然在二战之前烟消云散了。在美国本土,哈威·汤森德(Harvey Townsend)在其《美国的哲学观念》(纽约:美国图书公司,1934年版)(*Philosophical Ideas in the United States*, New York: The American Book Company)一书的第1页中指出了在他那一个时代美国哲学的状况:

> 美国哲学在美洲是一个受到忽略的研究领域。之所以如此,至少在部分上归于对欧洲各种事物的歉意的敬重。艾默生(Emerson)和惠特曼(Whitman)呼吁美国人思考他们自己的思想,歌唱自己的歌曲,他们的呼吁仍然常常受到忽视。无法完全说服美国人,让他们知道他们有自己的灵魂。

在随后超过两代人中,这种偏见仍旧是显而易见的。在《剑桥西方哲学史》(1994)的前言中,当提到该书不同部分的作者时,主编安东尼·肯尼(Anthony Kenny)指出:"所有作者都在受到英美传统的训练或从教于英美传统,在这个意义上,所有作者都属于英美的哲学风格。"但是,在该书的主体中却并没有提到美洲的思想,没有爱德华斯(Edwards)、艾默生、皮尔斯、詹姆士,也没有杜威。有关美洲所提到的东西,只有在索引中出现的"美国革命与柏克"、"托马斯·潘恩"、"杰弗逊",并且,杰弗逊在正文中是作为"潘恩的朋友"出现的。明显的结论是:美国哲学,即使是接近英美传统的思想家们,在塑造西方思想特征的过程中并无实际的影响。委实,在美国,很少有本科生和研究生的研究项目能够使学生直接受到有关美国哲学的认真而持久的训练。就像日俄战争是在日俄两国之外的中国的领土上进行的一样,美国的大学当前也基本上是各种外国势力角逐的领地。

① 詹姆士:《宗教经验种种》(坎布里奇:哈佛大学出版社,1985年版,第1页)(*The Varieties of Religious Experience*, Cambridge, Mass: Harvard University Press)。

叙事（the master narrative）和"所与的神秘"（the myth of the given）。当然，在杜威本人最终称之为"哲学的谬误"（the philosophical fallacy）这一幌子下，批判的正是同一个目标。"哲学的谬误"促成了杜威对观念论和实在论两方面的批判，杜威批评的是这样一种假定：一个过程的结果就是这一过程的开端。①

以往10到15年来，尤其在美国国内（不仅仅在美国），我们见证了对古典实用主义兴趣的复活，这是以对美国哲学演变的深入复杂的各种研究的激增为标志的。在对这段历史的讲述中，一个重要的主题就是试图阐发杜威作为一个哲学家的维特根斯坦式的转向。这些数量众多的哲学传记的一个共同特征，似乎是努力把杜威的特点归为这样一种情形：将常见的语汇以一种极不寻常的方式加以运用。在一定程度上，这些当代的学者们正在讲述一个重要的新的故事，如今常见的这样一种宣称，即杜威的中国学生没有真正地理解他，或许可以扩展到将他如今的美国学生也包括在内。

直至晚近，专业的西方哲学仍然忽略亚洲哲学而怡然自若（更不用说非洲和伊斯兰传统了），对于这些传统是怎么回事，这些哲学依旧只不过有一些匆匆而过的印象，并不为其所动。这些哲学乞灵于这样的理由：那些思想流派并非真正的"哲学"。如此一来，职业产生了"比较哲学"这样一个术语。这是一个奇怪的范畴，它与其说是在哲学上得到论证，不如说在地域上得到说明。

---

① 杜威一早就看到，作为"哲学思维最为流行的谬误"，就是忽略经验的历史的、发展的和情境化的方面。正如他所见到的，其中方法论的问题在于："从赋予个别因素以意义的有机整体中抽象出某一个因素，并将这一因素设定为绝对"，然后将这一个因素奉为"所有实在和知识的原因和根据"EW 1：162）。有关历史、发展以及"哲学谬误"的脉络，参见 J. E. 泰尔斯《杜威：哲学家系列的论证》（伦敦：罗德里奇出版社，1988年版，第19—24页）（J. E. Tiles, Dewey: The Arguments of the Philosophers series, London: Routledge）。

但是，在"经典与多元文化主义争论"的脉络中，由一种在美国大学教育中推行"国际化"的明智需要所驱动，非西方的各种哲学传统已经不以人的意志为转移地对哲学系的课程构成一种显而易见的入侵。从来去匆匆的世界大会到檀香山比较哲学的小圈子再到波士顿儒家，比较哲学运动已经肩负重荷，并且在目前似乎是巨大的西西弗斯式的劳作（Sisyphean labor）中也已经取得了某些契机。对比较哲学运动来说，胜利仍旧是一个遥远的希望，但是，假如并且当胜利到来时，那将会是一场仁慈宽大的凯旋之舞，也就是说，在这场斗争中，成功也就是将"比较哲学"这一极不自然的范畴从哲学词典中废除。

在中国一方，如今的中国不再满足于做世界的唐人街，而是正在经历着一场在其漫长历史上最大和最彻底的变革。一亿到两亿的流动人口——约占整个人口的20%——离开了乡村、正居住在城市中心，在新的中国寻求改善他们的生活。这种人口的不断迁移带来了离心的紧张以及社会失序的真实潜态。在这种条件下，中央政府的基本指令是维持社会秩序。这是一条常常阻碍（如果不是反对的话）朝向自由改革运动的原则。就像中国的所有事物一样，这种国家结构与社会问题的巨大是一个庞然大物。诚然，正是这些顽固问题的幅度，为我们西方的大众传媒提供了现成的胚芽，看起来，西方的大众传媒几乎总是在病理学的意义上致力于妖魔化中国以及中国所做的一切。

我们需要超越这种有关中国的负面的宣传，要实地考察中国的家庭、工厂、街道和教室。当我们这样做时，我们发现，这只步履蹒跚的中国囊虫正在稳固地纺织着它的丝茧，尽管在民主化痛苦的过程中存在着盲目性，在纺织者中，却也存在着对最终会出现何种类型的民主这一问题的大量反思。至少，中国正在梦想着她是一只蝴蝶。

回到中国学术界，我们可以公平地说，虽然当代西方哲学忽略了中国，但自从严复将西方自由主义引至晚清以来，在将所有能够增强其竞争力的东西吸收到自身之中这个意义上来说，中国哲学一方面忠于自己的传统并具有活力，一方面又是具有吸收力并绝对是"比较性的"。那种情况就是：在 20 世纪，对于几代人来说，马列主义的不断汉化，窒息了刚刚开始的杜威实用主义，淹没了儒学的残余，成为一种新的文化正统。同时，现代新儒学运动中许多杰出人物像张君劢、方东美、唐君毅、牟宗三等，则从欧洲哲学主要是德国哲学中寻找标准，将中国第二序的思考（Chinese second order thinking）论证为一种值得尊重的哲学传统。对于我们所期待的对话来说，重要的在于：在五四时代儒学与杜威最初的相遇中，儒学被新文化运动的知识分子们斥为阻塞中国动脉的血栓（plaque clotting the arteries of China），妨碍了对中国进入现代世界构成必要条件的那些新观念的鲜活的流通。而杜威则被当成了一副解毒药。[1]

在当代中国哲学中，虽然马克思主义、毛泽东思想仍然具有广大的基础，但从早先的康德、黑格尔到当今的现象学、维特根

---

[1] 1919 年，杜威曾在其哥伦比亚大学的学生胡适和蒋梦麟处作客，胡适和蒋梦麟回国后都成为学界和新文化运动中的著名人物。大约有超过两年的时间，杜威在中国各地讲演，并受到当地出版界的格外报道。但是，在《约翰·杜威 1919—1920 年间在中国的演讲》（火奴鲁鲁：夏威夷大学出版社，1973 年版）（*John Dewey*: *Lectures in China* 1919—1920, Honolulu: University Press of Hawaii）一书第 13 页中，罗伯特·克普顿（Robert Clopton）和钱存训（Tsuin-chen Ou）指出："在中国大学教师队伍的专业哲学家中，杜威并没有得到追随者，大多数中国哲学家们仍旧继续追随着他们从中得到训练的那些德国和法国的哲学流派。"鉴于艰难时世，杜威的观念显然被积极的听众更多地以对当前社会与政治的需要而非专业哲学的方式"误读"了。这样一种"误读"，人们只能假定杜威可以原谅，如果不是鼓励的话。参见顾红亮：《实用主义的误读：杜威哲学对中国现代哲学的影响》（上海：华东师范大学出版社，2000 年版）。也参见张宝贵的《杜威与中国》（石家庄：河北人民出版社，2001 年版）。

斯坦尤其是海德格尔，西方哲学的成分具有显著的增长。在重要的程度上，从康德到海德格尔的兴趣转向，是由于被理解为与本土的思维方式有关而激发的，这表明儒学与杜威之间一种可能的对话是恰当的。事实上，20世纪中叶中国主权的重建，以及过去10到15年来中国作为一只世界力量的稳步增长，正在给中国注入一种新生然而却十分重要的自觉，那就是：自身的文化传统是自我理解的一种重要资源，也是参与迟缓但如今却不可避免的全球化过程的一个平台。

虽然欧洲哲学对于哲学的活力来说一直是一种标准，但直至晚近，西方对中国哲学和文化的学术研究一直在很大程度上受到中国学者的忽略，中国学者觉得从外国学者对中国自己传统的反思中所获甚少。然而，以往10至15年来，负责传播和诠释中国传统的科班学者已经将他们最初的关注，从流落海外的中国学者对于文化讨论所必须做出的贡献，扩展到对于中国文化的西方诠释兴趣日增。在当今中国，翻译和探讨西方汉学具有繁荣的市场。

这一组互补和互渗的条件，为重新修正了的杜威实用主义与随着对传统的自尊自信而回复其卓越性的儒学之间的对话设定了场所。既然杜威的"实用主义"和"儒学"这两个术语都极富争议，因为其内涵具有丰富和多样的资源，而这些资源在相当程度上又界定了其本土主导和持久的文化感受力，[1] 那么，在尝试于二者之间进行比较之前，我们首先应当考虑如何理解

---

[1] 这一论断在文字上多有取于保罗·汤姆森（Paul Thompson）和托马斯·希尔德（Thomas Hilde）在他们所编《实用主义的乡土根源》（纳什维尔：范德比大学出版社，2000年版）(*The Agrarian Roots of Pragmatism*, Nashville: Vanderbilt University Press) 以及费孝通《乡土中国》(Gary G. Hamiliton and Wang Zheng 英译, Berkeley: University of California Press, 1992) 中的论证。

他们。

什么是儒学？在其他一些地方，我曾经论证说，对于儒学应持一种叙事性（narrative）而非分析性（analytical）的理解。① 简言之，以分析性的术语将问题构架为"儒学是什么"，易于将儒学本质化为一种特殊的意识形态，一种技术哲学，这种意识形态或技术哲学可以在细节和准确性的各种程度上被制定。"是什么"的问题可能更成功地导向一种系统哲学的尝试，在这种哲学中，我们可以追求在各种原则、理论和观念的语言中抽象出形式化与认知性的结构。但是，在评价一种根本就是审美性传统的内容与价值时，"什么"的问题顶多是第一步。那种审美性的传统将每一种境遇的独特性作为前提，并且，在那种传统中，礼仪化生活的目标是将注意力重新导向具体情感的层面。除了"什么"的问题之外，我们需要在方法之后追问更为重要的问题，那就是：在不断演化的中国文化的各种特定条件下，儒学如何历史性地发挥作用，以力图最大限度地利用既有的外部环境。

尽管我们可以选择去刻画"儒学"的特征，儒学却不只是任何一套特定的戒律或者在中国文化叙事不同历史阶段内部分别界定的罐装意识形态。儒学是一个社群的连续的叙事，是一种进行着的思想与生活之道的中心，不是一套可以抽离的学说或者对于一种特定信仰结构的信守。切近作为一种连续文化叙事的儒学，呈现给我们的是一种周而复始、连续不断并且始终随机应变的传统，从这一传统中，形成了她自身的价值和理路。对于我们

---

① "现代新儒学：对西方哲学的本土回应"，载华诗平（音译）所编的《中国政治文化》，阿莫克、纽约：M. E. 夏普出版社，2001 年版（New Confucianism: A Native Response to Western Philosophy, *Chinese Political Culture*, Armok, New York: M. E. Sharpe）。

来说，通过在特定的人物和事件之中引出相干的关联，使对于儒学的叙事性理解成为可能。儒学在相当程度上是传记性（biographical）和谱系性（genealogical）的，她是对一种构成性典范（formative models）的叙述。并且，在对中国哲学生命的反思中，我们直接意识到：对于这一传统存在性、实践性以及绝对是历史性的任何说明，都使她非常不同于当代西方脉络中"哲学家"研究"哲学"的那种形态。——那些作为"士"这一传统继承人的常常热情并且有时是勇敢的知识分子，提出他们自己有关人类价值和社会秩序的计划，对这种情形的概观，就是中国哲学。

如果我们以其自己的用语来看待杜威，叙事和分析——方法与意识形态——之间同样的区分可能会被引向这样一个问题，即"什么是杜威的实用主义？"Robert Westbrook 详细叙述了实用主义的早期批判是如何居高临下地将其攻击为一种明显带有美国特色的"将成未成的哲学系统"（would-be philosophical system），以及杜威是如何通过轻而易举地允许哲学观念与其所在的文化感受之间的关系来加以回应的。[①] 在对于诸如"根本原则"、"价值系统"、"支配理论"或"核心信仰"这些观念的评估中，是无法找到美国人的感受的。"感受"这个用语最好在性情气质上被理解为参与、回应并塑造一个世界的微妙细腻的方式。感受是各种积习（habits）的复合体，这一复合体既产生积习又是积习的产物，也促进了寓居于世界之中的那些特定的、个人的方式。文化的感受不易通过对各种社会、经济或政治体制的分析来表达。这种感受蕴藏在界

[①] 罗伯特·韦斯布尔克：《杜威与美国的民主》，伊萨卡：康奈尔大学出版社，1991 年版，第 147—49 页（Robert Westbrook, *John Dewey and American Democracy*, Ithaca: Cornell University Press）。

定文化的那些杰出的情感、理念和信念之中。① 当然，罗蒂（Richard Rorty）提醒我们，尽管我们美国的感受或许部分是以对理念的描述和分析为特征的，但它也许是最容易通过与诗学和文学相关的迂回（indirection）与兴发（evocation）的方式而达成的。

在个人的层面上，哲学家杜威一生提倡民主。在对民主的提倡中，杜威有关民主的理解以及他在促进社会理智（social intelligence）中所扮演的角色，恰恰是提倡那种他力图身体力行的圆满的、精神性的生活方式。当民主通过其特定成员的"平等性"与"个体性"具体而逐渐地形成时，民主就是繁荣社群（flourishing community）。这样来理解的话，哲学的恰当工作必须"放弃特别与终极实在相关的、或与作为整全的实在相关的所有意图"。② 在这一方面，从芝加哥的脆弱地区到中国处于酝酿之中的革命，再到土耳其

---

① 在生前正在撰写的一部有关美国哲学史的手稿中，郝大维（David Hall）有意识地将爱德华斯（Jonathan Edwards）诠释为美国感受的主要建筑师之一。在列举爱德华斯哲学反省的各个方面时，郝大维是这样开始的：他认为爱德华斯通过提出一种个性的模式，这种个性模式不依赖于以主体为中心的认知、行为，从而囊括了有关主体性和自我意识的现代问题性（modern problematic）的各种形式。事实上，作为实体性思维模式的替代物，在爱德华斯有关世界的过程性的视野中，主体的消解是一种发展的作用。此外，这种过程哲学是由一种倾向性的本体论（dispositional ontology）造就的，那种倾向性的本体论根据反应的倾向或积习来理解自然与超自然的过程，而反应的倾向或积习则在规范的意义上被认为是对于美的亲近或者回应。在爱德华斯看来，不论是神圣的领域还是人类的领域，美的沟通都是他们定义性的特征（defining feature）。对郝大维来说，由边缘到中心，通过诉诸于一种过程性、倾向性的本体论以及美的活动和审美感受，对于个体的去主体化（de-subjectification），使得爱德华斯有资格作为一位原创性的美国思想家。

② MW 10：46.

的教育改革，作为一个社会活动家的杜威，其漫长的生涯正是对他一生信守的完整阐释。杜威的信守，就是他事实上称为"哲学的再发现"的那种东西。

当哲学不再是处理哲学家们的问题的工具时，哲学就发现了自身，并且成为哲学家所培养的一种方法，为的是处理人的问题。

同样，在儒学传统中，哲学的"知"远不是对于处在日常世界之后的实在的某种优先接近，而是在调节现存条件以便"使一个可欲的世界变得真实"这种意义上试图"实现"一个世界。用更广义的用语来说，儒学是一种向善的唯美主义（melioratve aestheticism），通过培养一种富有意义、互相沟通的人类社群，儒学关注于对世界的鉴赏，换言之，儒学赋予世界以价值。并且，作为这一过程中彼此沟通的基本层面，礼仪的卓越性向我们提示：实现这个世界的场所就是礼仪化的、具体的情感。通常而言，我们可以看到，许多中国哲学家的自我理解接近杜威这样的一种看法，即作为审慎与明智的承担者，哲学家致力于调整各种局面并改善人类的经验。

杜威有关圆满经验（consummatory experience）有一些特定的语汇，诸如"个性"、"平等"、"积习"、"人性"、"宗教性"等等，在以下我们对这些观念的探讨中，我们会发现，直到我们恢复那给个人成长和表达提供具体例证的显著的历史特性之前，杜威就仍然和儒家学者一样是含糊不清的。以孔子为例，他当然是圣人。但是，孔子最为历史所记住的，不仅是通过《论语》中所描绘的他的生活片段，而且还是由于同样在《论语》中所描述的他在性情气质上一些特定的积习。对杜威来说也是同样，他自己的人生经验和心灵积习的修养,或许是其哲学深度的最佳尺度。①

在杜威的实用主义和儒学之间进行一场有利的对话所产生的共鸣是什么?在我早先与郝大维所合作的著作中,当然也包括这篇文章,最佳的尝试是进入某些有发展前途的领地去勘察并发动具有启发性的攻击,而不是力图"掩护阵地"。这就是说,我们会从儒家关系性和彻底脉络化的人的观念开始,那种关系性和彻底的脉络化,就是我们用"焦点和场域"(focus and field)这种语言所试图表达的一种被镶嵌性(embeddedness)。在《先贤的民主》第8到10章——"儒家民主:用语的矛盾"、"中国式的个体"和"沟通社群中礼仪的角色"——之中,我们将我们所要提示的东西总结为某种不可化约的社会性的儒家个人的感受。尽管一些高水平的学者未必同意,但关于我们对如下这些观念的理解,却极少争议。这些观念包括:"在个人、社群、政治和宇宙的修养的放射状范围内所获得的共生关系","通过礼仪化生活的修身过程","语言沟通与协调的中心性","经验的认知向度与情感向度的不可分割性","将心理解为一种行为意向而非理念与信仰的架构","作为一种关注信任而非真理的认识论","关联互渗(而非二元)的思维方式的普遍流行","对于实践中真实化的自我实现的追求","所有关系的亲和属性","家庭与孝顺的中心性","无所不包的和谐的高度价值","礼仪相对于法则的优先性","典范的作用","圣人作为高超沟通者的教导

---

① 代表性的人物"关注同样的问题",对于基于这样一种未经批判的假定之上的"个体的理论和概念"所进行的"零零碎碎的"跨文化比较,G. E. R. Lloyd 的担忧是很恰当的。当我们往来于各种科学传统之间时,这种担忧是十分重要的,并且,当我们处理文化性的叙事和传记时,这种担忧依然是一种警觉性的考虑。参见:劳伊德,《对手与权威》,剑桥:剑桥大学出版社,1996 年版,第 3—6 页(Lloyd, *Adversaries and Authorities*, Cambridge: Cambridge University Press)。

作用","注重人伦日用所表现的明智","肯定人性与神圣性之间的连续性",等等。

在这种将人的"生成"（becoming）作为一种公共"行为和事业"的模式之中，有许多东西听起来像是杜威。在杜威和儒学之间寻求比较的一个长处，就是可以尽量减少用西方哲学来格义儒学所产生的问题。直到现在，有关中国哲学的许多讨论都倾向于在西方哲学传统的框架和范畴之中来进行。而杜威重建哲学的尝试，则在很大程度上抛弃了专业哲学的技术性语汇，而偏爱使用日常语言，尽管有时是以非常特别的方式来使用的。

有一个例子是杜威"个性"的观念。"个性"不是现成给定的，而是在性质上来自于日常的人类经验。当杜威使用"经验"这一用语时，它不会被卷入到像"主观"、"客观"这一类我们所熟悉的二元对立的范畴。诚然，主客的不可分割性是杜威所理解为个体关系内在与构成性属性的一种功能。对杜威来说，情境化的经验优先于任何有关作用的抽象观念。像"生活"、"历史"和"文化"这些用语一样，经验既是人类机能与社会、自然以及文化环境之间互动的过程，也是那种互动的产物。

> 经验包括人们所做和所承受的东西，人们追求、热爱、相信和忍受的东西；也包括人们如何行为并承受他人的行为，以及人们行为、承受、愿望、享受、看到、相信、想象的方式。总之，包括所有那些处在经验之中的过程。[①]

对杜威来说，"个性"不是量的意义：它既不是一种先于社会的潜质（pre-social potential），也不是一种彼此孤立的离散性（isolating discreteness）。毋宁说，它是一个质的概念，来自于一

---

① LW 1: 18.

个人对其所属社群的与众不同的贡献。个性是"我们在特殊性上有别于他人的那种东西的现实化",① 是那种只能发生于一个繁荣的公共生活脉络之中的东西的现实化。杜威指出:"个性不能反对交往(association)","正是通过交往,人们获得其个性;也正是通过交往,人们锻炼了其个性。"② 如此解释的个体不是一个"东西"(thing),而是一个"事件"(event),在有关特性、统一性、社会活动、关联性以及质的成就(qualitative achievement)的语言中,它是可以描述的。

在有关个人的这种社会性建构(social construction)中,杜威是如何的彻底呢?当然,杜威拒绝这样一种理念:即人完全外在于与他人的交往。但是,在这样一种主张上,即"除了那种维系一个人与他人关系的纽带之外,一个人是否就一无所有?"③杜威是否走得太远了呢?正如 James Campbell 所观察到的,这一段话很容易并常常被误解为一种对个性的否定。④ 不过,正如我们通过杜威自发的个性(emergent individuality)这一观念所看到的,对杜威而言,说人具有不可化约的社会性,并不是要否定人的统一性、独特性和多样性。正相反,而恰恰是要肯定这些因素。

在对杜威以及人得以创造的社会过程这两者的解释中,Campbell 坚持了亚里士多德潜能与现实的语汇。他说:

---

① 杜威:"一种批判的伦理学理论纲要",EW 3:304 (John Dewey, *Outlines of a Critical Theory of Ethics*, *Early Works*)。
② "演讲稿:政治哲学"(1892年),《杜威文集》第38页("Lecture Notes: Political Philosophy, 1892," p. 38, *Dewey Papers*)。
③ LW 7:323。
④ 詹姆士·坎贝尔:《理解杜威》,拉舍尔:公庭出版社,1995年版,第53—55页(James Campbell, *Understanding John Dewey*, La Salle, IL: Open Court)。

杜威的论点并不仅仅是这样：当适当的条件具备时，作为潜能的东西就变成了现实，就像理解一粒种子长成一株植物那样。毋宁说，杜威的观点是这样的：缺乏社会的成分，一个人是不完整的，只有处在社会环境内部不断进行的生活历程之中，人才能够发展成为其所是的那种人，即群体中的个体成员、具有社会基础的自我。①

社群是如何使其中的人们获得成长的呢？杜威将关注的中心极大地放在了语言和其他一些沟通话语的模式上（包括符号、象征、姿势和一些社会建制）。他说：

通过语言，一个人以潜在的行为界定了他自身。他扮演了许多角色，不是在生活连续不同的阶段，而是在同时代所制定的剧目之中。心灵正是这样形成的。②

对杜威来说，"心灵是一种为情感生命所接受的附加资产，是语言和沟通使其达到与其他生命存在有组织的互动。"③ 在对杜威自发心灵（emergent mind）观念所进行的反省之中，Westbrook发现，"对生命存在来说，不是由于拥有心灵才拥有了语言，而是因为拥有语言才拥有了心灵。"④

这样看来，对杜威来说，心（heart-and-mind）是在世界的实现过程中被创造的。就像世界一样，心是动态的"生成"（becoming）而非静态的"存有"（being），并且，问题是我们如何使这一创造过程富有成果并充满乐趣。心和世界得以改变的方式不只是根据人的态度，而是在于真实的成长和生产及其所达至的高效和幸福。

---

① 詹姆士·坎贝尔：《理解杜威》（James Campbell, *Understanding John Dewey*, La Salle, IL: Open Court），第40页。
② LW 1: 135.
③ 杜威：《经验与自然》，第133页。
④ 罗伯特·韦斯布尔克：《杜威与美国的民主》，第336页。

杜威"平等"的观念同样是发人深省的。如我们所料,鉴于其质的"个性"观念,平等就是积极地参与各种形式的公共生活,这些公共生活容许人的所有独特能力都能有所贡献。Westbrook评论说这有违于这一用语的通常意义,他认为杜威所提倡的平等"既非一种结果的平等,在那种结果中,每个人都可以和其他人一样,也不是社会资源的绝对平等的分配。"[1] 而杜威则坚持认为:由于现实有效的权利和要求是互动的产物,无法在人性最初和孤立的形成中找到,无论人性是道义意义还是心理学意义的,那么,仅仅消除障碍并不足够。[2]

如此理解的平等不是一种原初的所有,并且,杜威将一种非同寻常的诠释赋予了平等这个耳熟能详的用语。他坚持说:

平等并不意味着某种数学或物理学意义上的相等,根据那种相等,每一个因素都可以为其他另一种因素所替代。它意味着有效地注重每一个体的独特性,而不考虑物理和心理上的不平等。它不是一种自然的拥有,而是社群的结果,是当社群的行为受到其作为一个社群的特征而指导时所产生的结果。[3]

在诠释这一段时,Raymond Boisvert强调了这样一个事实:对杜威来说,"平等是一种结果、一种成果,而不是一种原先就拥有的东西。"它是在奉献中成长起来的东西。此外,和自由一样,如果指的是离散而不相依赖的个人,平等就是没有意义的。并且,只有当"适当的社会互动发生时",才能设想平等的重要

---

[1] 罗伯特·韦斯布尔克:《杜威与美国的民主》,第165页。
[2] LW 3:99.
[3] MW 12:329-30.

性。的确，平等是对等（parity）而非同一性（identity）。用杜威自己的话来说，只有"建立一些基本的条件，通过并由于这些条件，每一个人能够成为他所能成为者"，① 平等才能够产生。

此外，对于目的论的经典形式，杜威还提出了一种新颖的替代物。那种目的论需要一种手段/目的的不得已的专门语言。杜威关于理型（ideals）的观念取代了某些预定的设置，那些观念是一些抱负远大的理念，这些理念体现了为了社会行为的向善目标。当这些目标在重新形成各种条件的过程中发生作用时，他们便塑造并获得了自身的内容。② 正如 Campbell 所见：

对杜威来说，像正义、美或平等这样的理型，拥有人类生活中这些理型在"抽象"、"确定"、或"间接"等意义上所要求的全部力量。通过诠释，杜威看到的问题是：提出某种有关完成、不变的存在的理型，这些理型不是处在有关饥饿与死亡的自然世界，避免了日常存在的问题和混乱。……我们的理型与生活的不断进行的过程相关，他们植根于各种特定的难题，并带来预期的解决。③

没有确定的理型，在杜威的世界中，意向如何引出行为呢？对杜威来说，不是理型本身作为目的来指导行为，而毋宁说是方向来自于圆满经验（consummatory experiences），在圆满经验之中，理型方才获得展示。并且，圆满经验自身是一种社会才智的共享表达（shared expression），这种社会才智应对着那些来自于沟通社群内部的各种独特境遇。

---

① LW 11：168。关于本克劳夫特（Boisvert）的讨论，见（1998）：68-69。
② 杜威：《政治学作品》，印第安纳波里：哈科特出版社，1993年，第87页 John Dewey, *The Political Writings*, Indianapolis：Hackett。
③ 詹姆士·坎贝尔：《理解杜威》，第152—153页。

在过程哲学中，变化是不会被否定的。无情的暂时性（temporality）使任何完美或完成的观念失去了效力。经验的世界需要种种真实的偶然（contingency）和自发的可能（possibilities），这些偶然性和可能性始终使环境发生着改变。正是只有对于可能性的追求，使得目的内在于那获得目的的手段之中。

即使人性也不能脱离过程。在表达对于人性的理解时，杜威使用了穆勒（John Stuart Mil）的个人主义（individualism）作为陪衬。杜威大段地引用穆勒的话，而穆勒主张"社会的全部现象都是人性的现象"，那也就是说，"除了来自于并可能溶解于个体人性法则的那些东西之外，社会中的人并没有其他的特征。"尽管杜威对于穆勒将常人从权力专制中解放出来的动机表示欣赏，但杜威不愿意全然接受穆勒关于人的观念。对杜威来说，穆勒人的观念是所谓"哲学的谬误"的又一个例子。[①]事实上，杜威希望扭转穆勒有关人与社会关系的假设。对杜威而言，讨论独立于特定社会条件的人性的固定结构不应当是一个开端，因为那种人性的固定结构"至少无法解释不同部落、家庭、人群之间的差别，换言之，它无法解释任何社会的状态。"[②] 于是，杜威认为：

那种所断言的人性的不变性是不能够被承认的。因为尽管人性中某些特定的需求是经常的，但他们所产生的结果（由于文化包括科学、道德、宗教、艺术、工业、法律准则等等的现存状态）却反馈到人性最初的组成部分之中，将

[①] 引自杜威如下的论述："人格、自我和主体性是与各种复杂组织化的互动相共生的最终功能，那些复杂的互动是机体性和社会性的。个人的个性则在更为简单的事件中具有其基础和条件。"（LW 1: 162）并且，我们从中可以推知：作为一种有意识的理性存在优先或独立于进入各种社会关系，个体的人是这样构成的。对于那些持这种观点的人，杜威是将要指控他们犯有"哲学的谬误"的。

[②] 杜威（1993）: 223.

其塑造成了新的形式。这样一来，人性全部的模式就要得到修正。仅仅诉诸于心理学的因素，以便既解释发生了什么，又制定有关应当发生什么的政策，这种做法的无效，对每一个人来说都是显而易见的。①

对杜威来说，人性是一种社会的成果，是一种运用社会性才智所可能取得的适应性的成功（adaptive success）。鉴于变化的现实，这种成功始终是暂时的，使我们作为一种不完全的生命存在，要始终面临着充满偶然性环境的全新挑战。并且，那种成功也是过程性和实用性的，"我们运用过去的经验去建构将来崭新与更好的自我。"②

在对专制与民主的区分中，关于诸如"个性"和"平等"观念所表达的个人的向度（personal dimension）对于界定一种繁荣的民主的那种和谐是如何的重要，以及关于社会的各种生活形式（life-forms）如何是一种刺激和媒介，通过这种刺激和媒介，人格方才得以成就，杜威同样有着明确的认识。杜威指出：

一句话，民主意味着人格是最初与最终的实在。民主承认，只有当个体的人格在社会的客观形式中得以表现时，个体才能够通过学习而获得人格的完整意义。民主也承认，实现人格的主要动因和鼓励来自于社会。但同时，民主还或多或少坚持这样一种事实：无论如何的退化和脆弱，人格不能为了其他任何人而获得；无论如何的明智与有力，人格也不能通过其他任何人而获得。③

正如 Westbrook 所见，"对杜威来说，关键的一点在于：

---

① 杜威（1993）：223-224.
② MW 12：134.
③ EW 1：244.

个人能力与环境之间的关系是某种双向的调节，而不是个人需要与力量对于固定环境的单方面适应。"①

为了在杜威有关人的观念和孔子之间寻求一种对比，我们需要一些儒家的语汇。并且，如果我们考虑到维特根斯坦所谓"我们语言的界限就是我们世界的界限"，我们就需要更多的语言。② 我们可以从"仁"开始，我们选择将"仁"翻译为"authoritative conduct"、"to act authoritatively"、"authoritative person"。"仁"是孔子所从事的最重要的工程，"仁"字在《论语》中出现了一百多次。"仁"字的写法很简单，根据《说文》，"仁"从"人"从"二"。这种语源学的分析强调了儒家这样的预设：一个人单单自己无法成就一个人。换言之，从我们初生开始，我们就具有不可化约的社会性。对此，芬格莱特（Herbert Fingarette）简明扼要地指出："对孔子来说，除非至少有两个人，否则就没有人。"③

我们可以从甲骨文上获得的另一种对"仁"的解释是："仁"字右边看起来似乎是"二"的偏旁，在早先其实是"上"，而"上"也写作"二"。④ 这样一种解读将会表明一

---

① 罗伯特·韦斯布尔克：《杜威与美国的民主》，第43页。
② 这种儒家词汇的解释，是对安乐哲和罗斯文《论语：一种哲学性的诠释》（纽约：贝兰亭出版社，1998年版，Henry Rosemont, Jr., The Analects of Confucius: A Philosophical Translation, New York: Ballantine）以及安乐哲和郝大维《切中伦常:〈中庸〉的翻译与哲学诠释》（火奴鲁鲁：夏威夷大学出版社，2001年版，Focusing the Familiar: A Translation and Philosophical Interpretation of the Zhongyong, Honolulu: University of Hawai'i Press）二书词汇表中相关词汇的修订。
③ 芬格莱特："《论语》中人性的音乐"，载《中国哲学杂志》第10期，第217页(The Music of Humanity in the Conversations of Confucius, Journal of Chinese Philosophy)。
④ 高本汉：《修订汉文典》，斯德哥尔摩：古远东博物馆出版社，1950年版，第191页（Bernhard Karlgren, Grammata Serica Recensa, Stockholm: Museum of Far Eastern Antiquities）。

个人在成长为"仁者"的过程中不断增长的与众不同，因此，也就为一个人所在的社群与所要到来的世界之间设定了关联，所谓"仁者乐山"、"仁者寿"。

"仁"字最常见的翻译是"benevolence"、"goodness"和"humanity"，有时译作"human-heartedness"，个别情况下也会被笨拙的性别主义者译成"manhood-at-its-best"，对于将"仁"译成英文来说，虽然"benevolence"和"humanity"是更令人感到舒服的选择，但我们决定选择不那么优雅的"authoritative person"，却是经过审慎考虑的一种。首先，"仁"是一个人完整的人格体现，当一个人经过修养的认知的、审美的、道德的以及宗教的感受在其礼仪化的角色和各种关系中得以表达时，这个人便达到了"仁"的境界。"仁"是一个人"多种自我的场域"（field of selves），是那些将一个人构成为一个坚决的社会人格各种有意义的关系的总和。"仁"不仅仅表现在"心"上，也表现在"身"上，即表现在一个人的姿态、行为举止和肢体语言上。因此，将"仁"翻译为"benevolence"，是在一种不依赖于以"心理"（psyche）观念来界定人类经验的传统中将其心理学化（psychologize）。以成人过程的复杂精微为代价，将一种道德的性情气质从许多种道德的性情气质中孤立出来，那将使"仁"陷入枯竭的境地。

此外，"humanity"一词暗示着所有人都具备的一种共享的、本质的状态。然而，"仁"却来之不易。它是一项审美的工程，一种成就，某种完成的东西。（《论语》12：1）人的存有（being）不是某种我们如今所是的东西；它是某种我们正在从事和成为的东西。对于把握成为一个人所意味的过程性和自发性，或许"人成"的观念是一个更为恰当的用语。它不是一种本质性的天赋潜能，而是一个人鉴于其原初条件与其自然、社会以及文化环境的相交而能够了解自身的产物。当然，作为各种构成性关系的中心，人具有最初的性情气质。(《论语》17：2)但是，"仁"最重要的是使这些关系"生成"(growing)为对人类社群的活泼、强壮和健康的参与。

当孔子提到"仁"时，他常常被追问"仁"的涵义为何，这一事实表明：孔子是为了自己的目的而重新创造了这一用语，并且，在孔子的对话中出现的那些"仁"字，其理解都不是那么的轻松自在。可以证实，孔子所赋予"仁"的创造性的意义，在更早的古代文献中是不太常用和不太重要的用法。由于"仁"包含了一个特定的人的质的变化的涵义，并且，只有关联于这个人生活的特殊、具体的状态，其涵义才能够得以理解，因而"仁"字就变得更加意义不清。对"仁"来说，没有固定的程式、理型。"仁"是一种艺术的工作，是一个揭示的过程，而不是封闭、凝固的定义和复制。

因此，我们用"authoritative person"来翻译"仁"，就是某种新的表达，并且，还可能激发以澄清为目标的类似的意愿。"Authoritative"意味着一个人通过在社群中成为仁者所表现的"权威"，这种"权威"是通过践行礼仪而在其身上体现出他自己的传统的价值与习俗。"authoritative person"的卓越性与可见性，在孔子有关山的比喻中可以得到理解。(《论语》6：23)山的沉静、庄严、灵性和连绵不断，使它成为地方文化与社群的象征，对于那些迷失了道路的人来说，山是一种意义的象征。

同时，成人之道也不是一种既成给定的东西(a given)。仁者(authoritative person)必须是"筑路者"(road-builder)，是使自己所处时空条件下的文化"权威化"的参与者。(《论语》15：29)就定义而言，遵守礼仪是一个内化的过程，即使传统真正成为他自己的东西,这一过程需要那使一个人在社群中得以定位的各种角色和关系的人格化。正是"仁"的这种创造性的方面,蕴涵在使其自己的社群变得具有权威的过程之中。另外,在自上而下组织严密和控制性的权威秩序以及自下而上的(bottom-up)和尊敬意义上权威秩序之间进行对照也是有益的。对那些在其自己的人格建构中遵从并追求仁道的人来说,仁者是其仿效的典范,那些人很高兴承认仁者的成就,没有任何强迫。

在同杜威的比较中,第二个相关的儒家术语是"心",它被翻译为"heart-and-mind"。汉字的"心"字是主动脉(心脏)被模仿的象形文字,与英文中的"heart"及其所具有的情感含义直接相关。我们翻译成"emotions"或"feelings"的汉字"情"是"心"的字型与"青"的发音的复合这一事实,证实了这种理解。事实上,有许多汉字(如果不是大部分的话)要求"情"以"心"为其构成要素。

但是,鉴于"心"常常被理解为"mind",我们也应当警觉到仅仅将"心"翻译为"heart"的不充分性。有许多(如果不是大部分的话)指称不同思考模式的汉字在其字型构成上也有"心"。的确,在古代中国的文献中有很多段落在英文中是没有意义的,除非在"心"既有思考又有感受的意义上来理解。当然,关键在于:在古代中国人的世界观中,认知意义的"心"(mind)和情感意义的"心"(heart)是不可分离的。为了避免这种两分(dichotomy),我们宁可不太优雅地将"心"译作"heart-and-mind",意在提醒我们自己:没有脱离情感的理性思考,任何粗糙的情感也都不乏认知的内容。

在古代中国人的世界观中,相对于实体和永恒,过程和变化具有优先性。因而,与人的身体有关,我们经常可以看到,生理学优先于解剖学，功能优先于处所。就此而言，我们或许有理由说：心意味着思维与情感，并且，在引申和比喻的意义上，心是将这些思维与情感的种种经验联系在一切的器官。

由于"情"规定着人们互动的质量，在早期儒家有关人的观念中，这种情感的恰当表达就是独一无二的重要价值。相对未经调节的经验本身居于情感事物之中，而那种情感事物当被化约为语言的认知结构时变得具有选择性和抽象性，在这个意义上，"情"就是"情实"之情，即"事物本身所是的那个样子"。正是对于情感经验的具体性（concreteness），当怀特海发现"母亲能够在她们的心中斟酌许多语言无法表达的事情"时，他表示赞同。"情"之所以在《中庸》中呈现出特别的重要性，是由于其引人注目的角色，即适当的凝定的（focused）人的情感被认为包含有宇宙的秩序。正如《中庸》第一章在讨论人的情绪状态最后所作的结论："致中和，天地位焉。万物育焉。"

此外，对于理解人的共同创造性（co-creativity）本身那种非常情境化和远景化的属性，"情"是很重要的。因为人们是由他们的种种关系所构成的，并且，由于在经验由场域化的状态转变成聚焦化的状态的过程中，这些关系是被价值化的（valorized），这些人们彼此之间创造性的互动便将他们的情感互相敞开。"情"的情感色彩和主体形式始终需要创造过程的那种独特的远景化轨迹。

最后一个我们打算简要探讨的儒家用语是"和"，习惯上常常翻译为"harmony"。就词源学来说，这个用语的意义与烹饪有关。"和"是将两种或更多的事物整合或掺和在一起的烹饪艺术，以至于这些不同的东西可以互相支持，同时又不丧失他们各自独特的风味。通观早期的文集，食物的准备就是在这个意义上诉诸于优雅的"和"的光彩。如此理解的"和"既需要特定组成部分各自的统一性，也需要将这些组成部分有机地整合为一个更大的整体，在这个整体之中，统一性应当被理解为"在关系中动态地生成为（becoming）整体"，而不是静态地"作为（being）整体"。这种"和"的缔结（Signatory）是以特定成分的持久以及"和"的审美属性为标志的。"和"是一种优雅的秩序，它来自于各个内在相关的细目之间的互相协作，这种相互协作细化了每一细目对于整体统一性的贡献。

在《论语》中，"和"的这种意义被赞美为一种最高的文化成就。在此，根据每一个体对于所在的整个脉络的恰当的贡献来界定"和"的意义，就将"和"与单纯的一致（agreement）区别开来。家庭的比喻渗透了这一论题。有这样一种直觉：家庭是这样一种建制，其中，家庭成员在由"礼"和"义"所主导的互动中通常充分而毫无保留地对家庭这一团体有所奉献。家庭的比喻也受到了这种直觉的鼓舞。对家庭的这种信守要求人格完整的充分表达，继而成为最为有效地追求个人实现的存在脉络。《论语》中如下的两章文字最佳地表达了在各种礼仪化的生活形式以及公共和谐的个人贡献之间的不可分割。

> 礼之用，和为贵。先王之道，斯为美；小大由之。有所不行，知和而和，不以礼节之，亦不可行也。（《论语》1：12）
>
> 颜渊问仁。子曰："克己复礼为仁。一日克己复礼，天下归仁焉。为仁由己，而由人乎哉？"
>
> 颜渊曰："请问其目。"子曰："非礼勿视，非礼勿听，非礼勿言，非礼勿动。"（《论语》12：1）

在《中庸》中，"和"的这种儒家意义在有关"中"的介绍中得到了进一步的说明。而"中"即是"聚焦于（'中'）日常生活中切近与熟悉的事物（'庸'）"。

我想要简要探讨的最后论题，是杜威有关宗教性的不乏争论的意义。在其生涯中很早的阶段，在有关"真理"的主张中，杜威拒绝作为建制化教条的传统"宗教"，那种宗教观是与同样使人误入歧途的现代科学观相并行的。然而，杜威坚持既保留"宗教"也保留"上帝"的名称，以便意味着："人以既依赖又支持的方式与想象力感知的世界所形成的关联，其意义便是宇宙。"①

在最近有关杜威的学术研究中，根据 Michael Eldridge《转化之中的经验》一书所作的总结和诠释，关于杜威的宗教感受，我们有着一系列互相分离甚至彼此冲突的解读。在整个解读范围的一端，有像 Jerome Soneson 和 Richard Bernstein 这样的学者，前者视杜威"在根本上是一个宗教思想家"，后者认为杜威有关"宗教态度和质量的论述"是其"整个哲学的顶点"。有这样一种立场，即试图解释并称赞杜威的独特之处却常常是误解了杜威"精神性的民主形式"，这种立场最为微妙的展示，大概要算是 Steven Rockefeller 从哲学性和宗教性角度所写的有关杜威的传记了。②

在整个解读范围的另一端，是令人感到失望的 Michael Eldridge 和 Alan Ryan，他们希望证明的是：杜威根本取消了宗教

---

① LW 9：36.

② 使洛克斐勒的描述如此引人注目的东西，正是他自己对于过程性与创造性的宗教感受的保留，这种宗教感受显然是提出而非取消了有关终极意义的问题，该问题是一种宗教性的断言，对至少某些人（我们立刻会想到托思托耶夫斯基）来说，在应对个人存在的挑战以及我们作为现代人类所见证的失去心灵的恐惧（the mindless horrors）时，这种断言是必要的。参见斯蒂芬·洛克斐勒：《杜威：宗教信仰与民主的人文主义》，纽约：哥伦比亚大学出版社，1991年版（Steven Rockefeller, *Religious Faith and Democratic Humanism*, New York：Columbia University Press）。

的意义。用 Ryan 的话来说:"事实上,我们可以怀疑,在缺乏杜威所希望抛弃的超自然信仰的情况下,是否可能具有宗教语汇的使用(use)"。① 在乞灵于"世俗性"(secularity)和"人文主义"(humanism)的语言以挑战使用"宗教的"这一用语来描绘杜威思想的正当性时,Eldridge 坚持认为:"对杜威来说,'理想目标与现实条件相统一这种明晰与热切的观念'所唤起的'坚韧不拔的激情'(steady emotion)不必非要跨越一个很高的门槛而被算作宗教性。"②

就像对"个性"、"平等"的使用那样,鉴于杜威对于"宗教性"(religious)的使用再次扭转了流行的智慧,这场争论并不令人感到惊奇。不是从那种给社会形式注入了宗教意义的神的观念开始,那种神性是作为真、善、美的终极仲裁者和保证者而存在的,杜威是从日常的社会实践开始的。当在意义上取得了一定程度的深度和广度,那些日常的社会实践便展示出一种宗教的

---

① 见阿兰·瑞恩的《杜威与美国自由主义高潮》,第 274 页。除了自己强烈的确信之外,埃尔德里奇(Eldridge)也非常善于复述所有的证据。例如,在胡克有关杜威使用"上帝"这一用语的理由的诸多回忆中,他征引了一种杜威式的反驳:"有关神圣、深刻和终极的情感联系,并没有理由应当向超自然主义者投降。"见米歇尔·埃尔德里奇:《转化中的经验:杜威的文化工具主义》(纳什维尔:范德比大学出版社,1998 年版,第 155—156 页)(Michael Eldridge, *Transforming Experience: John Dewey's Cultural Instrumentalism*, Nashville: Vanderbilt University Press)。

② 同上,第 162 页。如果以其通常的方式来理解,用"世俗"(secular)来描述杜威是对杜威的一种指控,我们可以设想杜威本人会拒绝这种指控。在其的最弱的形式中,"世俗"一词也暗示着对于现世和人类自足性的一种强调,以及对于精神性和宗教性的一种漠视。作为神圣的对立面,在其较强的意义上,"世俗"甚至可能包含着一种宗教怀疑主义,这种怀疑主义试图将宗教性从市民与公共事物中排除出去。但是,埃尔德里奇所用的"世俗"一词,却意味着与"超自然主义"或"外自然主义"相对的"一种彻底的自然主义",它是用来诠释杜威的思想包含着这样一种看法:人类经验及其整个历史都是内在于自然之中的,杜威显然会同意这样一种特征的刻画。

感受。这种宗教感受来自于一个人对其所在的文明化了的人类社群的全副贡献,来自于一个人对自然界的敬畏。在晚年,对于作为经验的艺术,杜威会作出同样的论断,那就是:作为适当充满并提升所有人类活动的一种抱负,艺术远不止是人类经验排他性、专业化和建制化的部分。

看起来,使杜威远离世俗人文主义(secular humanism)的是这样两种东西:一是杜威不愿意将人性本身的一种不合格和通泛的观念作为崇拜的对象;再者就是杜威情境主义(contextualism)的彻底性(radicalness)。宗教性是圆满经验的一种质的可能性,在那种圆满经验中,"所运用的手段与所追求的目标同时内在于经验之中"。① 虽然杜威特别地拒绝"无神论"(atheism),因为无神论在人类的知性方面过于自命不凡,但是杜威的宗教感或许可以公平地被称之为"非神论的"(a-theistic)。之所以如此,在于无须设定一种超自然的最高存有(supernatural supreme being)的存在。杜威指出:

作为知识的对象,自然可以作为永恒之善和生活准则的根源,因此,自然拥有犹太——基督教传统归之于上帝的所有特性和功能。②

事实上,尽管杜威很少在连续性的意义上指称上帝,但任何有关一种在时间上先在的、超越的根源的观念以及人类经验缔造者的观念,对于杜威式的实用主义来说都是一种诅咒。对于传统的宗教性,杜威的确想保留的是那种自然的虔

---

① 米歇尔·埃尔德里奇:《转化中的经验:杜威的文化工具主义》,第170页。

② LW 4:45.

敬（natural piety），即那种敬畏、惊叹和谦退之感。这种虔敬感排除了任何追求控制的企图，而是鼓励一种与环绕在我们周围的自然的复杂性相合作的态度。杜威对于"宗教性"观念的调整，在于他以创造性的角色（creative role）取代了建制化的崇拜（institutionalized worship）。那种创造性的角色是深思熟虑的人类活动在对繁荣社群的欣赏和喜悦的经验中所具有的。在 Rockefeller 对杜威"宗教人文主义"（religious humanism）的描述中，他从杜威《个人主义，新与旧》一书中征引了如下一段话，来证明世俗与神圣、个体与社群、社会之根与宗教之花之间的不可分割性：

> 宗教不是统一性的根源，其自身就是统一性的开花和结果。……只有通过成为那种达到统一性一定程度的社会的成员，那种被认为是宗教之本质的整全感（sense of wholeness）才能够建立和保持。①

无论我们申斥论辩的哪一方，换言之，尽管杜威拒绝了许多那些在传统的意义上被认为是宗教的东西，我们可以说杜威仍然具有深刻的宗教感；或者，我们也可以坚持认为杜威的确将孩子和洗澡水一起泼掉了，我要提出的却是这样一个问题，即一种儒家的视角在此是否能够有所贡献？有趣的是，在上一代人中，芬格莱特选择了"孔子：即凡俗而神圣"作为他那本小书的题目，那本书在儒学研究方面产生了重大的影响。芬格莱特非常深入地论证说：正是人类经验的礼仪化，成为儒家世界中那种神圣的东西的源泉。②

---

① 斯蒂芬·洛克斐勒：《杜威：宗教信仰与民主的人文主义》，第449页。
② 芬格莱特：《孔子：即凡俗而神圣》，纽约：哈伯和罗出版公司，1972年版（*Confucius: The Secular as Sacred*, New York: Harper and Row）。

此外，我们需要理解的是，在儒家哲学中作为一种艺术术语的"礼"要求哪些东西。"礼"在习惯上被翻译为"ritual"、"rites"、"customs"、"etiquette"、"propriety"、"morals"、"rules of proper behavior"以及"worship"。如果赋予恰当的脉络的话，这里的每一种翻译都可以间或表达"礼"的涵义。但是，在古代的中文里，"礼"这个字带有以上这些翻译每一种用法的所有涵义。这个复合字是一个表意文字，其涵义是在祭坛上向先祖的神灵献上祭祀。这就向我们提示了这个用语所承担的深远的宗教意义。在《说文》中，"礼"被定义为"履"，意思是"踏于道上"，因而也意味着"品行"、"行为"。换言之，就其最狭窄的意义而言，"礼"就是"如何服侍神灵以带来好运"。对于"礼"的这种理解，是古代儒家感受的一个标志。

我们选择将"礼"采取较为广义的理解，因而把"礼"翻译为"ritual propriety"。另外，这种翻译是一种审慎的选择。在形式的方面，"礼"是那些被注入了意义的角色、关系以及那些促进沟通并培养社群感的建制。所有形式上的行为构成了"礼"——包括饮食方式、祝贺和取予的方式、毕业典礼、婚丧嫁娶、恭敬的举止、祖先祭祀等等。"礼"是一种社会的语法，这种语法给每一个成员在家庭、社群、和政治内部提供一个确定的定位。作为意义的存储，"礼"是代代相传的各种生活形式，这些生活形式使得个体能够分享恒久的价值，并使这些价值成为他们自己处境的财富。没有"礼"，一个人可能会忽略一位失去了亲人的朋友，有了"礼"，一个人便会受到敦促而走到那位朋友身边去安慰他。

在非形式尤其是个人的方面，充分参与一个由"礼"所组成的社群，需要通行的各种习俗、建制和价值的个人化。使得"礼"深深地不同于法律或规矩的东西，就是使传统成为自己所有之物的这样一种过程。拉丁文 *proprius*，意即"使某物成为自己所有的东西",给了我们一系列认知的表达,在翻译一些关键的哲学用语以掌握这种参与感时,这一系列认知的表达就很有帮助。"义"不是"righteousness"而是"appropriateness"、"a sense of what is fitting","正"不是"rectification"或"correct conduct",而是"proper conduct","政"不是"government"而是"governing properly","礼"也不止是"what is appropriate",而是"*doing* what is appropriate"。

像其他大多数儒家的观念一样,"礼"是从家庭开始的。在《中庸》第20章中,清楚地说明了"礼"的家庭根源:

> 亲亲之杀,尊贤之等,礼所生也。

如此所理解的"礼"是在人类社群内部聚集而成的,它规定着现在的人及其祖先之间恰当的关系(《中庸》第19章),规定着社会、政治权威以及主导社会政权威和被社会政治权威所主导的人们之间的恰当关系(《中庸》第20章)。

或许,在孔子的世界中,理解"礼"的涵义的最大障碍是我们自己的世界的一个熟悉的向度,以及我们充分意识到它所要求的东西。在英文中,"Ritual"这个词常常是贬义的,暗示着屈从空洞而无意义的社会习俗。但是,对儒家文献的细致解读,却揭示了一种调节面部表情和体态的生活方式,揭示了一个世界,在这个世界中,生活是一种需要冷酷无情地关注细节的表演。尤为重要的是,这种由"礼"所构成的表演是从这样一种洞见开始的,即只有通过形式化的角色和行为所提供的规范,个人的净化(refinement)才是可能的。缺乏创造性的个人化("仁")的形式("礼")是强制性和非人化的;缺乏形式的个人表达则是随意甚至放肆的。只有通过形式("礼")与个人化("仁")的恰当结合,家庭与社群才能够得到自我调节和净化。

在阅读《论语》的过程中，我们往往易于忽略其中第 9 至第 11 篇的内容。在这几篇中，基本上都是描写作为历史人物的孔子的生活事件的写真。然而，恰恰是这几篇文字，通过最细微的体态、衣着的式样、步履的节拍、面部的表情、说话的声调甚至是呼吸的节奏，最大程度地展示了孔子这位士大夫是如何以其恰如其分的行为来参与朝廷的日常生活的。

> 入公门，鞠躬如也，如不容。
> 立不中门，行不履阈。
> 过位色勃如也，足躩如也，其言似不足者。
> 摄齐升堂，鞠躬如也，屏气似不息者。
> 出，降一等，逞颜色，怡怡如也。
> 没阶，趋进，翼如也。
> 复其位，踧踖如也。（《论语》10：4）

《论语》中的这段文字没有给我们提供那种规定的正式行为的教学问答，而是向我们展示了孔子这位具体历史人物奋力展现他对于礼仪生活的敏感这样一种形象，正是通过这样一种努力，孔子最终使自己成为整个文明的导师。

我们可以得出总结性的一点，这一点将"礼"与杜威"功能"和"调节"的观念更为直接地联系起来。那就是一个人自身的各种能力与其环境的各种条件之间相互适应的积极的关系。首先，就其定义而言，礼是被个人化并且情境化的。进而言之，作为既是施行（performance）同时又是言出即行的（performative）那样一种东西，"礼"在其自身的脉络中是具有完整意义并且拒绝被理性化或被解释的，在这种意义上，"礼"既是手段也是目的。"礼"的施行就是"礼"的涵义所在。

最近，我为《儒家精神性》一书撰写了一篇论文，题目是

"礼与古代儒家非神论的宗教性"。其中,我论证说:古代儒家一方面是非神论的(a-theistic),一方面又具有深刻的宗教性。她是一种没有上帝(God)的宗教传统,是一种肯定精神性的宗教感受,那种精神性来自具有灵性的人类经验本身。没有教会(家庭除外),没有祭坛(家里的祭坛除外),也没有教士。儒家称道这样一种方式,在这种方式中,人类成长和绵延的过程既为总体的意义(the meaning of the totality)所塑造,同时也参与总体意义的形成。这种总体的意义,就是我们在翻译《中庸》一书时所谓的"创造性"(creativity),这种创造性与基督教"无中生有"(creatio ex nihilo)的传统形成鲜明的对照。①

在这种类型的宗教性与大体上由西方文化叙事中宗教所界定的亚伯拉罕传统之间,有几项深刻的差异。并且,对我来说,这些差异与杜威"宗教的"用法至少在表面上具有一种共鸣。我在论文中论证说,和那种诉诸于先验与外在的某种力量的终极意义的"崇拜"型的模式不同,施莱尔马赫(Schleiermacher)将那种外在崇拜称为"绝对的依赖"(absolute dependence),儒家的宗教经验本身就是繁荣社群的一种产物(product),在繁荣社群中,宗教生活的质量是公共生活质量的直接结果。正是这种以人为中心而不是以上帝为中心的宗教性,通过由真诚关注到礼仪这种过程而得以产生。并且,儒家的宗教性不是繁荣社群的根本与基础,而毋宁说是繁荣社群的内在属性和开花结果。

儒家宗教性明显不同于亚伯拉罕传统的第二个方面在于:儒家的宗教性既不是救赎性的(salvific),也不是末世论的

---

① 杜维明发展了"无中生有"(creatio ex nihilo)与"天人合一观"(anthropocosmic vision)所主导的儒家世界连续性的创造之间的对照。这在氏著《儒家思想:创造性转化的自我》(奥尔巴尼:桑尼出版社,1985年版)(*Confucian Thought: Self as Creative Transformation*, Albany: SUNY Press)一书中随处可见。

(eschatological)。尽管儒家的宗教性也需要某种转化，但儒家宗教性所涉及到的转化，首先或者说尤其是人伦日用之中的人类生活质量的转化，这种转化不仅升华了我们的日用伦常，而且进一步扩展到使整个世界富有魅力。当人类的情感被升华到高超的境界，当用枝条记事变成优美的书法和令人惊叹的青铜器图案，当粗野的体态（coarse gestures）净化成为礼仪的庄重节拍和舞蹈的振奋，当咕哝的干涉声转变为壮丽而绕梁不绝的美妙乐曲，当随意的结合转变成家庭长久而安心的温暖，宇宙就会益发的深广。正是这样一种转化形式——使日常的人伦日用变得优雅，似乎至少部分地提供了在某些超越的、超自然的诉求中所能够发现的神秘宗教性的另一种表达。

现在，至少对我来说，在杜威的语汇中，存在着丰富的内容，这些内容与我所理解的那些定义古代儒家感受的术语相互共鸣。这些彼此共鸣的词汇包括"experience"和"道"、"consummatory experience"、"democracy"和"和"、"personality, individuality, and equality"和"仁"、"religiousness"和"礼"、"processual human nature"和"人性"。并且，在更广的意义上来看，双方似乎还有许多会通之处：像人类经验不可化约的社会性、情境对于作用的优先性、有效沟通的核心重要性、替代了目的论的向善的连续性。当然，双方也有许多更为有趣的差异，这些差异既有内容上的不同，也有侧重点的不同。

那么，我们应当到哪里去寻找那些意味深长和富有成果的差别呢？

20世纪初，杜威聚焦儒学传统的方式之一是指出其缺乏"赛先生"（Science）。Robert Westbrook 声称："杜威重建哲学家角色的努力的核心，是其对于哲学与科学关系的看法。"① 在这一点上，Robert Westbrook 不乏同调。对于儒学传统，中国学者自己认为是弱点之一而杜威却认为可以成为西方传统一种补充的东西，是儒家某种"意志主义"（voluntarism）的倾向。这种"意志主义"夸大了人类意在转化世界的能力。李泽厚这位康德式的学者，是中国非常著名的社会批判理论家之一。当代有几位学者研究和诠释过李泽厚的著作，特别是莱顿的庄为莲（Woei Lien Chong）和顾昕以及宾州的刘康，他们都指出李泽厚拒绝毛泽东的"意志主义"———种人的意志能够成就一切的思想。②毛泽东的"意志主义"并不新鲜，它来自于传统儒家的某种立场并与这种立场保持一致，这种立场就是：人类的实现靠得是未经调节的道德意志的转化性力量。李泽厚认为，对于道德意志的放纵的自信，要对当代中国从全盘西化到大跃进再到文化大革命这几次危机负责，那种放纵的自信是一种信仰，这种信仰很容易被理解成一种在意识形态的意义上驱动民众动乱的形象。③

简言之，这种论证就是：古代以来的儒家哲人承认在人类及其自然与超自然的环境之间存在着连续性，所谓"天人合一"。然而，这种连续性的性质却常常被误解为对于自然科学的损害。这种连续性不是主体与客体之间的连续性，而是既尊重集体的人类社群有效地转化其周遭环境的能力，同时也尊重自然界对于人

---

① 罗伯特·韦斯布尔克：《杜威与美国的民主》，第138页。
② 在此，我得益于庄为莲的论文"中国思想中的人与人性：李泽厚论毛泽东意志主义的传统根源"（载《中国消息》1996年秋/冬，第 XI Nos 2/3 号）。并且，也是针对李泽厚和简·卡福（Jane Cauvel）对张灏的回应。李泽厚和简·卡福的论文见于蒂姆·契克（Tim Cheek）所编的《东西方哲学》有关该问题的专号。关于最近李泽厚研究的书目，参见庄为莲，（1996：142 – 143n12）。
③ 在对狄百瑞《儒学的困境》一书的回应中，张灏得出了类似的结论。参见张灏在《中国国际评论》（China Review International, Vol 1 No 1, Spring 1994）中的论文。

化的抗拒,它为这样一种信念所支配,即道德主体相对于无限绵延的自然界拥有几乎绝对的转化力量。如此一来,这种态度就成为一种粗糙的主观主义。对于需要以科学技术中所包含的集体的人类努力来"人化"自然这种需要,对于在主体和客体之间建立一种富有成果的关系,李泽厚认为这种关系是人的自由的先决条件,而这种主观主义对此则抱持怀疑的态度。

对于我们所理解的儒家传统的弱点来说,杜威式的探索所要求的科学性与经验性是一种纠正。儒学能够偿还这一帮助吗?另一方面,儒家坚持,作为达到醉人的人类经验的一种手段,礼仪化的生活能否为杜威宗教性的观念所借用,成为其充分的常规性补充,以便减轻 Ryan 和 Eldridge 的这样一种感觉,即杜威是否在使用着一种非常贫乏的宗教性的意义呢?儒家哲学宗教方面的核心及其对于礼仪化生活的注重,是否会构成杜威有关宗教性的质的理解的充分扩展,以便说服 Ryan 和 Eldridge,告诉他们存在一种可见的非神论的宗教性,这种宗教性确保了一种宗教的词汇,虽然这种词汇非常地不同于有神论的话语呢?对于这样一种"非神论"的宗教感受,儒学能否提供一个足够强有力的例证,以便能够说服我们:虽然我们委实需要一种完全不同的语汇来表达这种经验,但我们通常认为具有宗教性的东西并没有穷尽那被合法地贴上"宗教的"标签的东西的各种可能的例证?

杜威指出,对于人类经验的沉浮兴衰,一种超越的诉求(transcendental appeal)并不能够提供太多的缓解和真正的宽慰:

即使有一千次的辨证阐释向我们说明:作为一个整体,生活是受到一种超越原则的规约,以便达到一种最终的无所不包的目标,然而,在具体情况下的正确和错误、健康与疾病、善与恶、希望与恐惧,将仍然不过是他们如今的所是和所在。①

可是，对于超越性来说，是否事实上需要付出代价呢？当自然的家庭和公共关系不被理解为与某种更高的超自然关系相竞争，与那种超自然的关系相分离、并依赖于那种超自然关系时，作为人类成长根本中心的家庭力量的作用，就可能会得到非常大的增强。换言之，当人们之间的关系从属于一种个人与崇拜的超越对象之间的关系时，无论这种从属关系会有怎样的利益，都是以家庭和社群的组织结构为代价的。在礼仪化的生活中，正是从家庭的向外扩展中，每一个人自身才成为深刻的公共敬重、文化敬重并最终是宗教敬重的对象。除了在他们的日常生活经验中感受到强烈宗教性质所获得的成就，这些典范性的人格就成为其家庭和社群的祖先以及作为"天"的他们祖先遗产的捐赠者，"天"在非常广泛的意义上规定着中国文化。正是祖先和文化英雄们长久以来不断累积的精神方向，使得"天"的价值得以明确并富有意义。

我们可以界定某些具体的方式，在这些方式中，儒学与杜威实用主义之间的对话能够彼此丰富、相互取益。在一个更为一般的层面上，我敢说，大部分从事比较哲学的西方学者会认同这样一种看法：从事中国哲学的研究能够增强西方哲学的生命力。对于中国传统的理解和扩充，具有西方哲学训练的学生也常常会带来新颖的分析工具和崭新的视角。但是，好处是相互的。我们在《先贤的民主》中指出，"东方化"虽然迄今为止还是一个未经明言和未经承认的过程，但它已经是并且将继续是中美关系的一项题中之意。

----

① MW 4：12.

如果我们相信存在着对话的基础，并且这种对话是互利的，那么，受到杜威和孔子双方所提供的社会行动主义（social activism）的各种模式的启发，我们又如何从一种学院的对话转向深厚的社会实践呢？

随着中国不可避免地走向民主的某种中国版本，本文讨论的真正价值也许在于其直接的当代相关性。无论在儒学还是在杜威的思想中，都缺乏对于自由民主的许多先决条件。当然，像自律的个性（autonomous individuality）、为在个体意义上理解的政治权利提供基础的数量的平等（quantitative equality）等等这些观念，对于有关繁荣社群的儒家和杜威两方面的眼光来说，都是一种诅咒。另一方面，在儒学和植根于杜威过程哲学中更为社群主义式的民主模式之间，却存在着共鸣。在哪里有人类自由的最大保障，不是由谈论权利所保障的权利，而是一种繁荣社群，在哪里自由就不是一种漫无限制的东西，而是自治（self-governance）的充分参与。在《先贤的民主》一书中，我们试图提出的问题是：中国的民主能否通过鼓励诉诸在古典儒学中无处不在的某种特定的"社群主义"而承担最佳的责任，或者还是要中国抛弃其文化的中心，而输入自由民主的西方观念呢？

（彭国翔 译）

福柯、杜威和现在的历史

兰道尔·E. 奥克谢尔（Randall E. Auxier）著

思想家比较之类的论文至多具有学术趣味，而且对本来就有限的受众来讲，这些比较甚至经常无用或不具启发性。我希望本文避免这种缺陷并力图超越学术趣味。1988年，当我写完该研究的初稿时，冷战已经进入第40个年头，福柯也才刚刚离开人世。定稿的时候，我发现自己已身处一个不同的世界。在现在这个世界上，学术兴趣似乎没有什么价值，因为那些把客机撞向高楼的人认为这是为了一项事业而采取的可接受方式。撇开了此类事情的政治影响不论，那些以自杀式方式杀害别人的人认为这种事情是正当的。虽然提不出解决这类问题的具体方案，但是，我确实坚信问题的起因部分是由于人们思维方式过于狭隘，而这种狭隘至少部分是由人们对历史认识的失败造成的。简单地说，一个人不需要以恐怖分子或资本家的思维方式来进行习惯性的思考。可以具有不带来广为流行之不公的商业活动，可以以非暴力方式忠实于一项事业。哲学在此具备一定的价值和实际功能。正如福柯所说，"目的是学会思考人们自己的历史努力在何种程度上能使人从静默思考中解放出来，以至于能够用不同的方式来思考问题。"我深切地希望那些通常以为商业是与政治和不公正完全无关的人们可以再做思考，但我更为热切地希望那些认为为了一项事业而视夺人性命是种道德上可接受方式的人,能够重新思考他们的观点。现在,让我们重新思考两个历史,看看它们是否有益于解放我们的思想。杜威和福柯都是非常擅长再思的,也许我们可以通过学习和重新思考他们来学会更好地思考。

从事美国的古典传统和当代大陆传统的比较的思想家有其自身的难处。约翰·斯图尔(John Stur)在其《谱系的实用主义》一书中就这些传统进行了简要比较,并指出了在其他的此类比较中存在的许多共有缺点。简单地说,斯图尔认为,实用主义者在看待后现代和大陆思想时会受累于四个基本弱点:一是过于概括,二是过于抽象,三是过于现代,四是过于理论化。在讨论这些弱点之前,请容许我表达对于斯图尔的观察的认同,我将试图提供一个可以避免落入这些困境的比较。关于"过于概括"的问题,斯图尔的意思是说,实用主义者普遍以一个标题把他们组合在一起,然后简单地概括他们的思想,而大陆思想家的共同之处并不多。如果没有认真对待每一位思想家本身,那么后来的概括或价值有限,或毫无价值。我这里解决此种问题的办法是只选取两位思想家——即杜威和福柯——并深入地探讨他们的思想。关于"过于抽象"的问题,斯图尔的意思是说,实用主义者经常会出于比较的目的而去分割后现代主义哲学家的理论,将他们的理论与他们所处的历史语境以及个人气质剥离开来——这与两个传统各自的语境主义承诺是背道而驰的。这里的解决方式,是进一步解释杜威和福柯的语境与个人气质以支持比较的观点。关于"过于现代"的问题,斯图尔的意思是说元叙事与基础主义有时会蔓延到对后现代主义的实用主义解读中。正如斯图尔所说的那样,解决这个问题的办法是"用实用主义者自己的亲近意向去承认并批判地思考差异性、距离、破坏、暴力、利益、工作中的苦恼与隔膜感等"。① 换句话说，实用主义者必须学会看到在他们在不得要领的实践中存在的缺陷，并准备好接受他们理论的不恰切而出现问题的可能性，这或许对他们保持自身目标的完整性是有必要的。这里我试图注意我论述的界限，我并不要求涉及过多的内容。正如斯图尔说的那样，元叙事是不可避免的，但幸运的是我们也许可以注意到界限，并负责任地使用它们们。② 最后，关于"过于理论"的问题，斯图尔的意思是说，对于实用主者来说，哲学必须可以"烤制面包"，必须注意实际的结果，哲学不能仅仅允许自己是机智的或者有教化意味的对话。的确，这是最困难的问题，因为如果消除导致冷战和恐怖主义的思维习惯是一种实用的行为，那么，把这个讯息直接传达给恐怖主义者以及资本家之类的人而非传递给学者，不正是更为实用吗？我个人不知道如何找到能从这种思想解放的行为中可受益的受众，但我知道，福柯和杜威都意识到了斯大林或希特勒那个时代的问题，许多人在那个时候都追随这种狭隘思维权力的榜样。而且，两位思想家都成功地找到了我不指望他们找到的受众。但是，正如福柯和杜威在各自的生活和工作中所做的那样，甚至教授也是有些用处的。

因此，不管成功与否，这篇论文试图成为有效历史中的一部分，但它不是尼采或伽达默尔的精确意义上的有效历史。直到这种努力接近尾声的时候，我才能清楚地说出为什么我认为杜威和福柯的联系是人类精神（这里的人类精神是指人类意识的演进）发展史上的一个重要事件，如何通过提供历史之编纂的一部分而

---

① 约翰·J. 斯图尔：《谱系的实用主义》，奥尔巴尼：桑尼出版社，1997年版，第110页（John J. Stuhr, *Genealogical Pragmatism*, Albany: State University of New York Press）。

② 同上书，第102页。

尽力书写一个现在的历史。也许基于这种承诺及基于杜威及福柯对于20世纪哲学的重要性，读者可能会容忍我做这样的过渡性讨论。无论如何，两位思想家对于21世纪的重要意义是这篇文章的潜在主旨。

背　景

从哲学上说，杜威和福柯的方法论与历史哲学有某些有趣的关联。至少从表面上看，我们有充分的动机去探索这些关联，因为，这些探索也许可以为某些错综复杂的且对今天学者来说并非鸡毛蒜皮的问题提供视野。例如，进化论是科学哲学还是历史哲学？或者，它既不是科学哲学也不是历史哲学；或者，它在某种意义上既是科学哲学也是历史哲学？进化论是一种历史主义，抑或历史主义是一种进化论？在杜威和福柯那里，探究哲学问题就会产生一个相当复杂的历史问题，这是一个在我刚考虑这些问题时未曾料到的问题，而历史问题以及他们两人各自关于变化、进化以及历史观点的重要性的任何可行的哲学分析都需得到处理。历史问题是杜威的生活及工作曾对福柯产生直接影响（虽然没有言明）的问题，这进而提出了与任何书写历史影响的严肃企图相伴随的全部史学问题。我在别地方说过，旧历史影响的概念已经是不可行的了，我们因此应当依据"融会"的理想去寻求并书写。[①] 然而，融会包括了作为其自身特例的影响，我们必须还要将影响考虑进去。

在这个例子中，重要的、直接的、未被公开的影响是难以得

---

① 兰道尔·E. 奥克谢尔：《作为汇聚的影响：柏格森和怀特海》，载《过程研究》，1999年3—4期，第301—338页（Randall E. Auxier, *Influence as Confluence: Bergson and Whitehead*, Process Studies）。

到确定的，但它是这个例子中的一个明显的可能性，对此，许多学者会感到惊讶。福柯在最后一次接受采访时说，对于他来讲，"有三类哲学家，一类是我不了解的；一类是我了解并且讨论过的；一类是我了解但没有讨论过的"。① 我相信我可以为福柯合理地说明，杜威是属于福柯意义上的第三类哲学家。这也引发了一个问题，那就是福柯是如何看待第三类哲学家的，他为什么很少说或者不说起这些哲学家。最明显的答案——即这些哲学家对福哲学工作的关键意义什么都没有说到——并不是充分的答案。在那个采访中，福柯自己就否定了这个推断，他说，尽管事实上他根本就没写过海德格尔，也"仅仅在一个很短的文章里写到过尼采，不过这两位作家却是我读得最多的。""我认为"，福柯继续说，"一个人和少数的几个作家一起思考，一起工作，但却不去写他们，这一点是很重要的。"②

如果我断言杜威是位列福柯所言"少数的几个"中的一个，那就走得太远了，但是我引用这些话是为了揭示福柯在引用和写作曾经影响过他的哲学家思想方面的一些倾向，那就是，有些哲学家不管对福柯影响有多大，他们的名字也不必一定要出现在福柯那里。他们的观念会在福柯那里浮到表面，但是他们的名字有时却藏而不露。在福柯看来，就是应当如此。

因此，杜威的影响就在于定位杜威是属于福柯三种"类型"哲学家中的哪一类了。如果是如我所说的第三类，那么关键问题就变成了如下几点：（1）福柯是如何解读杜威的？（2）在福柯的生活和工作中我们能找到哪些具体的思想应该可以追溯到他对

---

① 米歇尔·福柯：《政治学、哲学与文化：1977—1984 年间访谈与其它作品集》，劳伦斯·D. 克里茨曼主编，纽约：罗德里奇出版社，1988 年版，第 250 页（Michel Foucault, *Politics, Philosophy, Culture*: *Interviews and Other Writings* 1977—1984, Ed. Lawrence D. Kritzman, New York: Routledge）。

② 同上。

杜威的解读？在最后，我将指出，这样的一致性被证明为是纯粹偶然的，尽管我并不倾向于这么认为。

真实的历史关联是值得研究的，我认为部分是因为这种联系将提供最好的方式去了解杜威与福柯的哲学在哪里是延续发展的以及在哪些方面是不同的，我希望这可以帮助我避免斯图尔对从事写作当代大陆思想的实用主义哲学家的抱怨。这种历史研究进而在很大程度上有助于用各自的术语定位当代美国和法国传统中活的东西，至少是部分如此。

解决这个历史问题，也许可以在重新建立法国思想和美国思想之间密切的有效关联的方向上迈出一步，这种关联存在于20世纪早期。在第一次世界大战前，双方对对方的兴趣和好奇心远远超过了对对方的轻视或视而不见。

我将在后面聚焦福柯的"现在的历史"概念。作为关键性概念中的一个，它对福柯的哲学发展产生了重要影响，我认为几乎可以确定它来自杜威。这个思想最明显的材料来源是尼采而不是杜威，但杜威和尼采的思想在某种程度上是一致的，这一点已为研究杜威和尼采思想的学者经常提到。通过考察这个概念在福柯思想中产生的时间以及通过考察他在什么意义上理解它，我相信我们会更为明确地看到福柯在这一点上是杜威式的而非尼采式的。这一点也是很重要的，因为福柯哲学思想的发展对许多20世纪70年代到80年代早期参与政治的人产生过巨大的影响。尼采不是一位政治改革家。他对历史本性的洞察使得他脱离了他所生活的时空，而非深入其间。福柯在一开始的时候也是持这种态度，但与尼采不同，他开始发生变化，并逐渐更多地卷入到政治中。由于杜威和福柯的历史观，他们没有被排斥在学术和时代的政治文化之外，而是进入了其中。一个不能分辨尼采"效用历史"的观点，即一个实用的政治策略的人，却可以懂得杜威"现在的历史"以及他的人生。另外，尼采避开了他那个时期的媒介，以及可以把他带进公众注意力的其他方式，而杜威和福柯却从不这样做。

那些熟知福柯的人们可能会认为，我的看法和詹姆士·米勒的观点大相径庭。他们会坚定认为尼采才是对福柯的人生和思想产生过主要影响的人（尽管这是有争议的）。米勒认为，海德格尔对福柯的影响是第二位的，对此我没有疑义。相反地，我要补充他的观点，我在这里要对福柯的特定观点进行解释，这些观点被米勒用来支撑他的尼采式的理论框架。比如，福柯为什么在突尼斯两年后参政。有意思的是，当米勒声称福柯对1968年五月巴黎学潮有浓厚兴趣并导致了他的政治"觉醒"时，另外两个主要的传记作家却表示，几乎与此同时在突尼斯发生的政变可能把福柯从学术象牙塔中拉了出来，并改变了他不过问政治的姿态。福柯的"政治化"令那些与他关系密切的人惊讶不已。三位传记作家都一致承认，萨特作为一个典范，在福柯心中具有一个爱恨交加的模糊地位，但是，他们都没有意识到，杜威在他心目中才是一个占主要地位的典型。

然而，福柯的觉醒至少部分地是杜威超越学术界而在世界上有巨大影响的持续表现，倘若福柯自己的政治激进主义受他自己的将"有效历史"理解为"现在的历史"方式的影响——我力辩确实如此，那么，较之与尼采来说，他和杜威在这个观念上"获得"了更多的一致性。在这里，我不能如愿地深入到由这个例证引出的哲学问题中，因此在我看来，我必须满足于提出有趣问题的所在。我事先还要指出，我将不谈论杜威和福柯思想中许多深刻的不同之处。因此，本文不应被视为提出了更多的证据去证明他们两人的相似之处。无论如何，尼采是不同情弱者和被掠夺者的，这是很清楚的，而杜威与福柯却与之不同。这将促使我们去质问米勒的观点是否全面——如果不是准确的话。

福柯对杜威的解读

1990年3月,杰拉尔·德勒达(Gérard Deledalle)向美国哲学促进会提交了一篇美国哲学在西欧尤其在法国发展状况的论文。在此文中,他谈到福柯曾读过杜威的一些著作。那时他没有提供更多的细节,但提到德勒达1963年到突尼斯大学担任该校的首位哲学教授,[①]且经让·威尔牵线,德勒达邀请福柯到突尼斯任教。福柯接受了邀请,他的思想和人生历时四年的关键转型也由此开始。

在去突尼斯之前,福柯一直按照学术的路子从事学术生活。正如米勒所说,他"像是真正而聪明地在做学术研究"。[②] 他不热心政治,而是更投身并热心于知性问题。他曾在20世纪50年代早期短暂加入过共产党,此后,直至1968年秋从突尼斯回来,他没有更多地卷入到政治激进主义活动中。他几乎完全错过了五月风暴中的学生运动。迪迪埃·艾里邦(Didier Eribon)声称,福柯命中注定要于1968年重新介入政治,"他退出政治(即他离开共产党的时候)到他再次坚定卷入政治只是一个时间问题。这注定发生在突尼斯。"[③] 然而,正相反,假定从福柯的过去中不能找到他一定要重返政治的迹象,而命运的说法又难以让人相信,那么,他的这种说法是没有什么价值的。他是一个有些热衷

[①] 迪迪埃·艾里邦:《米歇尔·福柯》,翁贝茜英译,剑桥:哈佛大学出版社,1991年版,第187页(Didier Eribon, Michel Foucault, Trans. Bestsy Wing, Cambridge: Harvard University Press)。

[②] 詹姆士·米勒:《米歇尔·福柯的受难》,纽约:西蒙与舒斯特出版社,1993年版,第172页(James Miller, The Passion of Michel Foucault, New York: Simon and Schuster)。

[③] 迪迪埃·艾里邦:《米歇尔·福柯》,第192页。

于自己想法的神秘莫测的人，显得不特别倾向于替被压迫者声张，或者说除了为他自己之外，他不替任何人说话。

简要地说，他回过头来重新评估他已经做过的工作。正如这本书揭示的那样，他试图寻找一个更宽阔的视角，并由此去理解历史和历史学（问题也由于后者而产生了）。

如果这些是福柯从学术领域跨入政治生活的所有语境的话，那么从事美国传统经典研究的人对此就没有多大的兴趣了。但是，除了福柯周围的政治骚动和努力反思他早期的作品之外，在他新寻找新的立足点时第三个因素出现了。这第三个因素就是杰拉尔·德勒达及其作品。正如艾里邦所说的那样，"福柯把德勒达看作是英美哲学的专家去咨询他，福柯本人对英美哲学并不很熟悉。当德勒达徒步穿越西迪布撒以德时，他几乎天天与福柯一起探讨问题，他在福柯那里看到了大量记满笔记的纸张，而且，他每次都能看到纸张在不断增加厚度。"[1] 那些纸张是《知识考古学》的书稿。

德勒达提供了他们二人两年来在一起时的更多细节，并慷慨提供了他说过的证据。福柯对美国哲学和德勒达著作的书系可以追溯到1954年。那年，德勒达出版了他的《美国哲学史》，福柯于1955年7月为此书写了第一篇书评。[2] 至1967年，德勒达研究杜威已经有了二十年时间，并写了《约翰·杜威的哲学》一书，这也是福柯最后一次去突尼斯。根据德勒达的说法，福柯

---

[1] J.-P. EL·卡巴萨访问资料：《福柯回应萨特》，原以法文载于《文学半月刊》，1968年3月1-5，第192页（Interview by J.-P. EI Kabbach, Originally published in French in *La Quinzaine litteraire*）。

[2] 米歇尔·福柯：《思想成果》，约翰·K. 西蒙访问资料，载《法国大学出版动态》，巴黎：法国大学出版社，1955年版，第7页（Interview by John K. Simon, *Les moissons de l'esprit, L'activité des Presses Universitaires de France*, Paris: Presses Universitaires de France）。

读过那本书,也读过杜威的《逻辑:探究的理论》的法文版。

此信息极大地聚焦在杜威对福柯可能的影响程度问题上。这就为比较提供了两个基本根源。关于第一个文本,如果杜威影响到了福柯的选择,使他从学术延伸到政治生活,那就必然是通过德勒达写的关于杜威的著作。这个问题很难有令各方都满意的答案,但是,我要指出一些一致之处,以说明杜威的确影响到了福柯。至于第二条材料,如果《逻辑:探究的理论》对福柯的哲学或方法论有任何可考的影响,那么,这个影响也许是通过杜威后期的《逻辑:探究的理论》而产生的。我认为这个层面的影响更容易讲清楚,但它和历史证据一样很难让人消除疑虑。下面我依次分析这两个根源。

由于德勒达研究杜威的书还没有英文版本,因此,在大西洋的对岸阅读和讨论此书的人并不多。重点是理解福柯从此书中读到了什么。德勒达的著作是已有的有关杜威思想发展的书中最为全面的一本。赫伯特·W. 施耐德(Herbert W. Schneider)对此书有精彩的评价:

> 这卷……是迄今为止出现的最为全面地展现杜威哲学发展和实质的书,也许是空前绝后的。很少有历史学家像他那样有兴趣和耐心去探究每一个细节,其中不仅有杜威的经验概念,也有经验概念的发展与杜威人生经历的关系。①

福柯早先加入到马克思主义者队伍更多是由于他年轻时的妄自尊大或与主流格格不入,而非由于他可能具备的社会良心或对善的某种无私见解。在他后来苦涩的回忆中,他提到马克思主义

---

① 赫伯特·W. 施耐德:《哲学史杂志》,1967年版,3:300,第55页(Herbert W. Schneider, *Journal of the History of Philosophy*)。

者留给他不好的经历。① 在艾里邦看来，与积极的良心呐喊相反，福柯是个冷酷、愤世嫉俗、隐秘和深度自我分裂的人，而很奇怪的是，他也是一个相当自信且有雄心壮志的人。不管这个看法是否准确，这绝不是福柯最终的形象。很多遭受欺压的人都从福柯参与政治生活中受益，他引导这些人去想他们做的好事是否真的是那么好。然而，正如米勒多次指出的那样，福柯与尼采的天才观有相似之处，都认为天才是天然造就的和命中注定的。② 关于"命中注定"部分，如果真有此事，将不需要做多少分析，而"造就"部分可能需要分析。我欲以具体证据的方式提供一些可能促动福柯的思想，以及培养出他潜在社会良心的材料。

公平地说，福柯作品的基本变化迹象出现在他1970年当选为法兰西大学教授之后。那时他刚好从突尼斯回来满两年。一回到法国，他的政治活动变化就很明显了。

1967到1968年间的突尼斯，学生和政府之间的政治动荡屡有发生。在突尼斯的法国教授或多或少可以置身于这些冲突之外，但是，从福柯的传记作家那里可以看出，这些教授在很大程度对学生报有同情心。福柯利用他受到保护的身份（因为他不仅是法国公民，也是位著名人士）去帮助那些被突尼斯政府严厉处分并被迫流亡的学生。福柯的行为有一定的风险，但在起初看来，对待像福柯这样的著名人士，突尼斯当局最重的处罚也就是将其驱逐。然而，福柯遭到了那些或许得到或许没

---

① 詹姆士·米勒：《米歇尔·福柯的受难》，纽约：西蒙与舒斯特出版社，1993年版，第172页（James Miller, *The Passion of Michel Foucault*, New York: Simon and Schuster）；戴维·马塞：《米歇尔·福柯的一生》，纽约：潘塞恩图书出版公司，1993年版，第193－194页（David Macey, *The Lives of Michel Foucault*, New York: Pantheon Books）。

② 同上书，第70－72页。

有得到突尼斯政府命令的人的殴打，显然这是警告他不要插手当时的局势。这的确是对一个人安全感的严重挑战。①

与此同时，福柯从事着最无关政治的活动：写作《知识考古学》。这本书被认为是福柯从"考古学时期"到"系谱学时期"过渡的一部作品，尽管用这样便利的范畴过于简化了他作品的内容。然而，他在突尼斯写的这本书很明显重新思考了早期的学术努力。正如他所说的：

> 我写这本书的目的是什么？……通过朝相同的方向更进一步（如与《词语与事物》一致的方向），再退回来，就好像是在螺旋上重新转一次……我希望表明我谈的问题的位置在哪……我要给空洞的"考古学"词汇增加内容。

作者在本卷中严肃对待并格外倾注精力的主题是卷首语，用杜威的话说来就是，"哲学最好要积极投身到生存的努力中，关注自己时代的问题，而不能像僧侣一样让自己置身于世外……要借助于传统的问题和兴趣，努力摆脱时代的陷阱和缺陷，而不是在死人堆里打滚。"

施耐德是一位富有耐心、头脑清醒、具有传奇色彩的学者。就全面展现杜威哲学的著作而言，这一本出版于35年前的书至今没有出其右者。

这一点具有双重意义。首先，他的书之所以重要是因为，无需阅读杜威本人卷帙浩繁的文集，仅仅借助施耐德的书就可掌握杜威每本书以及每篇文章所包含的全部内容。福柯对杜威哲学在各个阶段的发展、内容和影响了如指掌。施耐德概括了杜威所有的重要文章和著作，也对杜威的思想和思想脉络等进行了批判的

---

① 戴维·马塞：《米歇尔·福柯的一生》，第205页。

分析。

其次，施耐德相当关注杜威的传记资料，这是为何福柯能够知道杜威政治行动主义的本质和范围的原因。德勒达称杜威"热心为那些没有充分享受到他们权利的好处的人的事业进行辩护。"① 他将杜威的行动主义和社会良心追溯到他在佛蒙特州柏灵顿市成长的经历，美国的东北部在那个时候正进行工业化运动（以及工业化带来的所有社会问题）。杜威在成长过程中目睹了工人阶级的贫穷和所受到的压迫，德勒达在他的书中形象地描述了杜威早期的人生经历。德勒达将消除贫穷和腐朽看作是杜威早期人生的基本动力，这在晚年再次成为他的重要动力。

重要的一点是，福柯在解读德勒达著作的时候，不错过杜威的纯理论哲学和他的左翼社会激进主义之间的连贯性。这种经验上可知的关联是德勒达著作的焦点。看到这种连贯性，福柯不会看不到他自己隐居式的学院生活和他自己重写的历史——即一种差异的体制外的历史——之间的不连贯。杜威批评那些"僧侣般的超脱"的话一定会刺激福柯，尤其是当他门口就有学生运动分子正遭受折磨的情况下。直到那个时候，用"僧侣般的超脱"来形容福柯再准确不过了。

认为福柯与杜威在一定程度上具有一致性也是有道理的。通过偏爱黑格尔并在黑格尔的基础上逐渐进化，两人形成了各自的哲学体系。也可以说，每人都有一位黑格尔式的"导师"。杜威是受到了乔治·莫里斯（George S. Morris）的教诲，而福柯则受到了让·伊波利特（Jean Hyppolite）的引导。两个人在早期通

---

① 杰拉尔·德勒达：《约翰·杜威哲学中的经验》，法国大学出版社，1967年版，第 54 页（Gérard Deledalle, *L'dee d'expérience dans la philosophie de John Dewey*, Paris: Presses Universitaries de France）。

过专门研究黑格尔之人的有力指导了解了"第二手的"黑格尔。杜威和福柯在进入研究生院攻读时都曾遇到过困难。从哲学上说,由于他们在进入研究生院之前都曾读过黑格尔,因而他们后来都自成一家。福柯和杜威两人都生长在第一次世界大战的阴影下,尽管那个时候由于年龄小而未能参战。但是,他们两人至少在以下方面是不一样的:杜威借助于他突出的哲学成就去全面影响社会变化,他的影响从芝加哥、纽约到世界上其他国家——如土耳其、中国、俄国和日本等。

杜威的人生经历是否让福柯在如何利用他个人新近取得的成就方面有一些想法呢?至少这是有可能的。福柯读过很多书,很难说哪些书是他追求的榜样。毫无疑问,尼采在那两年里对福柯的思想影响很大。福柯和杜威的一个相同行为值得一提。福柯知道,杜威和一位新闻记者富兰克林·福特曾想在密西根办一份知识分子报纸。德勒达是这样形容的:

> 1882年,福特想方设法实现他办一份自由报纸的计划。该报纸取名叫《思想新闻》。该报的计划书宣称,"密西根大学哲学系的约翰·杜威负责该报的运作。"为了捍卫他想改革新闻的想法,杜威解释说,他想"把报业引进到哲学中以求得哲学的转型"并"展示给大家哲学是有某种作用的"。杜威说,"当哲学思想不是为了自己,而是用来指出社会生活阶段的意义,哲学思想就会有生命和价值。"[①]

阅读过杜威之后,福柯也曾经"被深深地卷入到《解放》(Libé

[①] 杰拉尔·德勒达:《约翰·杜威哲学中的经验》,法国大学出版社,1967年版,第54页,第89页。

ration)的发行上"。① 《解放》是法国左翼的一份自由的知识分子报纸。上述杜威哲学观念是"工具"的看法与福柯说过的他参与报业的话：

> 这个世上的观念比知识分子想象到的要多。这些观念比"政客们"的思想更积极、更有力、更具抵抗性、更有热情。我们必须站在诸多观念产生、爆发出它们力量的地方，不是在书本中表现它们，而是要在事件中显示出它们的力量，在斗争中围绕这些观念产生或支持或反对的态度。观念不能统治世界，但是这个世界上有观念（并不断产生新的观念），我们要思考的是这些观念不是被动地受到领导者的支配或由某些人教给他们。这是我们希望的"新闻报道"所要采取的方向。一篇思想分析将和正在发生的事件的分析结合在一起。知识分子将要和记者在观念和事件相互交叉的地方携手并肩。②

福柯再好不过地表达了杜威自己的预定计划！这也许是纯粹的凑巧。但更需要注意的是，福柯定然从阅读德勒达写的一个曾经通过新闻媒介卷入到社会活动中的知识分子的书中受到了启发。

通过阅读德勒达的著作，福柯将会知道杜威的新闻工作的努力并没有与《思想新闻》一起中止（事实上，这份报纸从未发行）。主要通过给《新共和》和其他流行杂志投稿，杜威成了美国社会、政治、教育改革背后活跃的知识力量。通过德勒达的

---

① 迪迪埃·艾里邦：《米歇尔·福柯》，翁贝茜英译，剑桥：哈佛大学出版社，1991年版，第89页。

② 同上书，第282页。

书，福柯了解到了这位20世纪介入到政治中的知识分子的榜样。这位榜样的影响恰逢福柯的思想已成熟到可以扩大影响时候，这个时候，福柯在突尼斯的遭遇，即他周围的暴力和压迫，促使他形成社会责任感。

很自然地，福柯有许多别的可以追随的潜在的行动主义知识分子榜样，如萨特、布尔迪厄、阿尔杜塞等，因此这个论点不能解决什么问题，但我已经把事实摆出来了。在阅读杜威之前，福柯是典型的学者。福柯阅读杜威之前是可以追随其他榜样的，但是很明显，那些榜样并没有激发福柯投身于政治冲突。读了杜威之后，福柯立刻开始着手做杜威曾经做过的事情：他开始推进教育改革，并在文森组建哲学系（这点像杜威在芝加哥组建哲学系），把知识分子组织起来支持社会改革（像杜威曾经帮助组建全美大学教授联盟，战争非法运动，致力于成立一个新政党），办一份报纸，亲身参加质询调查，为人民写报刊文章。福柯以前从来没有做过这些事情，他的朋友和同事刚开始时对他的新行动主义感到惊讶。萨特本人也卷入到所有这些事情中，但是从事件的时机看，萨特不像是福柯的偶像（很久之前两人就在对待斯大林的方式上分道扬镳了），萨特也不是刺激福柯信奉行动主义的人。在1968年3月接受《文学半月刊》采访时，福柯基本上就和萨特断绝了关系。

事实是，福柯的转型发生在突尼斯。那时他几乎每天和德勒达交谈，阅读德勒达和杜威的著作，写作《知识考古学》，用敏锐的眼光观察突尼斯人。因此，福柯的政治转型，至少在一定程度上是由于他接触到了杜威并受其鼓励。支持和反对这个看法都需要大量的论证，这是要留给训练有素的历史学家来解决的问题。

现在的历史

更具哲学趣味的,是福柯对杜威1938年作品《逻辑学:探究的理论》的解读方式在哲学和方法论上对他产生的影响。福柯与杜威这本书的历史关联发生并表现在福柯本人以及他的思想改变的时候。可否就杜威影响的程度做更多阐释?当然可以。有许多事情可以说并且应该说,但是,我在这里仅考察源自1938年《逻辑学:探究的理论》中的一个观念,这个观念在福柯后来的工作中扮演着关键角色,我认为这个观念来自杜威——不管福柯对此是否意识到。

查遍福柯出版的所有著作,除了1955年福柯为德勒达的《美国哲学史》写的书评之外,我没有发现一处参考文献是杜威的。作为一位历史学家,福柯由于引用材料不足而名声不好,但是他绝不羞于引用来源模糊的或非权威的材料。然而,1984年的采访表明他也许隐去了几个关键的名字。我们自然不能排除这样的可能性——也许福柯无意中借用了杜威的一个重要观念。

很显然,福柯并不惯于思考或谈论杜威。比如,沿着对福柯的研究——这些研究确实延伸了对实用主义的讨论,斯图尔观察到,福柯"真诚有兴趣"将实用主义和他的工作和研究联系起来。但是,斯图尔总结道:"我没有证据说明福柯认真研读过实用主义者。"戴维·马塞说:"很明显,从(福柯的)(1968年在突尼斯的)讲演看,福柯在分析哲学和语言哲学领域的阅读面很广泛,他对这些主题的研究对《知识考古学》产生了显著的影响。似乎他在这个题目上的大部分知识是在突尼斯获得的,来自杰拉尔·德勒达借给他的书中。"① 很显然,马塞把实用主

---

① 戴维·马塞:《米歇尔·福柯的一生》,第190页。

义和分析哲学看作一个东西，但至少很清楚，福柯的思想受到外来的影响，而且这种外来影响并不都是第二手的。然而，与斯图尔的疑虑相一致的是福柯1971年在美国接受的访谈。福柯在访谈中说，在法国"人们根本不去读美国的哲学、历史和批评；美国书籍的翻译是非常滞后的。"在这之前，福柯离开突尼斯还不足三年。很显然，在他的印象中，杜威的《逻辑学：理论的探究》就是翻译滞后的一个例子——该书在出版后将近三十年才被翻译出来。在法国，除德勒达之外没人讨论美国哲学，所以美国哲学不会出现在福柯的头脑中。离开突尼斯以后的岁月中，他已经记不清楚他读过的杜威的作品，杜威的思想已淹没在他头脑中大量的观念之中。所有这些非常强烈地提示我去捍卫一个主张，那就是福柯无意间借用了杜威《逻辑学：理论的探究》中的一个关键观念。

然而，一个非凡的观念确确实实涌现出来了。这就是"现在的历史"的观念。无论怎么看，《知识考古学》也不是一部"杜威式"的著作。杜威的研究者们几乎找不到他们认可或同意的东西。这是一本福柯对那个时候所从事不同事情进行的元方法论反思的书。它清除了自文艺复兴到现代对制度的意义和活动的一系列杂乱攻击。只有在完成了这些之后，福柯才感到可以"自由"地继续从事别的事情；这是他在多次访谈中所表达的一种情感。不过，就福柯的《知识考古学》一开始长达14页的方法论宣言和杜威1938年的《逻辑学》中关于历史判断的14页长的论述之间的比较而言，其论述要勾画出的形象涉及到思想派别以及基本立场等的相似程度非常之多，因此不能说这只是一种偶合。

我在这里不能以长篇大论来系统地说明这两个著作，但鼓励读者们自己去做比较。我将就一些最相似的地方提供非常有限的提要。正是这些段落在很大程度上说服了我：杜威的哲学之手和尼采、海德格尔、黑格尔、杜梅齐尔、伊波利特等人的手一起，给了福柯很大的帮助。

"现在的历史"这一观念出现在《知识考古学》中，但仅仅是泛泛而谈，还没有成为主题。福柯谈论了书写历史的考古学的不同层面，他顺便说道："历史描述有必要按照现在的知识状况来安排顺序；历史叙述随着每次的知识转型得到增加，这从来没有停止过，反之，它们也就自我终结了"；他继续说："历史分析提出的大问题是……作为新的基础和基础重构的转型"。① 危险在于，每一种新的历史都威胁要提供一种新的基础，以取代它刚刚从根本上加以动摇的陈旧基础。

杜威的反基础主义远近闻名，这一点清楚地表现在1938年写作的《逻辑学》中。那些宣称杜威并非一贯地坚持这个姿态的人——比如理查德·罗蒂②——通常依据的是《经验与自然》一书中表达的立场，而非从《逻辑学》立场出发。正如罗蒂指出的那样，福柯和杜威一起分享着反基础主义的情感：

> 杜威和福柯对传统进行了完全相同的批判。以此立场出法，他们两人完全同意有必要放弃传统的理性、客观性、方法和真理观。可以说，他们两个都"超越了方法。"③

---

① 米歇尔·福柯：《知识考古学》，A. M. 谢里登·史密斯英译，纽约：潘塞恩图书出版公司，1971年版，第5页（Michel Foucault, *The Archaeology of Knowledge*, Trans. A. M. Sheridan Smith, New York: Pantheon Books）。

② 理查德·罗蒂：《杜威的形而上学》，载《实用主义的后果》，明尼阿波利斯：明尼苏达大学出版社，1982年版，第72—89页（Richard Rorty, *Dewey's Metaphysics*, In *Consequences of Pragmatism*, Minneapolis: University of Minnesota Press）。

③ 理查德·罗蒂：《方法、社会科学与社会希望》，《实用主义的后果》，明尼阿波利斯：明尼苏达大学出版社，1982年版，第204页（Richard Rorty, In *Consequences of Pragmatism*, Minneapolis: University of Minnesota Press）。

并非毫无意义的是，福柯对结构主义的拒斥也发生在他阅读杜威的时候。1967年4月，福柯依然还接受"结构主义者"这一标签，在接受突尼斯一家报纸的采访时，他甚至说自己是"结构主义者的祭台助手"；到1969年，他明确拒绝了那个标签①。结构主义是一种秘密的基础主义见解，它至少确信意义是从可知且合理的稳定结构中产生出来的。从功能上说，结构主义对于法国哲学犹如分析哲学对于美国哲学。

杜威与现在的历史

对历史的反基础进路只是"现在的历史"的一个方面。不管如何，正如罗蒂所正确指出的那样，这个进路在法国不像在美国那样新奇。② 福柯在《知识考古学》中暗指的"现在的历史"观念直到《规训与惩罚：监狱的诞生》一书出版的1975年才真正得到使用。时间已经过去了很久，福柯可能已经忘记了他在哪里看到"现在的历史"这一词组了，但事实上他曾经看到过。

看看杜威是如何讨论历史的，看看在福柯读过书中的现在的历史以及他是如何讨论的，将会是有益的。杜威按照历史写作中遇到的自相矛盾来讨论历史问题（正如福柯经常做的那样）——历史学家不能获取一个写作历史的必需立场，他们随后又在写作的文本中掩盖或者否定了这个困难：

---

① 理查德·罗蒂：《方法、社会科学与社会希望》，载《实用主义的后果》，明尼阿波利斯：明尼苏达大学出版社，1982年版，第204页（Richard Rorty, In *Consequences of Pragmatism*, Minneapolis: University of Minnesota Press），第167页。

② 理查德·罗蒂：《福柯和知识论》，载《福柯：一个批判性的读本》，戴维·考森斯·霍伊主编，纽约：巴斯布莱克威尔出版公司，1986年版，第45页（Richard Rorty, *Foucault and Epistemology*, In *Foucault: A Critical Reader*, ed. David Couzens Hoy, New York: Basil Blackwell, Inc）。

[史学著作的]读者眼前的是推论性探索的现成成果。如果历史学作家具有一种生动的想象力,过去的一切直接地呈现在读者面前。所描述的场景和叙述的情节会直接呈现出来,而不需要推断式的建构工作。读者一旦看到历史学家写出的材料就会直接做出结论,这和他读一部结构安排良好的小说几乎是一样的。①

杜威补充说,"正是由于这些事实,历史的书写是通过对问题情境探讨而获得作为一个解决方法的一种判断范例。"② 历史编纂是从现在的问题引发的,即使这个问题是由我们对一系列过去事件了解的不满意引起。我们必须认识到过去事件的知识是有价值的,只是因为我们也认定它导致作为现在存在物的我们可以更好地了解自己。

在这种语境中,杜威把历史的写作和自然科学进行了比较。在他看来,二者都属于同一类探究。他指出:"历史判断的形成落后于自然判断,原因不仅是因为历史判断更为复杂,缺乏资料,而且许多历史学家没有形成对他们自己以及众人讲明他们用来组织材料之系统的概念结构的习惯。……概念框架经常被看成是固有的假设。"③ 这当然正是福柯在《知识考古学》里想试图讲清楚的内容。杜威总结说:

> 最细微的反思表明,用于写作历史的概念材料就是一种历史被写成时期的概念材料。除了历史的现在,没有什么材

---

① 约翰·杜威:《逻辑学:探究的理论》,纽约:美国亨利·霍顿出版公司,1938年版,第231页(John Dewey, *Logic: The Theory of Inquiry*, New York: Henry Holt & Co.)。

② 同上书,第232页。

③ 同上书,第233页。

料可以适合主要的原理和假定。随着文化的变化，文化的主导概念也发生了改变。新的检视、评价、组织材料的立场也必然地会产生出来。于是历史要被重写。先前流传下来的材料自己作为资料出现，因为新的概念是以新的待解决问题为目的的，它要求用来陈述和检测的新的事实材料。在一个给定的时间里，某些观念在一个特殊时期的文化里得到了至高无上的地位，这样，用它们来建构过去的事件这一点似乎被过去现成的"事实"证明为合理的。①

福柯在1967年阅读这个材料的时候，可能会发现这些思想非常熟悉，他最新的作品《事物的秩序》就是基于这个前提：一个时代的弥散的社会实践决定了可以被说和不可以被说的东西，那个时代的思想亦是如此。杜威对此相当肯定，然而，他没有断定存在着统治一个时代的思想术语和话语"知识场"之类的先验论断。此外，作为一类探究，历史编纂学必须进行下去以使得概念取向简单明了。在杜威看来，所有历史都是现在的历史，所有历史判断都是推论性和不确定的，并受到了现在的文化价值观影响。杜威说历史是"被建构的"而非"被重构的"。福柯偶然间已发现了这些见解中的大多数，而且，至少是自1960年伽达默尔《真理与方法》出现之后（或许是更早一些，即从海德格尔运用狄尔泰的历史性概念之后），一个相似的历史主义形式已经在欧洲大陆"游荡"。人们可以发现，此观念早在1925年的英美思想中就已得到接受。杜威的创新之处在于他谈论了历史编纂学家用来探讨的逻辑，即选择历史文献重点的逻辑。

杜威认为，历史学家用来建构的命题"不是最终的历史命

---

① 约翰·杜威：《逻辑学：探究的理论》1938年版，第231页，第233页。

题自身",而且,"严格地说,它们根本就不是孤立的历史命题";"它们是有关现在存在东西的命题;在功能上它们是历史的,因为它们是推论性建构的材料"。① "因而",杜威继续说,"它们是和一个问题有关系的"。②

这里的结局是,不管它喜欢与否,有选择的历史编纂学应当为一个高于学术好奇心的目的而起作用。不管自觉与否,历史编纂学家执行着一种社会导向和价值观承载的制度功能,如果这个活动的结果得到理智选择和清晰陈述(那样的话,被选择的结果的真相可能会得到研究和评估),那么编纂的结果会更好,历史编纂学家也不会仅仅变成无意识制度机械上的一个齿轮。我也不明白福柯是怎么避开不反映杜威《逻辑学》里的这个思想的。在最实践的层次上,他难道不是把自己变成齿轮了吗?他自己写的历史的结果是什么?他选择了那些结果吗?这种选择是可能的吗?权力和知识的关系问题已经隐约出现在上一个问题的视界中。

杜威更进一步建议,历史编纂学家应围绕一个被陈述的目标,尽可能地重视现在的文化观或社会价值观在历史资料选择中所扮演的角色。我们必须承认,如果我们想写历史,"历史的观念即是基于现在的结果这一既定方向的累积且连贯的趋势"。③这并不是说历史必然是有因果关系或连续的,而是说每个写历史的人必须假定这一点——这正好与福柯考古学路径的设想背道而驰,而且,这也引起了对此方法真诚性的疑问,福柯曾经以同样的精神在《知识考古学》中质问了自己。最后,杜威说,"如果承认选择的事实是首要的和基本的,我们要信奉这样的结论,即

---

① 约翰·杜威:《逻辑学:探究的理论》,第232页。
② 同上。
③ 同上书,第234页。

所有的历史都必然从现在的立场出发来得到书写，而且，在一个无法逃避的意义上，它不仅是现在的历史，而且是被当代人判定为现在是重要东西的历史"。① 这样，此问题就有两个要点：史学家的立场和历史编纂学家所用材料的状况。福柯在《知识考古学》中称后者为"文件"的问题。杜威简单地说："编年史给历史提供资料，但几乎不是历史自身"。②

福柯与现在的历史

从突尼斯回去不久，福柯就显现出了把这些思想内在化的迹象。1971年11月，在一篇被刊登出来的与好斗的学生的对话中，福柯向他们指出："在历史进程中，你们被要求学会某些东西和忽视其他的东西，因此，某些事物形成了知识的内容和规范"。③ 这就带来了文件问题，他继续说：

> 作为处理文本的一种方式——作为一种选择和排除的问题——这样的表述影响着现在所有被讨论和做的事情。这个体系其实在告诉你："如果你希望理解并认识现在的事件，你只能通过过去去行事，通过从过去仔细获得（从过去专门发展起来）的理解来阐明现状。"④

---

① 约翰·杜威：《逻辑学：探究的理论》，第231页，第235页。
② 同上书，第234页。
③ 米歇尔·福柯：《革命行动："直到现在"》，见《语言、反记忆、实践：米歇尔·福柯访谈及论文选集》，唐纳德·包撒德主编，伊萨卡：康奈尔大学出版社，1977年版，第219页（Michel Foucault, *Revolutionary Action*: 'Until Now', In *Language, Counter-Memory, Practice: Selected Interviews and Essays by Michel Foucault*, ed. Donald Bouchard. Itaca: Cornell University Press）。
④ 同上书，第220页。

福柯认为，我们不得不抵制这种主张。反之也是如此——过去必须通过现在才能被理解。这种观点不是福柯所写的前三个"历史学"的明显表征。如果有什么的话，相反的假定是可行的。然而，在突尼斯之后（以及继德勒达和杜威之后），福柯的第一个历史学与他前面所说的相一致。为什么他认为有必要去批判他早期的历史观呢？他一直在阅读尼采、黑格尔和萨特。在他所受到的教育中，这些人是常量，而杜威则是一个变量。

福柯经常要回答为什么要基于目前动机而写作一个给定历史论题这样的问题。在去突尼斯之前的回答总是很学术性的，遵循如下模式："我想考察一下 X 和 Y 之间的关系。"在他离开突尼斯后，回答就变了。在《规训与惩罚》中，没等采访者问他为什么写监狱史，福柯就给出了一个声明，或者更准确地说，给出了一个介绍他这本书的宣言。他为什么写监狱史？"我仅仅是对过去的历史感兴趣吗？不，如果他们的意思是我依据现在去书写一个过去的历史。是，如果意味着我书写现在的历史"。福柯没有对此阐述进一步加以展开，但他在法国的读者不需要更多的解释。1971 年 2 月 8 日，福柯被卷入创立监狱信息团体（G. I. P.）中。他在圣伯纳德礼堂的演讲里说：

> 我们打算让人们知道什么是监狱：谁去那里，怎么去的，为什么要去；那里所发生的事情；囚犯的存在状况如何，那些负责监视的人的存在状况如何；那里的建筑、食物和卫生状况怎样；里面的制度、医务监督和劳作场所是如何运转的；里面的人是怎么被放出来的，那些被释放的人在社会中的遭遇如何。[①]

[①] 米歇尔·福柯:《监狱分组信息创造》，载《艾格三月》杂志，1971 年第 531—532 页 (Michel Foucault, *Création dun groupe d'information sur les prisons*, Esprit March)。

由于监狱信息团体的大声疾呼、将其目的向媒体进行介绍以及与政府刑事部门的持续斗争——尤其围绕政治犯方面进行的斗争,它很快声名远扬。四年后面世的《规训和惩罚》是这个政治行动主义的延伸,并被用作为同一个活动进行服务的工具。简要地说,它就是一个现在的历史,它是基于理智的选择原理而写成的——这个原则可以使得它服务于历史学家的被陈述出来的目标。在这个方面,它完全有别于福柯早期的制度史。

参与监狱情报团体的创立工作是福柯自发投入到政治行动中的第一步,这也使得许多人惊讶不已。他一直到去世都在积极从事这个普通的事业。现在的历史和过去日常意义上历史的区别,是前者能抵制制度的惯性,而后者则有意或无意间屈服于引发这种惯性的弥散性实践与制度结构。现在的历史审慎和机智地选择它反抗的战役和战场。过去的历史是一种制度记忆的工具,它掩盖了自己的选择行为——这是通过制度化的弥散实践自身所学会的。现在的历史可以是保守的也可以是自由的,可以是主动的也可以是被动的。过去的历史却总是保守而被动的。

我认为,杜威在一定程度上影响了福柯参与政治生活,这可以从他的历史编纂学方法变得宽泛上体现出来——从被动的历史编纂到主动的历史编纂。福柯挖掘遗忘的文献并据此形成一定主题,这不难说明这种倾向正好表明他是走向现在的历史这一观念。我并不能否认这一点,但是有旁证让人想到其催化剂是杜威。这就是要得出的历史点,但现在还不能阐明法国思想和美国思想之间这种关系的哲学意义。然而如果注意到这点,是可以简要地说明的,那就是福柯和杜威都相信,哲学必须扮演对文化和社会的批判角色。简单地说,两国思想家都认为哲学就是对现在进行不停的批判。在福柯的最后著作之一中,他说:

> 我一直力图强调,可以将我们与启蒙联结起来的脉络

并不在于信守教条成分，而在于不断激活某种态度，即某种可以被描述为对我们所处历史时代恒久批判哲学的精神气质。在杜威看来，哲学也必须转型为对我们现在进行的一种连续的批判，这种批判以富有成果的方式运用了这个传统。①

杜威同样认为哲学应转变为一种应用生产性方法去对现存事物进行持续批判的形式：

> 这样，哲学是一种被一般化的批判理论。它对于人生经验的终极价值是，它持续地提供批判那些价值观的工具……这些价值观可以在人生经验的方方面面找到。②

当前研究法国思想和美国思想关系的最有效的方式，是从政治上和哲学上弄清福柯和杜威在这里所说的涵义。哲学现在所做的工作是福柯和杜威相信是应当做的吗？那些擅长哲学史的人创作出有智慧的现在的历史了吗？擅长当代哲学之人的工作是否和具体的人生经验密切关联，以有助于对现在的人生经验做有意义批判？如果答案是"不"——一般而言，我猜是这样的，那么我们还有很多工作要做。我们可以开始问自己：我们中每一位写的文章的可能的影响是什么？我们被大学制度的惯性拖着走了吗？我们要达到的目标是什么？

---

① 米歇尔·福柯：《什么是启蒙?》，见于《福柯读本》，保罗·拉比努主编，纽约：潘塞恩图书出版公司，1984 年版，第 42 页（Michel Foucault, *What Is Enlightenment?*, In *The Foucault Reader*, ed. Paul Rabinow, New York: Pantheon Books）。

② 见约翰·杜威：《经验与自然》。

历史性与现在的历史

如果哲学行当和一般的学术界仍不能写出现在的自我意识的历史，那可能是由于哲学意识的发展还不够普遍，或者在过去的 30 到 40 年间倒退了。为了写作一部真正的现在的历史，我们需要具备什么？按照斯图尔的说法，以前的实用主义之所以未能写好大陆的后现代思想，部分是因为它过分局限于后现代主义者的元叙述和话语实践了。实用主义者不情愿考察他们自己的元叙述，不愿看到他们自己的缺陷，从而让辩证法不堪自身的重负而倒塌。我声称我要尊重这个教训，在这里我将尽可能信守承诺。也许在这里也要信守上面已经做出的承诺，即可能会通过上面对福柯和杜威的考察得来具有哲学意义上（不只是历史意义上）重要的东西。我真的相信杜威影响到了福柯吗？这有什么区别呢？这就是可以形成实用主义者和后现代批评之间对话的问题。为了回答这个问题，我应当提出另一个问题：如果我造成了一个信念，我要以它来做什么？另一个问题是：在什么情况下大家能够或可能去取得一致意见？福柯的追随者们将会对我这个研究置之不理，而且即便是我根据证据得出了更为确定的东西，他们也可能对此视而不见。这不仅仅完全是法国式的。实用主义者可能注意到，他们就知识或信念能做的精英态度。实用主义者可能相信——但不是实用主义的信念意义上——行动法则。如果杜威和福柯的关系可以被构想为知识，那么，这是因为某些力量可以在此基础上得到发挥。让我们用一个迂回的方式来探究这一点。

书写一部现在的历史需要什么？我在本文开头部分提到，杜威和福柯都出自于黑格尔式的指导，但是，对于把握现在的历史来说，在这里考虑他们超越黑格尔的方式是很重要的。难道黑格尔在他的《哲学史讲演录》的"导言"中没有预料到这类历史吗？在描述"原本的历史"和四类"反思的历史"（通史、致用史、批判史以及专门史）的关系时，黑格尔或许已经显示出对"现在的历史"的关心，并且为它的自然界限做了分类①。在黑格尔看来，这些范畴要与"哲学史"或绝对精神的"形成"史区别开来。

我并不相信福柯和杜威的"现在的历史"的观点属于黑格尔所发展起来的思路中。我倾向于将杜威和福柯的见解称为"后哲学史"，这一点也就指明了最重要的差别。对于黑格尔来说，哲学家的工作本质上不是批判的（当然包括批判，但批判不是中心任务，其中心任务是综合）；对于杜威和福柯来说（就像在康德和马克思那里一样），哲学的中心任务是批判，而综合变为了综合体。现在的历史不能是黑格尔所描述的"实用的"或"批判的"历史，这不仅是因为，在他看来这些类型的历史是亚哲学的，而且由于一个他从未考虑过的原因：一个真正的现在的历史作家的当下和反思的意识，形成于黑格尔哲学自我成长（以及它的马克思主义的后继者）。黑格尔之后的历史变成了一个差不多是一种过程的武器——或者用杜威的称呼，一个工具。杜威与福柯不能像达到前荷马式的意识一样，再获得一个真正的前黑格尔主义者的意识。这不仅是因为特定的质朴性已经在后黑格尔哲学的意识中失去了，而且现在的历史的历史性——连同它所有的不明确之处——为历史本身的书写提供了真正的基础。因此，今天只有两种被书写的历史：承认自身的现在的历史，以及不承认自身的现在的历史。无法逃

---

① 黑格尔：《历史哲学》（修订版），纽约：维利图书出版公司，1944年版，第1—8页（G. W. F. Hegel, *The Philosophy of History*, Rev. ed. New York: Willey Book Co.）。

避意识的现在形态的历史性，不管我们如何称呼它——我们或者如雅斯贝尔斯（Jaspers）那样称之为普遍的历史立场，或者如奥特加（Ortega）一样称人类没有本质，人类有一个历史——在这一点上是一致的。问题不是黑格尔意义上的哲学史是否是或者曾经是真正可能的，而是历史在塑造和批判使得它成为可能的话语实践中作为何种工具。正如福柯在《词与物》一书中暗示的那样，现在的时代是这样一个历史时期，现代的主题既是知识的对象，也是任何认知行为的可能性条件。我们可能无所事事地想知道超越这个时代的东西是什么，但目前最好的策略是按照事实真相去认识它，并且朝着一个充分的、彻底的自我意识去努力。具有讽刺意味的是，这正是黑格尔认为他已经达到的。但是，达到黑格尔最终要达到的哲学意识的现在形态，即雅斯贝尔斯认为属于那个时代的"决定性的意识"是不可能的吗？这样的成就难道不必然会招致超越当下呈现的（诗歌的或者反讽的，如海德格尔或者罗蒂）意识和其自我意识之间的辩证关系吗？

然而，这是一个很大的希望，因为历史性是通过广阔的时间和空间领域呈现出来的，而不仅仅呈现为当下意识及其辩证的相应者（反思的自我意识）之间关系域的整体有意识占有——这即是在黑格尔的《法哲学》和《哲学史讲演录》中阐述详尽的动力。之后我们就可掸去鞋上的黑格尔式灰尘。更进一步说，现在的真正的历史的历史性以及区分了黑格尔意义上单纯的"反思的历史"的东西，存在于自觉运用可给文本带来基本结构的隐喻中，不仅仅作为可理解的共相（或者是具体的概念，黑格尔已经做过的），而是作为自我意识的可理解共相。例如，像在《确定性的寻求》一书中找到的那样，杜威熟知的"生长"（这是杜威的一个不可忽略的观念）和"胆量的缺失"是专用于有机领域并附加在他的后哲学史历史人类学中的隐喻。杜威不是作为一名前黑格尔的哲学家而是作为后黑格尔的哲学家来进行这个工作的。他的历史学和历史学研究上的工作不是进行天真的反思,而是在完全把握了语言界限的情况下进行的工作。

像杜威和尼采一样,福柯喜好自觉运用自然世界中的隐喻。最初他选用考古学甚至是地质学的隐喻,但是,自从读过杜威之后,他转向了更容易转入具体的人类领域(比如"谱系学")的隐喻。另一个重要的标志,是他借用了海德格尔的"烦"的隐喻。海德格尔在《存在与时间》一书中有意识地运用了这个隐喻,但是,福柯将之用作自我意识的隐喻,这种情况很像罗蒂的反讽,但不具有教化的目的。福柯的目标不同于罗蒂。福柯的目的更像是杜威式的。海德格尔似乎相信他从字面上讨论了"烦"。但是福柯了解得更好。从当下呈现的意识和反思的自我意识的立场看,这些隐喻的价值不仅发挥了作用,而且,福柯理解了它们对于诗歌和哲学意识的重要意义。所有这些层次都瞄准了真正的现在的历史的主题。只有在黑格尔穷尽了他所谓的"哲学史"的结构的可能性之后,这样的历史才真的成为一种可能性。通往这种历史的道路由维科和休谟开启,由赫尔德(Herder)加以发展,但完成于黑格尔。但现在它已经没有什么地位了。

因此,福柯和杜威加入了对现在的全部的历史的创作,即后哲学的历史。在同样的意义上说,任何关于杜威对福柯影响的故事也都必然是一种后哲学的历史。我们应当按照它自觉地为一个目标而去把握历史的方式领会它。既然这样,我主张其目的是解放思想。是否有人相信我知道我说的那些意指,或者这是否是一次教化,这是超出我的控制范围的,尽使我声称并非如此。但是,"杜威影响了福柯"这样的主张是否有力度,这取决于此主张是否被认为是知识,并且在后哲学史里,这等于是问历史学的工具自身是否得到有效的运用。这个主张在历史性方面较之于它的历史更有构成性,因为前者是后者的条件。这是后哲学史的一个矛盾,这需要我承认,我真的不知道杜威是否影响了福柯,但我认为有价值的是用这种方式去思考他们的关系,而不是用简单的古文物研究理由去考察他们的关系。

(阎鑫 编译)

传统与改革之间：杜威教育学的当代意义

拉里·希克曼（Larry A. Hickman）著

2002年6月1日是约翰·杜威逝世50周年纪念日。无论以何种标准评判，杜威都是美国最伟大的哲学家、教育家和公共知识分子之一。在学校课堂之内，他培训了几代公立学校教师和管理者；在课堂之外，他致力于经济的正义、战争与和平、种族关系、公民自由等领域的社会改革以及公立学校的政治。

杜威出生于佛蒙特州的柏灵顿，在佛蒙特州立大学和约翰·霍布金斯大学接受教育，先后执教于密西根大学和明尼苏达大学（1884–1894）、芝加哥大学（1894–1904），以及哥伦比亚大学（1905–1930）。在芝加哥大学时，他创立了大学实验学校（也被称为杜威学院），同时也是简·亚当的赫尔馆（Jane Addams' Settlement House）董事会成员。来到哥伦比亚大学后，他成为纽约教师工会（New York Teachers' Union）、美国市民自由联合会（American Civil Liberties Union）、有色种族全国促进会（National Association for the Advancement of Colored People）以及美国大学教授工会（American Association of University Professor）的积极参与者。

杜威游历甚广。除了不计其数的欧洲之旅，他还花了两年（1919–1921）时间在中国和日本讲学。随着他作为教育家的名声日益鹊起,他还接受邀请参观了俄罗斯、土耳其、墨西哥和南非的学校。1937 年,他到墨西哥城去领导了针对利昂·托洛斯基的调查委员会。尽管教学和公共演讲日程繁忙,他还是继续以令人惊叹的速度出版了众多专业和通俗的书籍以及文章。1961 年到 1990 年间,卡本代尔南伊利诺斯州立大学杜威研究中心编纂的"杜威文集"达 37 卷之多,这些是他的重要著作。1949 年,杜威 90 岁生日之际,他被《纽约时报》称颂为"美国的哲学家(America's Philosopher)"。

在美国,杜威和公立学校教育之间的关系也许最好可以被视为悖论。一方面,他极有可能是美国甚至是全世界在 20 世纪最重要的和最单一的教育理论家;另一方面,一个糟糕的事实是,他的许多观点被其仰慕者、批评者等严重歪曲,而且,美国的教育者们一般需要将理论付诸严格的实践检验之后才会予以认同。到了 21 世纪,杜威的观点仍然充满着矛盾,并且依然往往只是被零星地采用。杜威的理论能否对于在我们这个世纪里将要长大成人的孩子们的教育有着重要影响这一点,仍然有待检验。

根源:哲学、心理学、政治学

作为一位哲学家,杜威最初接受的是新黑格尔派的唯心论。但是,在其早期,他微妙地转向了查尔斯·S. 皮尔士和威廉·詹姆士所创立并发展的随后被称为"实用主义"的新哲学。实用主义的核心特征之一,是观念的意义存在于它可能的后果中。用另一种方法解释,实用主义者主张的是,如果两个观念在其可能的后果方面没有任何不同,那么在一切实践的目的上,它们是同一个观念。换言之,实用主义是一种工具主义:一个词、一个物体或一个观念的意义正是词、物体或观念所能实现的东西。

詹姆士走得更远。他认为,一个观念或假设一经提出,其真理性可根据它满足一个客观上尚未解决或成问题的情境之必要条件的程度来加以判定。

杜威将意义和真理的实用主义的表述当作工具,用以攻击被普遍认可的系统的哲学和形而上学教条。尽管杜威承认柏拉图和亚里士多德及其中世纪和现代的继承者们曾在多方面创造出丰富和多产的思想,但他还是认为,那些哲学家的形而上学体系从整体上来说过于严格。杜威认为他的哲学前辈在很大程度上往往在已完成的、欠灵活的分类结构中圈定固定的智力范畴,包括伦理的和审美的理想。作为对这个漫长传统的回应,杜威想要找到一条路,引领哲学家们一个崭新的开始:他想为哲学做件可与达尔文在生物学领域中所做的事情相媲美的事情。就像达尔文实现了物种观念的功能化那样,杜威想要哲学家们把本体的观念功能化。

杜威下定决心削弱这样的传统观念:固定的观点和思想在已完成的结构内运作。因此,他论证说,它们应该被当作能够随着新情境而被重新设计甚至重新发明的工具或者器具。在杜威的观点中,观念和理想的重要性更多地依赖于它们所能完成的工作种类,而非在一个思想系统之内的谱系和位置。

作为工具,观点和理想与其被应用的存在的抽象材料之间是相互作用的关系。工具随着即将到来的工作需要被选定,同时,即将到来的工作也会因为利用可用的(或可改变的)工具而改变。手段和目的不是分离的,相反,它们彼此联系密切。应用到社会和政治领域内,这样的想法澄清了杜威的想法与粗暴的或所谓"直线的"工具主义(法西斯主义、纳粹主义的集权形式的一个特征)之间的区别。这些以及其他相似的意识形态——比如正统派基督教的大部分形式——倾向于建立一个先天的目的,这个先天目的作为不变的目标必须通过任意可行的手段来实现。

作为一位心理学家,杜威对威廉·冯特(W. Wundt)及其学生铁钦纳（E. B. Titchener）的内省主义和构造主义发起了正面攻击。在一篇闻名于整个学科史的关于学习理论的文章中，杜威的努力达到了极致：他于1896年发表了《心理学中的反射弧概念》。与被普遍接受的理论成果相反，杜威辩称，刺激不是机体外部的什么东西，而是机体在其生存环境中的一种状态。这个有关刺激本质的重要新观点的一个后果便是反应能力同样得到重新的解读：反应不是那么直接地指向刺激，而更多地表现为行为的循环。这些行为，是由于特定机体适应不断变化的情况而产生的。

关于学习理论的这一革命性观点的后果几乎不能被低估。对于杜威来说，学习并不作为一系列平截弧（truncated arcs）出现。相反，它有着鲜活的节奏：疑问和混乱的不均衡与重建的平衡互相交替——一个问题被圆满解决。因此，学习者不仅是一个经验的被动接收者，他还是正在发生的生活诸事的主动参与者。每位学习者给教育设置了一套针对过去事件的复杂的行为和期望，它们必须被人们加以考虑。

因此，杜威想在教育学领域中减少死记硬背式的记忆所扮演的角色，避免以僵化的标准课程（和考试）作为主要的教学工具。他应用其"反射弧"研究结果，认为对学习的刺激并不外在于学生，而是学生在他或她的生活环境中的一种有机状态（organic state）。因此，儿童和课程之间的联系应该相应地以这种方式来设计：需要考虑到学习发生的社会情况，考虑到个体学习者的天赋、需要和兴趣。换言之，杜威认为天赋、需要和个人兴趣应该与一个足够严格的课程保持平衡，以确保儿童能够通过社会化进入社会，同时保持足够的可塑性，使他们能自适应于全新的、不可预知的环境。

杜威因此反对19世纪的观点（不幸的是，直到今天这一观点仍在某些地区被坚持着）。这一观点认为，学校惟一的或首要的功能，是作为传统以及被认同的观念的传输通道。杜威认为，20世纪的男人和女人需要的不仅仅是单纯的培训，也当然不仅仅是教导。他们同时也需要在类似实验室的学校里接受教育：他们的学校不仅是传授被认同的观念的场所，更是检验这些观念的持续适用性的场所，是用实际运用来检验新观念的地方。

用更具体的话来说，这就意味着，杜威的学校鼓励儿童进行主题学习。当然，学习中会用到默记以及背诵一串对象和事件的技巧，但是，这部分比重会被降到最低。杜威鼓励儿童探索对象和事件之间的场域和关系。杜威学校里的儿童不仅吸收事实，还把得出结论所依赖的数据加以解析、创造和关联。他们批判已被普遍接受的观念，更为重要的是，当有新的信息可利用时，他们重建这些旧的观念。

过时的权威主义和极权主义教育系统在19世纪遭到了失败，之后，它跌跌撞撞进入了20世纪。与此形成对照的，是杜威不仅特别对教导儿童思考什么有兴趣，对教会他们怎样去思考更加有兴趣。杜威意识到，知识的内容会随着时间而变化，甚至有时会急剧变化。但一种好的学习方法——学会怎样去学——会更加稳固，因为它能够自我纠错。

杜威观点中最闪光的部分也许体现在他的社会和政治思想中。作为成功社会探究的根与花的丰富的民主观念、对学会生长和适应新环境方法的深刻关切、通过合作性的风险来实现社会改良的承诺，也许就构成了他所奋力呼唤的民主的特征。1939年，当民主的理想在全球范围内遭到法西斯主义和纳粹主义蹂躏的时候，杜威选择将民主的信仰作为他80岁生日的致辞主题。他写道：

> 民主的信仰是相信人类经验有能力产生出目标和方法的信念。由于这些目标和方法，进一步的经验能够得到有序的增长。道德和社会的任何其他信仰立足于这样的观点：经验

必须在某一点或其他点上受制于某种外部控制的形式,受制于某种所谓外在于经验过程的"权威"。民主是这样一种信心:经验的过程比任何所要获得的特定结果都更加重要,以至于仅仅当其所获得的特定结果用于丰富和指导正在进行的过程之时,它才表现出其终极价值。既然经验的过程富于教育意义,民主的信仰就是经验的和教育的信仰。所有与进行着的过程相分离的目的和价值都被捕获和被固定。人们努力固定已经获得的东西,而不是利用它去打开和指向通向新的更好经验的路径。(LW 14:229)

在这个令人钦慕的段落中,杜威拒斥这样的观点:理想必须或甚至能够通过经验自身之外的来源被强加于经验之上。权威主义、超自然主义和先验主义不再被用作获取知识、个人成长和增强关联性生存的工具。杜威拒绝将民主看作为一个普遍适用的、能够被出口或进口的政府形式。他拒绝把民主等同于一个特殊的制度或特殊的内容。相反,他把民主等同于评价我们个人和公共经验的过程。民主是一种可以根据层出不穷的需要和机会来持续地改进和重建我们关于自身和共同体之观念的方法。杜威否定服务于行动的工具来自先验王国的观点,认为它们在丰富的实践中演化而来,在实践中接受现实世界情况的检验。也许最重要的,是民主的信念或多或少等同于教育的信念。

从前工业时代到工业时代,再到后工业时代

对于许多观察家来说,内战之后的美国遭受了一种极端的个人主义的侵扰。马克·吐温甚至在其书中将该时期命名为"镀金时代"。这个时候,由掠夺性的实业家主导的商业扩张无拘无

束。这个时代的特征是大迁移、种族纷争、联邦和州政府向社会达尔文主义者的经济原则妥协、那些力图将他们的日程强加到更广泛的大众中去的各种宗教原教旨主义者的狂热活动,以及(也许是最糟糕的)对儿童的经济剥削。

这段时期,杜威在简·亚当的赫尔馆工作,从事他在芝加哥大学实验学校的教育实验,同时开始为随后出版的《学校与社会》(1899)搜集观念。杜威开始敏锐地觉察到美国社会内部正在发生的变迁。美国正在迅速地由风、水和木头的前工业的农业文化,转向煤、钢和铁的工业文化。来自美国乡下和欧洲的农业工人正以创纪录的数字涌入美国的城市寻找工作。

过去,农村地区的儿童在日常农业生活中得到了共同体价值的实际训练和指导。现在,他们突然从这些环境中解放出来,被抛进全新的环境里。他们不再从事那些在共同体生活基础之上、因此需要年长的朋友和家庭成员指导的职业,他们与这些传统学习资源的联系被切断了。相反,他们或成为童工现实的受害者,遭受掠夺,或漂泊迷失在新的都市丛林中。杜威对此情况的回应是促进学校环境的改变,使儿童有机会用新的关系来取代那些已失去的关系。

杜威的观点是,学校应当成为新的共同体,这个共同体能够取代因为新工业化和地理上的迁移而被毁坏了的共同体。他自己的学校应该成为检验这些观点的实验室。利用现在被称为"问题式"或者"主题式"学习的教学技术,杜威以特定的具体问题为起点展开课题,并向外辐射,以囊括更广、更抽象的思考。在这个过程中,杜威一直关注于对象和事件之间的诸场域和关系。

杜威的学生们自己种植粮食和烹饪食物,自己修建小型的建筑。他们梳理羊毛和轧棉花以获取纤维。在这些具体的活动中,学生们循着自己的好奇心,在老师引导下学到:食物和纤维是从哪里生长出来和怎样运输的？商业网点如何运作以便使运输成为可能？学生的兴趣从具体材料外移到食物和纤维的化学原理，它们使用的历史，并因此到其分布的地理政治学。所有这些以及许多其他的思考都被精心地予以设计，以将儿童与社会环境相联系起来——也许有人会用一个最近很时髦的词，与全球化环境联系起来——与此同时，学生们也被大力鼓励去思考被普遍接受的实践的有效性及其改进方式。

有些读者认为，杜威在这段时间的教育学是尝试恢复小的共同体内的农耕生活理想。但是，这种解释经不起仔细的推敲。事实上，杜威敏锐地觉察到新工业技术在解决古老的前工业时代问题方面的可能性。也许更为重要的是，在他的时代，能够超越新工业时代而预见到下一个时代的哲学家或教育家寥寥无几：在当今这个时代，国家的钢铁工厂将陷入沉寂，信息而不再是看得见的商品将成为文化主宰的因素。而杜威确是为数不多的人中的一位。

杜威着迷于技术和技术科学在他的时代的成长，因此，他将技术开发当作将大众从严格的、阻碍其作为个体的自由发展的限制中解放出来的重要因素之一。但是，同样显而易见的是，当杜威辩称观念和理想是技术的加工品时，他完成了下一步的技术转变——向后工业文化的转变。基于对硬件技术的类推，他将其新的功能化要素刻画为在个人和社会的智力增长中进行用途检测的工具。

早在1892年，杜威就曾通过一个相关的比喻提出，观念是资本的一种类型，而且现在到了承认这个事实的时候了。杜威的激进的教育学路径十分明显地体现在其宣言中："人类智力一直在从时间的残骸中聚集着财富，一直紧握着从最初开始的时候它的全部意味的打捞物……但是智力必须将它的资本投放回到生活的压力中去：必须使它的储蓄金冒实际压力的风险……"（EW

3：152）

杜威从他的教育学研究中很清楚地了解到，这个建议牵涉到两种风险。当策略太保守的时候，人们不会相信观念能够承受住市场的压力。人们规避了风险，也因此不能得到原本可以接受的投资回报。但是，当策略太冒进的时候，资金就被浪费到那些与事实不符和不现实的项目上。因此，怎样在安全的目标和回报与成功地影响到令人满意的观念的经营这两个方面之间保持平衡？杜威认为，决定如何做到这一点，是教育的任务之一。

这项任务的最重要方面之一涉及到审视对象的方法。就像我已经说明的一样，杜威认为传统的分类学往往将对象在僵化地结构化的等级制中加以排序。这些观念被谨慎地保护着免受可能的风险而未被投资。

杜威认为，必须将分类学功能化，必须把它们当作在诸多事件中为事件和关系分类的工具，而不是这些事件的部分以及事件本身。它们必须是补充，而不是专有。换言之，它们必须置身到投资的风险中去，在风险中期望回报。

但是教育者们如何决定风险投资的份额？一些教育者将此新现象当作欢迎的标志：新的文化相对主义形式浮出水面了。另一些教育者则将此当作警钟，当作不受欢迎的讯号：社会基础和传统开始瓦解。当然，这些极端的观点准确地反映了美国教育理论的钟摆在20世纪的摇摆不定。

通过采用两个基本的主张，杜威为观察这些问题奠定了基础。首先，杜威将对象（objects）改造为目标（objectives）。他写道，这意味着，"仅当事物首先被当作探究成果时，它们对于我们来说才作为对象而存在。当被用于在新的问题情境中执行新的探究时，它们相对于之前保证其确定性的探究来说，乃是对象，在新的情境中，它们是获得一些其他知识的手段。在严格的意义上，它们是探究的一部分内容……但是回溯过去（也就是

说，作为先前探究中被决定的产品），它们乃是对象。"（LW 12：122）

在这段话中，杜威的语言是工具性的。这样，在保守和改造之间，一个精致的平衡完成了。在杜威的功能性的陈述中，对象是作为先前探究结果的一部分而被建构出来的工具，它同样也能促进未来探究的结果。以这种方式对待对象，就将人类生活从一些已僵死的传统重负中解脱出来。这也保证了这些对象能够继续很好地作为创新的工具而起作用。

在信息时代，一旦能够保持观念和对象的革新的速度，当代的学生就往往对此情境有直观的欣赏。这也许就是许多20世纪的教育学观点在新世纪不再流行的原因。在这件事情上，杜威是有先见之明的：我们现在所需要的不再是对静止、僵化和最终信息的吸收，而是把教育作为参与各项活动的请柬。这些活动与评价对象在其语境和领域中的地位相关，与它们重建的目的相关。教导必须让位于实验；对事实和说明的摄取必须让位于发现和证实活动。

更具体地说，作为对工业技术时代之结束的回应，杜威教育学的中心观点在现在比以往任何时候都更加适用。随着知识基础的增长，随着专业划分到更细小的领域，被称为"问题式"的或"主题式"的学习将要成为更传统的学习方式日益重要的补充。这是因为，当学生学会探究目标而非对象的时候，教育的功能方可发挥到极致。这意味着最好的学习是主题和内容的充分结合。

批评、暂时的黯淡与复兴

杜威及其观点从来没有逃脱过批评，而且，他的一些学生和仰慕者的活动往往加剧了这种情况。教育史学家戴安·拉维奇

(Diane Ravitch)在她的《落后》(*Left Back*)一书中,煞费苦心地举出了一个反对杜威以及"进步教育"运动成员(这些成员深受杜威的工作的鼓舞)的个案。

戴安·拉维奇列举了四个意义重大的观点。她认为这些观点界定了进步教育运动,而按照她的观点,进步教育运动"对任何人的扎实的学术教育提出了质疑"①。

第一,有一个这样的观点:"教育有可能成为一门科学,教育的方法和目的能够被精确地测量和科学地决定。这是脑力测试运动的基础。"②

但是,很显然,这一观点与其说是杜威的,还不如说是与桑代克(E. L. Thorndike)的工作更有关联。针对戴安·拉维奇提出的第一个要点中所包含的两条批评中的第一条,杜威认为教育比起科学来更像一门艺术。对一门教育科学之本源的探究将涉及以下问题:"利用何种方式,我们能够全面实施教育在其各分支和各阶段的功能,使得它们保持智力控制和理解(understanding)的系统增长?这些教育的分支和阶段包括课程素材的选择、教学(instruction)方法和学科、学校的组织和管理等等。为了降低习惯的产物、传统、偶发事件和暂时的偶然因素对教育活动的影响的程度,我们能够并且应该利用哪些材料?我们应该找到哪些资源,以保证智力、可传达的洞察力和指导力(power of direction)能够平稳和累加性地增长?"(LW5:4)

杜威因此提出,教育不仅要借用科学的技艺,还能够或还应

---

① 戴安·拉维奇:《落后:学校改革问题上长达一个世纪的战斗》,纽约:西蒙和舒斯特出版社,2000年版,第60页(Diane Ravitch, *left Back: A Century of Battles over School Reform*, New York: Simon and Schuster)。

② 同上。

该利用科学的发现,来指导它自己的探究。因此,教育的探究并非发端于科学之内,甚至也不发端于教育者之间,它出现在教育自身的过程中,只有当教育的过程确定了其日程,教育者才能利用科学所提供的工具。"我们必须区分开教育科学的来源和科学的内容。我们处于将两者混淆起来的恒久的危险中;我们往往假设,由于特定的结果是科学的,因而它们就已经是教育科学了。这样的结果是我们通过教育者的思想作为中介加以利用的来源,以使得教育的功能更加明智。只有当我们记得这些,启蒙、清晰和进步才能发生。"(LW 5:16)

至于第二个批评,即涉及到 IQ 测试的那个批评,拉尔夫·罗斯(Ralph Ross)的评论颇有指导意义。"1922 年的两个重要争端,"他写道:"是心理行为主义者华生和 IQ 测试的广泛传播。后者激怒了杜威,因为它仅仅把人当作量化群组中的一员,使得自认为精英的人产生一种轻视大众的观点,精英们认为大部分人都是低能。对此,杜威的问题是,'在哪方面低能?'令人震惊的回答是,'当然是在智力方面。'"(MW 13:xiii)

罗斯接下来提醒他的读者,杜威的观点是,"被称作智力的东西是后天的事情,它由机会和经验所决定。无论有多少先天的素质可能设立限制,它们都不是主动的力量。经验,也就是说教育,仍然是智慧之母。"对此,杜威又补充道:"我们决不能说我们知晓了由先天素质所导致的智力缺陷是什么,除非我们大大改变了我们得到和给出的关于教育经验的计划。除非是完全的低能,否则我敢说,大部分智力受限的人都有潜能,这些潜能现在还没有自我揭示出来,并且,只有我们把由平庸者和为平庸者的教育扭转为由具有个性的人和为个性的人的教育,这些潜能才能自我揭示出来。"(MW 13:294)

第二,拉维奇指控杜威以及进步运动持有这样的观点:"教育的方法和目的可以起源于儿童的先天需要和本性"。她声称,这种观点"是以儿童为中心的运动（child-centered movement）的基础。"①

几乎不用怀疑，进步教育运动的部分成员确实是她批评的靶子。但是，这个观点并不是杜威自己所持的观点。例如，1902年杜威就出版了《儿童与课程》这本书。杜威在题目中用了表示连接关系的"与"而不是表示断裂关系的"或"，这是意味深长的。下面是杜威对"与"的详细阐述：

> 摒弃将主题当作某种固定的和自身现成的、外在于儿童经验东西的观念；不要再认为儿童的经验也是某种坚固和牢靠的东西；要把它当作某种流畅的、发育中的和充满活力的东西；我们会意识到儿童和课程仅仅是定义一个个别过程的两大限定因素。就像两个点确定一条直线一样，儿童的目前立场和他们学习的事实及真理对教学做出了界定。这也是持续的重建，要从儿童当前的经验挪移到那些所谓学习的有组织的真理系统所表现的经验。（MW 2：278）

第三，"教育的方法和目的能够通过评估社会的需要并且使儿童适应其社会角色来决定。"对此，拉维奇写道，"这是社会效率运动的基础（the social efficiency movement）。"② 这个观点一个有趣的特征，是它很难和拉维奇在第二点中提出的内容相容。在第二点中，她指责进步教育者们关于教育方法应该从儿童需要中来的观点。在她的第三个抱怨中，她指责这些人所持的如下观点：教育方法应该从社会的需要中来，同时强加于儿童身上，而不考虑

---

① 戴安·拉维奇：《落后：学校改革问题上长达一个世纪的战斗》，纽约：西蒙和舒斯特出版社，2000年版，第60页。

② 同上。

他们自己的需要。

当然，杜威自己否认这两种观点，认为它们都是片面的，是还原性思维的结果。例如，在《教育潜在的伦理原则》(1897)一文中，杜威写道，"学校的道德责任，以及那些实施道德教育的人，都是指向社会的，"他同时补充说，这样的观点是通用的。(EW 5：57) 然而，这种责任是需要保持平衡的，在教育儿童的时候，要努力关注他们的个体需要。

> 儿童是个体，同时他必须作为完整的统一的存在而生活，否则将遭受损失和产生摩擦。从儿童所在的多个社会关系中挑出一个关系，以此来定义学校的工作，就好像要建立一个巨大的复杂的体育锻炼的系统，它仅仅保证了肺和呼吸系统的发展，而忽视了其他器官和功能。儿童，在知识上、社交上、品德上以及身体上也是一个有机的整体。决定着学校工作的伦理目标应该相应地以最全面的和有机的方式加以阐释。我们必须在最广大的意义上将儿童作为社会的成员，要求知道所有一切必需的，能够让儿童认清他的所有社会关系，并加以实施。(EW 5：58)

第四，拉维奇指控杜威和进步教育者们坚持这样的观点："教育方法和目的能够以社会改革的方式改变"。"这一观点的支持者希望学校能够改变社会秩序，或者通过解放儿童的创造精神，或者与此背道而驰，为着一个计划中的社会来教导他们。前者是儿童中心运动的信念，而后者则是社会重建运动的基础。"[①]

---

① 戴安·拉维奇：《落后：学校改革问题上长达一个世纪的战斗》，纽约：西蒙和舒斯特出版社，2000年版，第60页。

杜威认为"教育方法和目的能够以社会改革的方式改变"吗？杜威确实这样说了。但他同时也声称，我们不可能提前知道这样的改革将是什么样子。这是因为他认为教育的最终目的"不是人类竭尽全力发挥其创造力之外的东西。通过人的塑造、百姓洋溢的热情、自由的思想、品味的养成以及知识和有能力的方法的武装，社会自身在不断重建。而且，随着这样的重建，世界自身也得到重建。"（LW 5：297）接下来，他继续明确指出，技术的技艺的进步保证了社会变化的持续进行，不管我们是否乐意，新的问题和挑战也将出现在我们面前。

但是，面对不确定的未来，杜威建议"我们需要时时提醒我们自己，教育是纠正社会罪恶以及面对社会问题的最有影响力、最基本的方法。"社会改革不能由立法机构或其他权力机构完成。相反，这项工作只能"由单个的男男女女来完成，而且，只有当他们充分发挥自己所有潜力的时候才能完成。"（LW 5：297）

甚至在他离开人世前的 1952 年，由于国内的事端，杜威的影响就已开始衰落。在政治学领域，出现了冷战中的反民主的影响，这种影响随着参议员约瑟夫·麦卡锡（Joseph McCarthy）的耻辱生涯达到了顶点。1957 年苏联人造地球卫星的发射成功，使得公众的注意力转到严格的以课程为主导的教育体系，这也更恶化了这一局势。在哲学领域中，20 世纪 50 年代美国研究生院中主流的逻辑实证主义者及其追随者们不断探求基本的确定性。在心理学领域中，狭隘的行为主义形式自以为是。在教育哲学领域中，对量化和标准化考试的强调部分因为苏联人造地球卫星的缘故日益增加，人们不再注意个体智力和学生自己的需要。

杜威的教育学仍然争议不断。它仍然遭到政治领域中左右两翼势力的夹击。杜威认为教育应该牵涉到价值的厘清，这个观点遭到保守者的反对。保守者认为,学校毫无疑问应该是传统价值、特别是那些与宗教有关的内容的传播之处。尤其令保守者不安的是,杜威支持世俗的"人道主义",而在他们看来,这就是在道德价值方面向激进的相对主义的退缩。

比如,1999年科罗拉多州利特尔顿的科伦拜中学枪击案发生之后不久,芝加哥一所郊区学校董事会的副董事长发表文章,指责杜威的思想应对这场悲剧负责。他写道:"对于普通的美国人,杜威的名字什么都不是。但是对于那些在公共教育领域的人来说,它几乎在整个世纪意味着一切。杜威的教育哲学主导了教育领域,我们现在正在为此付出代价。"接下来,他还指责说,"这场看似无心的屠杀是实用主义观念作用的结果。如果能做,如果感觉不错,就做。他们于是就做了。"

就像我已经指明的,保守的教育史学家们,比如拉维奇,或即使是比我刚提到的这位先生更负责任的人,也仍往往以其同事和学生的极端行为来抹黑杜威。以上四点指控是拉维奇对杜威工作的核心批驳。我也已经最大限度地利用杜威自己的话对此进行了反驳。这四点在保守主义者对杜威的批评中司空见惯。但对于拉维奇来说,我们必须承认她经常将观点一手递出,另一手收回。她将大部分批评指向了杜威的同事,指责说是杜威为他们打开了通往极端的大门,而当事态超出控制范围时又没能适当地磨砺他们。

杜威同样也受到政界左翼的攻击。来自这个阵营的一般性指责包括他展示了对科学的过度信仰(作为启蒙理性的延伸),以及他相信社会能够通过逐步改良实现渐进的改革。威廉·安德鲁·帕林格(William Andrew Paringer)为这样的指控提供了极好的例子:

> 杜威看起来继承了启蒙运动中的改革观点,即一种世

俗化的宗教德性，它用资产阶级取代了牧师的声音，用理性代替了揭露，用经验的证据代替了原则。它在很大程度上默认了中产阶级对自我的解释（无论是在有神论还是在自然主义伪装下），在杜威的思想中，它是以科学智力的解放、美国民主话语为框架的，除非通过"有产的个体"，否则它就不能传播一种社会视野。我对此的看法是，杜威不是资本主义意识形态的仆人，但是他事实上忽略了"人的问题"和现代政治的经济之间的结构性关系，在非辩证性地强行推动其工具主义之时，他"忽视"了"科学"的可竞争本质。①

不幸的是，杜威的一些左翼批评者看起来甚至好像没认真读过他的著作，或者不比右翼评论家理解得更好。举例来说，杜威在不断地批评"启蒙理性"之极端的同时也发展了治理模式来代替现代主义者对确定性的寻求。他同时也清楚地知道资本主义的掠夺性可能，而转向支持社会主义的政治候选人。并且，最后要说但不仅限于此的，是他很清楚地知道科学技术的政治学空间。值得一提的是，杜威的女儿简（Jane）是位物理学家，曾经在玻尔（Niel Bohr）的实验室工作。

尽管遭受着来自左翼和右翼的双重持续的批评，在 21 世纪的开端，杜威的观点仍引起了极大的复兴的兴趣。这一方面归功于新实用主义哲学家如罗蒂和伯恩斯坦的影响，另一方面则是因为，人们面临的任务是教育 21 世纪的"新"男人和女人。对于他们来说，杜威的思想与其有着极大的相关性。

---

① 威廉·安德鲁·帕林格：《杜威和自由的改革的悖论》，奥尔巴尼：桑尼出版社，1990 年版，第 56 页（William Andren Paringer, John Dewey and the Paradox of liberal Reform, Albany: SUNY Press）。

新世纪能否见证民主观念和制度的增长,将在很大程度上取决于新的大众接受教育的方式。也许,如今是检验杜威的观点的大好的时候了。

(胥丹丹 译)

附录1

杜威哲学的复兴及其主要原因探讨

王成兵

一 杜威哲学复兴的一般轨迹及显著标志

一般而言，到20世纪50年代，约翰·杜威（John Dewey，1859-1952）这个名字虽然并没有为人们所彻底遗忘——杜威经常被各种学者们挂在嘴边，杜威的名字被写入了哲学史并以很高的频率出现在哲学百科全书和教科书中。然而，就实质而言，杜威哲学思想的现实和学术影响的确减弱到了最低点。有的美国实用主义哲学家提出，仅就哲学思想来看，杜威很多最值得注意的思想其实都是1925年以后才真正成熟和定型的，可是，让人感到遗憾的是，许多哲学家到了1925年之后就已经不再认真地阅读杜威的作品了。他们只是以当时流行的、被歪曲的与"实用主义"或"进步主义"的教育有关的陈词滥调来诠释杜威。到了20世纪40年代，杜威在人们眼中甚至成了一个讨人喜欢的但是没有多少严肃思想的"老顽童"，"几乎没有人对他的哲学进行严肃的批判性的讨论了"。①

导致上述现象的原因复杂多样，也不是我们在此讨论的对象。不过，当我们浏览一下当前美国的哲学文献，我们并不难发现，近些年来，北美学者有关杜威思想的研究文献明显增多。更准确地说，在过去的30年中，杜威哲学再次引起了人们的重视，有的西方学者甚至提出，"杜威和詹姆士是理解我们所处的现代世界最好的向导……经过三十年的超专业主义之后，问题在于赋予实用主义以更好的形式"。②

参照当代美国哲学发展的轨迹，我们可以看到，杜威哲学的复兴明显地开始于20世纪70年代。1966年，美国实用主义哲学家理查德·伯恩斯坦（Richard J. Bernstein）出版了《约翰·杜威》（John Dewey）一书，两年以后，英国语言哲学家艾耶尔（A·J. Ayer）的《实用主义的起源》（The Originals of Pragmatism）问世，这两本著作启动了实用主义哲学的一轮复兴，自然也促进和加快了杜威哲学的复活。在此后的二、三十年中，美国哲学界出现了一大批颇具特色的新实用主义哲学家（尽管他们中的一些人并不欣赏或不乐意承认"新实用主义"这个提法），除了上面提到的理查德·伯恩斯坦之外，还有后来在当代西方哲学界占有很高学术地位的W·奎因、理查德·罗蒂、C. 威斯特（Cornel West）、H. 普特南，等等。经过这一代学者的不懈努力，一幅崭新的图画终于呈现在人们面前："实用主义再次变得流行了。事实上，它变得如此的流行，以至于似乎人人

---

① 理查德·伯恩斯坦：《约翰·杜威》，华盛顿广场出版公司，1966年版，第167页（Richard J. Bernstein, *John Dewey*, Washington Square Press, Inc.）。
② [英] W·德逊、W·雷任，"美国哲学家罗蒂答记者问"，载《哲学译丛》，1983年第4期，第81页。

都知道它是什么了。"① 在努力复兴实用主义的进程中，这些哲学家也不约而同地把杜威抬到了很高的地位。美国当今最有影响的实用主义哲学家之一 C. 威斯特更为明确地提出，杜威是美国最伟大的实用主义者，与美国思想史上的其他哲学家相比，杜威享有极为特殊的地位："如果爱默生是美国的维科，詹姆士和皮尔士是美国的 J. S. 穆勒和康德，那么，杜威就是美国的黑格尔和马克思"②。在其学术活动中始终对杜威推崇有加的罗蒂在解释杜威哲学视界的现代意义时，明确而形象地提出，每当分析哲学走入死胡同时，人们都会发现，杜威正等在那里。③

杜威哲学再次受到人们重视的另一个明显的标志是自 20 世纪 70 年代以来杜威著作的整理、出版以及研究杜威的文章和著作的出版。70 年代末，美国学者 H. S. 沙耶尔在谈论实用主义复兴问题时就曾明确指出，更多的有关杜威哲学的评论著作的出版，是其中一个明显的标志，"对皮尔士、詹姆士和杜威著作的新的批判的版本正在印刷，有关实用主义的各种书籍论文也在迅速增多。"④ 20 年以后，这个说法得到了更充分的验证。20 世纪 90 年代，美国南伊利诺伊大学出版社完成了多达 37 卷的《杜威

---

① 罗伯特·郝林格和大卫·迪普编：《实用主义：从进步主义到后现代主义》，西港：瑞爵出版社，1995 年，第 X 页（Robert Hollinger and David Depew, *Pragmatism: From Progressivism to Postmodernism*, Praeger Publishers, Westport, Conn.）。

② 考耐尔·韦斯特：《美国人对哲学的回避》，威斯康星大学出版社，1989 年版，第 69 页（Cornel West:, *The American Evasion of Philosophy*, The University of Wisconsin Press）。

③ 罗蒂：《实用主义的后果》，明尼阿波利斯：明尼苏达大学出版社，1982 年版，第 viii 页（Richard Rorty, *Consequences of Pragmatism*, Minneapolis: University of Minnesota Press）。

④ 参见 H. 沙耶尔："评目的和思想——实用主义的意义"，《哲学译丛》，1982 年第 3 期，第 79 页。

文集》(The Collected Works of John Dewey) 的出版，并于1996年出版了《杜威文集》光盘版。这一项浩大的工程为人们重新深入研究和挖掘杜威丰富的思想内涵提供了可靠的和齐全的第一手资料。根据美国有关专家的统计，"自从第一篇评论有关杜威和他的工作的文章以来的八十六年中，共有二千二百多篇文章问世，平均每年有二十五篇，但是从1973年元月至1977年这四年中，就发表了三百多篇有关杜威的文章，平均每年六十多篇，仅仅数字可能还不足以反映出对杜威的注意力正在增长的全部情况，有关杜威的研究文章的质量和范围也在不断地提高和扩大"①。美国学者巴芭拉·莱维尼编辑和整理的《1886—1995年间关于杜威的著作》详尽地搜集了北美学术界从1886年到1995年之间关于杜威的著作和文章。根据笔者对巴芭拉·莱维尼所提供的资料的整理和统计，从1970年到1995年之间，北美学术界"关于杜威的著作和文章"多达2200多篇（部）。②

另一个不容忽视的事实是，许多著作和文章力图站在世纪的交叉点上，结合当代社会尤其是美国社会所经历过或面临的种种问题，对杜威的思想进行深刻的反思，这其中，既有像《约翰·杜威：时代的反思》、《共同体重建：实用主义的社会思想的意义》、《实用主义：从进步主义到后现代主义》、《约翰·杜威和美国自由主义的高潮》、《杜威和美国民主》和《解读杜威：为后现代的一代人所做的解读》等进行整体性、拓展性研究的著作，也包括了就杜威的思想对世界其他地区——如中国、日本、澳大利亚等所产生的影响的总结和反思。从这个意义上说，

---

① 参见陈友松主编：《当代西方教育哲学》，教育科学出版社，1982年版，第195—196页。

② 参见芭芭拉·列文：《1886—1995年间关于杜威的著作》，南伊利诺斯大学出版社，1996年版（Barbara Levine: *Works About John Dewey*, 1886—1995, Southern Illinois University Press）。

完全有必要既对杜威哲学本身进行新的思考，同时力图展示杜威思想所具有的现代内涵。

二　逻辑实证主义及其方法自身的困境是杜威哲学复活的外部原因

　　逻辑实证主义哲学产生于欧洲，第二次世界大战之前在欧洲的影响逐渐达到鼎盛。然而，随着第二次世界大战战火的蔓延，逻辑实证主义哲学失去了在欧洲继续发展所必需的政治、经济、文化和学术环境，于是，当时许多有影响的逻辑实证主义哲学家纷纷来到美国。战后，在美国相对稳定和繁荣的环境中，逻辑实证主义哲学在美国发展很快，影响越来越大，并最终成了哲学课堂中的主角。在这样的情形中，哲学成了一门技术性的学问，伦理学家们不愿意讨论科学哲学的问题，科学哲学家们不想涉足美学和伦理学问题，几乎所有人都认为"分析"，尤其是语言和逻辑的分析是哲学技巧的核心。在哲学家的课堂上，教授们不愿意告诉听众如何教育孩子，应当选择什么样的领导人，现代艺术的精髓是什么，如何理解当代人的宗教情绪。一句话，在这些哲学家的心目中，"哲学的分析"的准则是"价值中立"。这种情绪，与杜威的哲学应当以人类生活作为自己的舞台、哲学家应当是"圣人"的主张和哲学追求相差太远。相比当时流行的哲学派别和话语方式，杜威可以说是已经太老了，思想也过于定型了，因此，他与其说是对这些新的"学院哲学"置之不理，还不如说是对之无可奈何。虽然当时仍然有胡克等弟子在为他鸣不平，这些人坚持认为杜威是美国20世纪最伟大的哲学家，但是，人们都能够理解，胡克的哲学从风格上说，与罗素更为接近，胡克之所以对杜威抱有崇敬的心情，是因为杜威信奉自由、民主，是因为杜威在许多政治问题上是他可靠的同盟军。

然而，时光刚刚过了20年，杜威哲学又变得风光起来了。也可以说，经过将近20年的哲学的"专业化"之后，人们越来越不满对现实视而不见的学院哲学，他们不可避免地和自然而然地"怀念"与现实、科学、政治有密切联系的"杜威式"的"非专业化的"大众化哲学。即便在科学哲学领域内，在倾心于对科学的结构分析许多年之后，许多科学哲学家们也认为，杜威对于自然科学中的"社会特性"的强调是正确的和值得吸取的。

三 杜威的社群主义理念是其哲学再次受到重视的主要原因

第二次世界大战以后，美国努力摆脱大规模的经济萧条，美国政府也似乎慢慢学会了怎样避免重蹈20世纪30年代经济大萧条的覆辙。就总体而言，美国战后经济发展的记录是良好的，美国各阶层的物质生活水平的提高也是显著的。良好的经济发展势态和比较稳定的收入以及加上六、七十年代的反战浪潮，使得美国社会中充斥着"个人主义"精神。

20世纪80年代后期开始，北美许多学者对于美国社会中个人主义的恶性膨胀，道德的沦丧进行了深刻的批判和反省。从政治和伦理的角度说，对个人主义的这种反思和批判所产生的思想成果之一就是"社群主义"的道德和政治理想在北美的兴起。

"社群主义"并不是严格意义上的学派，它是由许多学者围绕社团这个论题进行讨论所构成的学术群体，它的主要代表人物有M. 桑德尔、M. A. 瓦尔策和C. 泰勒等。而且，仅仅就这些学者而言，他们的主张和主要论题也不尽相同。但是，一般而言，"社群主义"坚持，个人仅仅作为社会的成员而存在，单纯的消费上的舒适并不能给人带来真正的满足感。真正的满足只能来自社会给个人的生活所赋予的意义。

在对杜威的哲学遗产进行反思的过程中，许多学者都注意到了杜威的"伟大的共同体"的构想。也可以说，许多学者们就是以杜威的伟大的共同体的理想而把杜威称为社群主义者或社群主义的自由主义者的。

1926年1月，杜威在美国就自己的政治哲学主张和政治理想发表了几次学术演讲。演讲稿后来以《公众及其问题》(The Public And Its Problems) (1927) 出版。在这些演讲中，杜威提出要"寻求伟大的共同体"。他明确主张，要努力促使"伟大的社会"(the Great Society) 转变成"伟大的共同体"(the Great Community)。简单地说，杜威的这个思想可以做以下几个层面的理解：

第一，杜威强调，虽然作为社会理念的民主和作为政府制度的政治民主具有某些复杂的联系，但是，在当代社会和政治实践中，必须强调民主理念在政府制度中的实现。民主的理念只有影响到人类合作的所有模式——家庭、学校、产业和学校，它才能够得到实现，"除非理念体现在人类关系中，否则，它将仍然是贫瘠和空洞的"。[①] 如果民主仅仅停留在空洞的理念的地步，那就很有可能出现那种古老的说法：治疗民主疾病的措施是民主。因此，只有在伟大的社会转变为伟大的共同体之后，民主的理念才有可能得到真正的实现。

第二，对于一个共同体生活的所有含义的清晰意识构成了民主的理念。杜威认为，政府要为共同体服务。就观念层面而言，民主绝对不能成为其他共同体生活原则的替代者，民主就是共同体生活自身。共同体的理念和理想表现了群体生活的实际步骤，因为它摆脱了个人的局限性并达到发展的极点。因此，无论何时，只要存在着共同的行为，只要这个行为的后果是作为一种善

---

① LW 2: 325.

而被所有参与这个行为的个人所欣赏的，那么，这个善的实现对于维持个人的欲望和努力都会产生巨大的影响。而这种行为只能存在于共同体中。因此，只有从作为一种事实的共同体出发并在思想上把握它，我们才能达到一种绝非乌托邦式的民主理念，"只有被理解为一个符合一个共同体的社群的符号和特征的时候，那些传统上被与民主观念联系在一起的概念和术语才能获得真实的和指导性的意义。"①

第三，就个人与团体的各自作用而言，个人具有一种能力责任的份额——这个份额是与其在形成和指导他所从属的团体的行为中的能力相匹配的，也与他所属的团体所支持的价值需要相符合；从群体的角度而言，它要求解放团体的成员所具有的与共同的善和利益相和谐的潜在能力。由于每一个个人都是许多团体的成员，那么，他必须能够有弹性地根据各个团体的共同的善的关系来处理好个人与团体的关系。因此，共同体在某种意义上也涉及到团体与团体之间的关系，或者说，涉及到共同体与共同体之间的关系，"一个好公民会发现他作为一个政治团体成员的行为丰富了他对于家庭生活、行业、科学和艺术社群的参与，而这些参与又丰富了他作为政治团体成员的行为。"②

第四，在上述背景下理解，自由并不是脱离社会约束，也不是终结于涣散或无政府，自由是个人潜能的释放和实现，而这种释放和实现只能发生在与他人的丰富而多样的关系和合作中，"成为个性化自我的力量对于联合做出了突出的贡献，并以它自己的方式享受着联合的成果"。③ 平等则是指共同体的单个成员在联合活动的结果中所理应分享的份额。这种分享是平等的，是

---

① LW 2：329.
② LW 2：328.
③ LW 2：329.

因为它只是以需要和能力的使用来度量的。因此，所谓平等绝对不能被理解为数学和物理学意义上的等量，而是表示对每一个人的特殊需要的同样的关注，"平等不是一种自然的拥有，而是当它的行为受到作为一个共同体的特征指导的时候所产生的共同体的果实。"[①]

第五，共同体意识需要培养。杜威认为，一个有独特个性的人要想成为共同体中的真正成员，必须理解、欣赏和接受共同体共有的理想、愿望和价值观，了解和分享人们在共同体活动中形成的共同的意义。为此，杜威认为，必须充分发挥教育的功能，"我们是天生的与其他人发生联系的有机物，但是，我们不是一个共同体的天生的成员。必须借助于教育的手段使得年轻人融入共同体独特的传统、视野和兴趣中。"[②] 教育既包括价值观的教育，也包括知识的教育。本着这样的目的，杜威对于知识、沟通、科学、习惯等问题进行了认真的讨论。

在杜威上述观点发表几十年以后，许多社群主义者不约而同地想到了杜威的有浓厚社群主义色彩的自由主义。他们确信，杜威的自由主义是真正的自由主义，它对于生活的真正内容有一个全方位的、整体的理解。社群主义者 M. 瓦尔策提出，一个好的自由的（或是民主的）政府提高了集体合作的可能性，杜威在《公众及其问题》中对于这样的一个政府进行了认真而有用的解释。

查尔斯·泰勒（Charles Taylor）的观点也具有浓厚的杜威哲学的色彩。他认为，社群主义不是想许多人所误以为的那样，是反个人主义的，其实，它就像杜威所主张的，个人需要共同体，自由的共同体是由联合的、有强烈责任意识的个人所构成的。现

[①] LW 2: 329.
[②] LW 2: 331.

代的个人需要有弹性的、向前看的、有包容性的共同体，而这样的共同体的存在必须依靠那些在与他人的关系中寻求有意义的存在的个人。

另外一位非常活跃的学者 P. 塞尔兹尼克（Phlip Selznick）更是明确提出，如果自由主义意味着对于政治自由、社会正义、宪法权力、法制和社会弱势群体的明确承诺的话，那么，当今的社群主义者并不是反自由主义的。如果社群主义者真的在批评某些自由主义的信条，那么，人们也不能得出他们拒绝或者不赞赏自由主义的主要理想和制度的结论。从这个意义上，塞尔兹尼克提出，"我们是或者应当是'社群主义的自由主义者'，或者，如果你们喜欢的话，是自由主义的社群主义者"。他进而提出，杜威就是这样一位社群主义的自由主义者，"我们应当像杜威那样，把自由精神与对社会正义的追求、对有效的共同体的负责任的参与结合起来。"① 在《社会正义：一个社群主义者的视角》中，他非常清楚地重申："认真地看待共同体就是对我们所作所为的后果负责任。这就是约翰·杜威的社群主义的自由主义的一个中心论题"。②

四　杜威的语言哲学观对其哲学的复兴起到了积极的促进作用

在杜威哲学复兴的过程中，理查德·伯恩斯坦的《约翰·杜威》和 A.J. 艾耶尔的《实用主义的起源》这两本书起到了关

---

① 阿米特·埃兹奥尼：《社群主义精粹读本》，罗曼 & 理投斐尔出版公司，1998 年版，第 3 页（Amitai Etzioni: *The Essential Communitarian Reader*, Rowman & Littlefield Publishers, INC.）。

② 同上，第 67—68 页。

键的作用。艾耶尔在其著作中强调，杜威和其他实用主义者的思想既是一个"典型的美国式产品"，也"深深地根植于哲学史中"，具有浓烈的西方传统文化的韵味，而且，"实用主义的一个主要特征——它不仅体现在皮尔士那里，而且体现在詹姆士、杜威及其追求者那里——就是，它是一种动态的哲学"。① 在《约翰·杜威》中，R. 伯恩斯坦则用了很大力气把杜威拉回到当时的哲学主流中去。伯恩斯坦竭力证明，杜威的核心观点与当时如日中天的维特根斯坦的后期著作所表达的语言哲学观点没有太大的差别。也就是说，伯恩斯坦通过把杜威与当代哲学界中的英雄——维特根斯坦相提并论，从而成功地挽救了作为哲学家的杜威的声誉，也再次引起了人们对他的浓厚兴趣。②

其实，杜威生前与专业的语言哲学家没有多少学术上的交流，更谈不上有任何思想上和学术上的直接交锋。这一方面是由于杜威有意识地与哲学界当时流行的严格的形式化分析技巧保持距离，另一方面，是由于杜威过于晦涩的文字让许多读者望而生畏。所以，当 A. J. 艾耶尔的《语言、逻辑和真理》于 1936 年问世并赢得普遍赞赏的时候，杜威的《逻辑：探究的理论》（1938 年出版）遭到了实际上的冷遇，许多人甚至根本就不知道这是一本有关语言及其意义的哲学著作。有意思的是，人们后来在很大程度上正是通过把杜威的语言哲学见解，与维特根斯坦的后期语言哲学思想的比较并寻找到二者的共同点，从而赋予杜威思想现代意义的。

现代西方学者之所以能够借助于把杜威与维特根斯坦相比较而发现杜威哲学的现代意义，原因首先在于，杜威确实从哲学的

---

① 阿米特·埃兹奥尼：《社群主义精粹读本》，第3页。
② 参见阿兰·瑞恩，《杜威和美国自由主义的高潮》，第23页。

高度对语言进行了充分的论述。杜威认为，正如思想是一种活动一样，语言也是一种活动。语言从产生之时起，就与它的使用结下了不解之缘。杜威说："关于语言的故事就是关于如何利用这些事情的故事；而利用这些事情，既是其他事物所产生的后果，它本身又会产生丰富的后果。"① 由于人类的社会生活是延续性和共同参与的构造意义的活动，在这个活动中就得产生出用于表达思想、统一行为的工具——语言。

应当说，杜威对于语言的交际作用的论述与后期维特根斯坦的"日常语言哲学"有着惊人的相似之处。首先，两人对于传统的形而上学哲学都持有强烈的批判或怀疑态度，也就是说，两人在哲学基调上是一致的或相似的。其次，后期维特根斯坦不满意逻辑实证主义和逻辑原子主义对语言的清晰性的过于理性的追求。他认为，这样的做法是试图为语言事先设定一个"理想的要求"，然后按图索骥，依照这个理想去寻求理想语言。结果，语言非但没有得到"清晰"，反而遭到"歪曲"。杜威同样也反对对语言的过分形式主义和还原主义的理解，他反对把语言看作一种静态的东西。维特根斯坦和杜威都力图展示出，我们的语言以至于我们的思想是语境开放的并因而必然具有模糊性。语境不仅包括词语和句子，更应当包括构成语境的信念、假定和行为的完全的整体性和复杂性。语言的运用中最为突出的现象就是语言的作用。在谈到语言的运用时，杜威充分注意到了语言在其中起作用的环境。深受达尔文的生物学的影响，杜威认为，人的行动是作为有机体-环境的事情，思维是用来控制环境的工具，反思是对环境的间接反应。而环境对语言的影响则类似于遗传对语言的影响，也就是说，即使人具备了感觉器官，这一先天的条件也不能保证他能说任何语言，因为，"他的活动赖以产生和实施的环境决定了这些。如果他生活于一个哑巴的非社会的环境之中，

---

① 杜威：《经验与自然》，商务印书馆，1960年版，第142—143页。

在那个社会中,人们相互之间并不交谈,仅仅使用起码的、生存所必具的手势,那么,正如同他没有发音器官一样,他也学不会有声语言。"① 杜威指出,不同的人种,不同的民族,生活于不同时代、不同家庭和阶层中的人们的语言习惯有很大的差异,在形成这一现象的众多原因中,语言环境起到了极为重要的影响,因为,生活于一定环境之中的人们的语言习惯不能不受到语言环境的影响,"言谈的基本模式、词汇量,都是在日常生活的过程中形成的"。同时,语言与环境的作用是相互的:环境影响语言,语言也影响环境。语言可以激起一种情境,这正是语言影响环境的一个突出表现。在人们适应环境的过程中,借助于语言的力量,使人们随时联想到许多不同的情境。"文字,作为指导行动的手段,可以激起一种情境,在这种情境中我们在一种特别明显的方式之下享有有关的这个事物。"②

最后,在语言分析中,杜威和维特根斯坦两人都呈现出明显的反笛卡尔和反主体主义倾向。两人都主张一种看待语言的新方法,即反对在精神与对象之间进行简单的二分法,而是强调语言游戏、语境、生活形式和共同的行为。在杜威看来,语言的最重要的作用,在于语言是人们社会交际的工具。杜威指出,无论是经验主义者还是超验主义者,都忽视了语言的社会交际作用。"他们忽视了这个事实:即逻辑的和理性的意蕴的重要性,乃是在战斗、欢乐和工作中社会的交往、伴侣、互助、指导和一致行动所产生的后果。"③

杜威强调,语言是一种关系,参与性是语言的根本性质。他说,语言至少是在两个人之间交相作用的一个方式:一个言者和

---

① 杜威:《民主主义与教育:教育哲学引论》,1916年版,第21页(John Dewey, *Democracy and Education: An Introduction to the Philosophy of Education*)。

② 杜威:《经验与自然》,第247页。

③ 同上书,第139页。

一个听者;它要预先承认一个组织起来的群体,而这两个人是属于这个群体之内的,而且他们两人是从这个群体中获得他们的语言习惯,所以它是一种关系。"母鸡的活动是自我中心的;人类的活动却是共同参与的。后者把他自己放在这样一个情境的立足点上,即在这个情境中有两方面共同参与。这是语言或记号的本质特点。"① 语言的要点不是"表达",而是沟通。按照杜威的行为主义的原则,人们的行动是合作进行的,在合作中,往往由于误解或不了解,会产生意见分歧和行为冲突,这就必须运用语言来协调人们的交际关系。由于语言与单纯的信号相比有许多优点,特别是它引起的反应是双方面的,所以,人们只要正确地使用了语言这一交通工具,人们就能够在有许多人参加的活动中协同合作。一句话,语言的核心不是对以前的某些东西的"表达",更不是对以前的思想的"表达",它是交际;它是在一种活动中建立合作。在杜威那里,交际是一个很广泛的概念。从广义上说,整个人类的活动、整个人类社会都是一种交际,"社会存在于沟通和交际之中"②。

因此,在充分肯定维特根斯坦与杜威哲学的明显差异的基础上,理查德·伯恩斯坦非常肯定地指出,"除了一般的倾向之外,维特根斯坦和语言分析的基调和重点的许多方面与杜威具有密切的相似性"。③

其实,导致杜威思想复兴的原因非常复杂,我们在此无意也不可能把所有主要的原因都进行细致的研究。然而,仅仅从以上的论述中,我们也可以看出,杜威哲学的复苏并不是凭空发生的。杜威哲学中既有可以重新发芽的有生命力的种子,也有适合

---

① 杜威:《经验与自然》,第144页。
② 杜威:《民主主义与教育:教育哲学引论》,第5页。
③ 理查德·伯恩斯坦:《约翰·杜威》,第173页。

它的发芽和生长的土壤、营养和水分。在一定意义上说，这既不是杜威学说的某个方面的恢复，也不是杜威哲学的全面收复失地。在更准确的意义上，我们可以说，人们恢复的是对"杜威式"哲学风格的兴趣和追求，是对杜威的丰富的哲学精神的当代诠释。回顾杜威哲学复苏的历程，我们认为，这个过程折射了当代西方哲学在美国的发展轨迹，杜威哲学的复苏在某种意义上是美国当代哲学发展的合乎逻辑的结局。我们相信，随着美国哲学在新世纪的演变和发展，杜威这位已经离开人世半个世纪的思想家必将体现出越来越大的现代价值。也可以说，对杜威哲学遗产的现代诠释是我们面临的一个紧迫而重要的课题。

附录2

对"叙事的"哲学的叙事
——罗蒂北京师范大学演讲与交流纪实

梁嘉殷

理查德·罗蒂是一位地地道道的美国学者,但在他的身上却表现出一种远离美国主流哲学的独特气质,他为美国的哲学传统注入了新的思想活力。2004年7月2日,罗蒂于北京师范大学举行了题为"分析哲学与叙事哲学"的演讲并与现场师生进行了坦率的交流,他本人的创造性气质及其哲学的轻松风格,为听者留下了深刻的印象。罗蒂的哲学是一种道德宽容的审视,在就"分析的"和"叙事的"两种哲学的主要区分展开论述的同时,他认为,分析哲学与非分析哲学之间以往明显的对立局面正在被新一轮的积极对话所打破,它们之间的分歧在历史主义的意义上是会被消除的。他反对哲学在文化中的传统的基础性地位,主张以一种非哲学的方式来谈论哲学,他的哲学风格以一种对于哲学新语境的启蒙姿态呈现在我们面前。

演讲一开始,罗蒂很认真地说,有必要先对西方、特别是美国大学里哲学系的地位做一番了解:哲学系并不是一个政治思想或社会思想的中心,政治思考和社会理论方面的问题主要是由政治科学、国际关系、法律等院系来关注和讨论的。因此,他强调自己将要论述的分析哲学与叙事哲学之间的意见分歧,应该可以归为一个"哲学到底是什么"的问题,而非"社会应当是一个什么样的社会"的问题。他介绍说,分析哲学家集中分布在英语世界的国家,但最近几年,在法国、德国、西班牙等国家也有一些受到关注的分析哲学家。分析哲学与非分析哲学(有时也被称作大陆哲学)的分裂集中体现于两类哲学家之间:一类哲学家把罗素的摹状词理论视为哲学的典范,认为我们应该一次只解决一个很小的技术性问题,在他们看来,一个人可能对思想史不很了解但却能做出一流哲学;而另一类哲学家则认为,我们的任务不在于关注事物本身,而是要持有一种历史的观点去看待事物,在他们眼中,罗素的理论在重要性方面无法与黑格尔的《精神现象学》抑或与海德格尔的"存在的历史"相提并论。以罗素的摹状词理论为基础、经由弗雷格发展而成的符号逻辑,至今仍被大多数英美分析哲学家视为考量一个人是否具备哲学资格的必要因素;而许多大陆非分析哲学家把这种知识视为可选择的,即使你没有读过罗素的著作,也没有人会责怪你,但是,你必须读过或至少假装读过黑格尔或海德格尔的著作。

罗蒂分析到,以罗素、弗雷格为代表的分析哲学家想要通过找到当下直觉中的明确关系来清楚地把握事物;然而,以黑格尔、海德格尔为代表的非分析哲学家(亦即他所谓的"叙事的哲学家"),对与常识或日常语言建立联系并不关心,他们希望能够改变的,不仅是你的直觉,还包括关于你自己是谁的意识,以及你认为要思考的最重要的东西是什么的看法。因此,在阅读黑格尔或海德格尔的著作时,如果采用分析哲学家的方法不断追问句子的真假,就根本不可能进行下去,只有真正进入到叙述故事的回转中,实现一种自我形象的转变,你才会感到被给予了一种全新的、充满希望的言说方式。在分析哲学家看来,非分析哲学家的语汇总是含糊不清而需要澄清意义;而在非分析哲学家看来,只有人的存在、精神或意识的本质等等，才是重大的议题，而分析哲学家所做的仅仅是些吹毛求疵的工作。分析哲学家有时把非分析哲学家描述为"不是真正在做哲学"的人，而非分析哲学家则把分析哲学家说成"一旦迈出自己熟悉的专业领域就会感到不安全的胆小鬼"，这种相互的贬讽已经持续了将近五十年。

同时，罗蒂也指出，在看待分析哲学与非分析哲学时，除了明显的区别外，确实存在着某一共通的能使这两种传统同样被称作哲学的东西——它们都在试图回答柏拉图首先明确提出的问题，即：是什么使人类成为区别于其他动物的独特存在物？我们应如何将这种独特性正当地表述出来？在柏拉图那里，人类与动物的区别是人可以透过表象认识实在，哲学的一个核心问题是表象与实在的区分。罗素同意这一看法，但他认为，从柏拉图到康德的回答都不够精确，因为没有人注意到语言是人类认识实在的中介，而他的著作正是要从语言这一角度做出回答。分析哲学家基本上同意柏拉图的看法，而认真对待海德格尔和德里达的非分析哲学家更喜欢尼采给出的完全不同的答案。尼采认为，人类的独特性在于我们有能力通过自我改造创造出新的自我，而非能够真正认识到自我和宇宙的本来面目。在尼采看来，柏拉图对于表象和实在的区分是没有用的，并没有哪一种描述能够真正比另一种描述更接近地表述实在，问题仅仅是：哪一种描述方式能够赋予你更强大的力量以及为你所需的能力？大多数追随黑格尔和海德格尔的当代哲学家，都与尼采一样对于表象和实在的区分的有效性提出了质疑，他们看重的是如尼采所说的人类有能力不断改造自我，从而创造出新的自我形象。

罗蒂论述到，黑格尔《精神现象学》中所谓"绝对精神"的自我历程，实际上是一个自我不断进行重新描述的过程。以这种阅读黑格尔著作的方式继续阅读海德格尔著作时，你会把海德格尔视为在关于"是什么使人类独特于其他动物"的问题上第一个调解了柏拉图和尼采之间的意见冲突的思想家。海德格尔后期著作讲述了西方思想家如何以希望获得自我认识为始、以希望实现自我创造为终的故事。像黑格尔和海德格尔那样的叙事者，并不关注总体意义上的人类是什么，而是关注西方人的过去至现在发生了什么变化？是什么使生活在这一时代的我们具有独特性？与此相反，分析哲学家认为，无所谓是对古代人还是现代人而言，亦无所谓是对中国人还是西方人而言，对于自我的描述应该是一种一般性的描述。叙事哲学家把"不分何时何地的我们共同具有什么"的问题替换为"我们与我们的祖先有何不同以及我们的后代将可能如何不同于我们"这样的问题。

　　罗蒂进一步阐明，对于黑格尔、海德格尔等人而言，人类最重要的活动不是去把握人在宇宙中本质的、永恒不变的位置，而是要使人类的历史在不断的语境化中被重新解释。他指出，以上谈到的对于思考而言什么才是重要的不同观点的区分，也说明了他自己为什么也将"叙事的哲学"称作"解释的哲学"的原因——"解释的"一词象征着一种兴趣的转变，从什么是一劳永逸的转变成什么是只有被不断解释和不断语境化的。分析哲学家认为，哲学的任务就是把概念本身表述清楚；而叙事哲学家认为理解一个概念就好比理解一个人，必须把概念置于它的历史背景中。要了解或评价一个人，应该把这个人放在她的成长历史中并结合她的过去来看，没有人是一成不变的。至此，可以明显看出，罗蒂倾向于叙事的哲学而非分析的哲学，倾向于赞同那些具有历史主义态度的哲学家，他认为叙事的方式促使人们放弃那种把对心灵或语言的认识视为一劳永逸的看法。

　　在演讲接近尾声之时，罗蒂总结说，自17世纪以来，哲学教科书中有一些既成的基本问题，如笛卡尔的身心二元论，康德关于认识的范围和限度的问题，尼采的强力意志，以及自由意志问题等。17世纪的身心问题被首次提出时，习以为常的那种自我描述方式被打破了，人们开始认为原先没有被重视的德谟克里特的物质主义的观点是对的。后来的洛克、斯宾诺莎、休谟、康德对于这些问题的讨论是非常有用的，因为他们从文化上造成了近代西方世界的世俗化，与科学界的伽利略提出的世界观起到了同样的作用，使得有神论的世界观逐渐被放弃了。但是到了18世纪，黑格尔是第一个看到法国大革命和浪漫主义运动的重要性的哲学家，他开始试图改变17世纪哲学家所讨论的话题。至19世纪，尼采、杜威等许多哲学家都基本同意"哲学不再是科学的附庸"这一观点，他们认为哲学应附庸于历史。罗素、弗雷格、卡尔纳普等人认为17世纪讨论的那些问题非常重要，但是他们改用了一种新的方式——通过语言来讨论。分析哲学家中另一部分人，如塞拉斯、布兰顿等，对罗素这类分析哲学家的讨论方式的正当性提出了质疑。罗蒂表明，自己对于新近分析哲学家的工作是持肯定态度的，因为他们改变了我们对于语言的观念，使我们认识到语言可以作为工具帮助我们认识实在。罗蒂认为，21世纪的分析哲学家很有可能会逐渐认识到，黑格尔对于哲学的看法是对的，即哲学应当是"在思想中把握我们的时代"，而不是以前的分析哲学家所理解的认识实在的本来面目。

  罗蒂又补充说，17世纪的哲学家所提出的那些问题，随着时间的流逝，相关研究再也拿不出什么新的东西了。在知识分子的范围内，只有哲学家自己在讨论这类问题，而在哲学界之外没有人对此产生兴趣，没有人做出回应，因此这些问题的讨论到后来自然而然就没有什么用了。罗蒂认为不该去回答哲学家应该去做什么专门工作这类的问题，因为哲学家们的工作已经有些过度专业化了。古希腊哲学传统中的"形而上学"想要揭示宇宙万物的联系，但他认为，除了科学没有什么能更深入地说明世间万物是如何联系在一起的。在他看来，在比较一个国家和另一个国家的历史，或者在比较古代和现代的历史的过程中，完全可以找到更好的、更适合的描述方式，并实现一种"自我改造"。因此，哲学应该把对于世界如何联系在一起的追问转向对于历史和文化的描述，而关于世界是如何联系在一起的问题，近代物理学已经为古希腊哲学家提供了答案，哲学家不可能比科学家在这方面说明更多的问题。

演讲结束后，现场有听众问到尼采和康德的自我形象在启蒙方面的差别。罗蒂给出了明确的答复：康德强调所有人共同具有的一种东西——理性，因此，不同人自我启蒙的结果却是相同的；尼采对康德的批判是，康德用"理性"替换掉基督教中"上帝"的概念从而使基督教的道德理性世俗化了，而"理性"作为一种普遍的东西与"上帝"所起的作用实际上是一样的。在尼采看来，我们不要"上帝"，也不要"上帝"的替代物，并不存在一个普遍的东西，因此，个体的创造是各不相同的。还有听众追问，叙事的哲学使得哲学和文学失去了界限，这难道不是哲学家的悲哀吗？罗蒂很坦然地进行了回答：柏拉图以来的一个重要传统就是将哲学与文学对立起来，而后期维特根斯坦以及现在大概一半的分析哲学家都不再相信逻辑形式。罗蒂认为，哲学的主要功能是创造自我、改变自我，因此他承认叙事哲学与文学在这方面确实没有太大的区别，但他并不将此视为一种悲哀。他强调自己不赞同把哲学视为一种科学，并谈到了科学分析与哲学分析的差别：自然科学可以把物体、器官层层分析到最微小的粒子，这一点在科学上是卓有成效的，科学家在如何将物体分成微小粒子这一问题上可以达成共识；但是，哲学如果采用同样的方法对于一个概念进行层层分析，那将是毫无意义的，在哲学分析的过程中哲学家的意见是完全不同的。

亦有听众对罗蒂在演讲时使用"她"来泛指一般的人这一细节进行了提问。罗蒂打趣地说道，使用男性代词的"他"已经有太长的历史了，现在是改变的时候了。罗蒂说，现在美国大多数的哲学家都是这么用的,大概20多年前就在实践中形成了约定。他解释到,女性主义者的说法是对的——使用"他"来指称一般的人,暗含着女性不被包含在"人"这一概念中。而在亚里士多德那里确实有"女性不是完全的人"的看法,他认为这种传统是很糟糕的,男性与女性应该是完全平等的。还有听众尖锐地指出,他将语言视为把握世界的唯一方式只是先验地给出了一个假设,而维特根斯坦就曾说过,"语言就像梯子,你爬上楼就要把它扔掉"。罗蒂回答到,这是早期的维特根斯坦,而早期的维特根斯坦是错误的,这个错误在后期维特根斯坦的著作中实际上已经得到了纠正。西方哲学的传统看法是,语言模糊了我们对于实在的认识,所以要超越语言,柏拉图就认为可以超越语言直接把握非语言性的实在。而罗蒂认为哲学近一百年来的一个重要贡献就是,分析哲学的出现指出了想要越过语言直达实在的企图是错误的,语言从此得到重视。他还提到,佛教认为可以超越语言直接把握实在,这样一种神秘主义的看法在西方已经走到了尽头。此时,有听众请他谈谈对于中国哲学的看法。他讲道,在美国大学中很少讲中国哲学。原因是,西方哲学是在解决科学与基督教的冲突的过程中产生的,而在中国哲学中缺乏这一近代西方哲学产生之时的历史背景,因此西方哲学与中国哲学找不到一些共通的东西。他认为,对于美国学生而言,重要的是学习中国的文学或历史,而非学习中国哲学;同样,对于中国学生而言,重要的是学习西方历史,而非西方哲学。在哲学家当中通常有这样的看法,即认为哲学是文化的基础,要了解一种文化自然要了解哲学,而他对此持怀疑态度。他说这种观点在中国哲学中也许是适用的,因为中国哲学确实在中国文化的形成方面起到了很大的作用,但由于自己对中国哲学缺乏足够的了解,不能妄下定论。最后他明确指出,哲学对了解西方文化可能会有所帮助,但绝非必不可少。

附录3

美国学者杜威哲学研究部分新成果目录

林建武 整理

Aaron Schutz

John Dewey and a paradox of size ": democratic faith at the limits of experience

American Journal of Education — Vol. 109, No. 3 (May, 2001), pp. 287—319

Scott F. Aikin

Wittgenstein, Dewey, and the possibility of religion

The Journal of Speculative Philosophy — Volume 20, Number 1, 2006 (New Series), pp. 1—19

Thomas M. Alexander

Dewey's denotative-empirical method: A Thread Through the Labyrinth

The Journal of Speculative Philosophy — Volume 18, Number 3, 2004 (New Series), pp. 248—256

Andrew Feffer

The presence of democracy: Deweyan exceptionalism and communist teachers in the 1930s

Journal of the History of Ideas — Vol. 66, No. 1 (Jan., 2005), pp. 79—97

Douglas R. Anderson

The grace and the severity of the ideal: John Dewey and the transcendent

The Journal of Speculative Philosophy — Volume 19, Number 3, 2005 (New Series), pp. 280—283

Douglas R. Anderson

Reverence for the relations of life: re-imagining pragmatism via Josiah Royce's Interactions with Peirce, James, and Dewey

Transactions of the Charles S. Peirce Society — Volume 42, Number 1, Winter 2006, pp. 150—153

Randall E. Auxier

Foucault, Dewey, and the history of the Present

The Journal of Speculative Philosophy — Volume 16, Number 2, 2002 (New Series), pp. 75—102

Harry Chatten Boyte

A different kind of politics: John Dewey and the meaning of citizenship in the 21st century

The Good Society — Volume 12, Number 2, 2003, pp. 1—15

Rebecca L. Carver

John Dewey's philosophy of education is alive and well

Education and Culture — Volume 22, Number 1, 2006, pp. 55—67

Debra Morris

"How shall we read what we call reality?": John Dewey's new

science of democracy

American Journal of Political Science — Vol. 43, No. 2 (Apr., 1999), pp. 608—628

Douglas J. Simpson

John Dewey's concept of the student

Canadian Journal of Education/Revue canadienne de l'éducation — Vol. 26, No. 2 (2001), pp. 183—200

Michael Eldridge

Beyond realism and antirealism: John Dewey and the neopragmatists

The Journal of Speculative Philosophy — Volume 19, Number 4, 2005 (New Series), pp. 259—262

Michael Eldridge

Dewey's empirical theory of knowledge and reality

The Journal of Speculative Philosophy — Volume 15, Number 4, 2001 (New Series), pp. 326—329

Gregory M. Fahy

John Dewey and moral imagination: pragmatism in ethics

The Journal of Speculative Philosophy — Volume 20, Number 1, 2006 (New Series), pp. 71—73

Gregory M. Fahy

John Dewey's liberalism: individual, community, and self-development

The Journal of Speculative Philosophy — Volume 17, Number 2, 2003 (New Series), pp. 136—138

Gregory M. Fahy

Becoming John Dewey: dilemmas of a philosopher and naturalist

The Journal of Speculative Philosophy — Volume 17, Number 4, 2003 (New Series), pp. 311—313

Matthew C. Flamm
The demanding community: politicization of the individual after Dewey
Education and Culture — Volume 22, Number 1, 2006, pp. 35—54

Frances Dickey
Bishop, Dewey, Darwin: what other people know
Contemporary Literature — Vol. 44, No. 2 (Summer, 2003), pp. 301—331

Richard Gilmore
Dewey's experience and nature as a treatise on the sublime
The Journal of Speculative Philosophy — Volume 16, Number 4, 2002 (New Series), pp. 273—285

James A. Good
John Dewey's "permanent Hegelian deposit" and the exigencies of war
Journal of the History of Philosophy — Volume 44, Number 2, April 2006, pp. 293—313

Maurice Hamington
Feminist interpretations of John Dewey, and: living across and through skins: transactional bodies, pragmatism, and feminism, and: pragmatism, feminism, and democracy: rethinking the politics of American history
NWSA Journal — Volume 15, Number 1, Spring 2003,

pp. 196—201

Peter S. Hlebowitsh
John Dewey and the idea of experimentalism
Education and Culture — Volume 22, Number 1, 2006, pp. 73—76

James Farr
John Dewey and American political science
American Journal of Political Science — Vol. 43, No. 2 (Apr., 1999), pp. 520—541

James Johnson
Dewey's pragmatism, social inquiry, and democracy: introduction to the symposium
American Journal of Political Science — Vol. 43, No. 2 (Apr., 1999), pp. 518—519

Thomas M. Jeannot
A propaedeutic to the philosophical hermeneutics of John Dewey: "Art as Experience" and "Truth and Method"
The Journal of Speculative Philosophy — Volume 15, Number 1, 2001 (New Series), pp. 1—13

John E. Petrovic
Dewey is a Philistine and other grave misreadings
Oxford Review of Education — Vol. 24, No. 4 (Dec., 1998), pp. 513—520

Joseph Grange
The disappearance of the public good: Confucius, Dewey, Rorty
Philosophy East and West — Volume 46, Number 3, Seventh East-West Philosophers' Conference (Jul., 1996), pp. 351—366

William S. Lewis

Art or propaganda? Dewey and Adorno on the relationship between politics and art

The Journal of Speculative Philosophy — Volume 19, Number 1, 2005 (New Series), pp. 42—54

Mark Mattern

John Dewey, art and public life

The Journal of Politics — Vol. 61, No. 1 (Feb., 1999), pp. 54—75

Martin Jay

Somaesthetics and democracy: Dewey and contemporary body art

Journal of Aesthetic Education — Vol. 36, No. 4 (Winter, 2002), pp. 55—69

Glenn McGee

Dewey and Husserl on natural science and values: learning from the Sokal debate

The Journal of Speculative Philosophy — Volume 14, Number 4, 2001 (New Series), pp. 286—299

Michael J. McGandy

The gleam of light: moral perfectionism and education in Dewey and Emerson

Transactions of the Charles S. Peirce Society — Volume 42, Number 2, Spring 2006, pp. 303—304

Morton White

Peirce's Summum Bonum and the ethical views of C. I. Lewis and John Dewey

Philosophy and Phenomenological Research — Vol. 59, No. 4 (Dec., 1999), pp. 1029—1037

Morton White

Desire and desirability: a rejoinder to a posthumous reply by John Dewey

The Journal of Philosophy — Volume 93, Number 5 (May, 1996), pp. 229—242

William T. Myers

John Dewey & moral imagination

The Journal of Aesthetic Education — Volume 39, Number 2, Summer 2005, pp. 107—114

Nel Noddings

Thoughts on John Dewey's "Ethical Principles Underlying Education"

The Elementary School Journal — Vol. 98, No. 5, Special Issue: John Dewey: The Chicago Years (May, 1998), pp. 479—488

Newman Robert Glass

Theory and practice in the experience of art: John Dewey and the Barnes Foundation

Journal of Aesthetic Education — Vol. 31, No. 3 (Autumn, 1997), pp. 91—105

Christopher Perricone

The influence of Darwinism on John Dewey's philosophy of art

The Journal of Speculative Philosophy — Volume 20, Number 1, 2006 (New Series), pp. 20—41

R. Keith Sawyer

Improvisation and the creative process: Dewey, Collingwood, and the aesthetics of spontaneity

The Journal of Aesthetics and Art Criticism — Volume 58, Number 2, Improvisation in the Arts (Spring, 2000), pp. 149—161

Richard S. Prawat

Dewey meets the "Mozart of Psychology" in Moscow: The untold story

American Educational Research Journal — Vol. 37, No. 3 (Autumn, 2000), pp. 663—696

Richard S. Prawat

Dewey, Peirce, and the learning paradox

American Educational Research Journal — Vol. 36, No. 1 (Spring, 1999), pp. 47—76

Paul Stob

Kenneth Burke, John Dewey, and the Pursuit of the Public

Philosophy and Rhetoric — Volume 38, Number 3, 2005, pp. 226—247

Shannon Sullivan

Reconfiguring Gender with John Dewey: Habit, Bodies, and Cultural Change

Hypatia — Volume 15, Number 1, Winter 2000, pp. 23—42

Shannon Sullivan

From the Foreign to the Familiar: Confronting Dewey Confronting "Racial Prejudice"

The Journal of Speculative Philosophy — Volume 18, Number 3, 2004 (New Series), pp. 193—202

Daniel Tanner
Some Thoughts on John Dewey
Education and Culture — Volume 22, Number 1, 2006, pp. 76—78

Taylor C. Paul
The Two-Dewey Thesis, Continued: Shusterman's Pragmatist Aesthetics
The Journal of Speculative Philosophy — Volume 16, Number 1, 2002 (New Series), pp. 17—25

John Teehan
Evolution and Ethics: The Huxley/Dewey Exchange
The Journal of Speculative Philosophy — Volume 16, Number 3, 2002 (New Series), pp. 225—238

Thomas S. Popkewitz
Dewey, Vygotsky, and the Social Administration of the Individual: Constructivist Pedagogy as Systems of Ideas in Historical Spaces
American Educational Research Journal — Vol. 35, No. 4 (Winter, 1998), pp. 535—570

Stephen D. Carden
Virtue Ethics: Dewey and MacIntyre
London; New York: Continuum, 2006

Douglas J. Simpson
John Dewey and the art of teaching: toward reflective and

imaginative practice/Douglas J. Simpson, Michael J. B. Jackson, Judy C. Aycock.
　　Thousand Oaks, Calif. : Sage Publications, 2005

John M. Capps and Donald Capps (edit.)
James and Dewey on belief and experience
　　Urbana: University of Illinois Press, 2005

Thomas S. Popkewitz (edit.)
Inventing the modern self and John Dewey: modernities and the traveling of pragmatism in education
　　New York: Palgrave Macmillan, 2005

S. Morris Eames
Experience and value: essays on John Dewey and pragmatic naturalism/S. Morris Eames; edited by Elizabeth R. Eames and Richard W. Field.
　　Carbondale: Southern Illinois University Press, 2003

David L. Hildebrand
Beyond realism and antirealism: John Dewey and the neopragmatists
　　Nashville: Vanderbilt University Press, 2003

Steven Fesmire
John Dewey and moral imagination: pragmatism in ethics
　　Bloomington: Indiana University Press, 2003

Charlene Haddock Seigfried (edit.)
Feminist interpretations of John Dewey
　　University Park, Pa. : Pennsylvania State University Press, 2002

Philip W. Jackson (Philip Wesley)

John Dewey and the philosopher's task

New York: Teachers College Press, 2002

Thomas Carlyle Dalton

Becoming John Dewey: dilemmas of a philosopher and naturalist

Bloomington: Indiana University Press, 2002

Victor Kestenbaum

The grace and the severity of the ideal: John Dewey and the transcenden

Chicago: University of Chicago Press, 2002

William R. Caspary

Dewey on democracy

Ithaca: Cornell University Press, 2000

Robert B. Talisse

On Dewey: the reconstruction of philosophy

Belmont, CA: Wadsworth, 2000

David L. Hall and Roger T. Ames

The democracy of the dead: Dewey, Confucius, and the hope for democracy in China

Chicago, Ill. : Open Court, 1999

Casey Haskins and David I. Seiple (edit.)

Dewey reconfigured: essays on Deweyan pragmatism

Albany, N. Y: State University of New York Press, 1999

Raymond D. Boisvert

John Dewey: rethinking our time

Albany, N. Y. : State University of New York Press, 1998

Larry A. Hickman（edit.）
Reading Dewey: interpretations for a postmodern generation
Bloomington: Indiana University Press, 1998

Jerome A. Popp
Naturalizing philosophy of education: John Dewey in the postanalytic period
Carbondale: Southern Illinois University Press, 1998

Terry Hoy
The political philosophy of John Dewey: towards a constructive renewal
Westport, Conn. : Praeger, 1998

Henry T. Edmondson III
John Dewey and the decline of American education: how the patron saint of schools has corrupted teaching and learning/.
Wilmington, Del. : ISI Books, 2006

Joseph Grange
John Dewey, Confucius, and global philosophy/Albany: State University of New York Press, 2004.

Hugh P. McDonal
John Dewey and environmental philosophy
Albany: State University of New York Press, 2004.

Jason Kosnoski
John Dewey and the aesthetics of communicative ethics
Fifty major thinkers on education: from Confucius to Dewey
Edited by Joy A. Palmer; advisory editors, Liora Bresler and David E. Cooper

London; New York: Routledge, 2002

Jay Martin
The education of John Dewey: a biography
New York: Columbia University Press, 2002

John Beck
Writing the radical center: William Carlos Williams, John Dewey, and American cultural politics
Albany: State University of New York Press, 2001

Terry Hoy
Toward a naturalistic political theory: Aristotle, Hume, Dewey, evolutionary biology, and deep ecology
Westport, Conn. : Praeger, 2000

Gary A. Donaldson
Truman defeats Dewey
Lexington: University Press of Kentucky, 1999

Philip W. Jackson (Philip Wesley)
John Dewey and the lessons of art
New Haven: Yale University Press, 1998

Larry A. Hickman and Thomas M. Alexander (edit.)
The essential Dewey
Bloomington: Indiana University Press, c1998

David Fott
John Dewey: America's philosopher of democracy
Lanham, Md. : Rowman & Littlefield, 1998

James W. Garrison

Dewey and eros: wisdom and desire in the art of teaching
New York: Teachers College Press, 1997

Donald Morris

Dewey and behavioristic context of ethics
San Francisco: International Scholars Publications, 1996

Barbara Levine（edit.）

Works about John Dewey, 1886—1995
Carbondale: Southern Illinois University Press, 1996

编　后　记

经过将近两年时间的工作《一位真正的美国哲学家——美国学者论杜威》终于可以交出版社了。

上世纪90年代末，在与杨寿堪教授一起撰写《实用主义在中国》（首都师范大学出版社2002年版）的时候，我们就依照出版方的要求，将编写过程中参阅过的一些相关论文进行了收集和整理。当时，我就萌生了一个想法，希望将来有机会编写一本由当代西方学者撰写的关于杜威哲学的研究论文集，从某些侧面反映当代西方学者对杜威哲学研究的新思路、新材料、新方法和新观点。可是，由于种种原因，特别是由于我当时和之后相当长的一段时间内把主要研究精力都放在《人学视野中的当代认同危机》的写作上面，编写文集的计划实在没有办法付诸实施，但是，我从来没有放弃把这个事情做成的念头。

2005年，我申报的国家社会科学基金课题"杜威哲学的当代意义研究"获得立项。作为本项目研究工作的一个重要组成部分，我自然要高度关注一些新的相关研究资料，其中当然就包括西方学术界近年来关于杜威研究的动态。同年，我关于实用主义研究的方案列入教育部"新世纪人才支持计划"，这也更促使我尽快把兴趣点重新聚集到实用主义哲学研究中来，而首当其冲的心愿就是把这个文集完成。

在这个过程中，我反复调整了文集收集的材料的时间跨度和国别跨度。最终形成的计划是，编写由两到三卷文集和一本研究著作组成的"当代学术语境中的杜威"。《一位真正的美国哲学家——美国学者论杜威》所收文章的范围基本上限定在20世纪90年代后期以来的美国学者对杜威哲学的解读。

在本文集编写和出版的过程中，我得到了很多方面的关心和帮助。在一定意义上可以说，这个文集是多方面合作的产物。2005年下半年，我请美国南伊利诺斯大学（Southern Illinois University）"杜威研究中心"（Center for Dewey Studies）主任拉里·希克曼（Larry A. Hickman）教授帮助我挑选出一个近些年来比较活跃的杜威哲学研究者清单，之后，我根据这个清单与安乐哲（Roger Ames）教授、詹姆士·坎贝尔（James Campbell）教授、理查德·舒斯特曼（Richard Shusterman）教授等进行了联系，请他们提供论文并获得了积极的响应。2006年11月，我邀请安乐哲教授到北京师范大学进行演讲，拉里·希克曼教授也作为2006年度教育部外国专家重点项目的首席专家到北京师范大学进行了数周的合作研究和讲学。2007年4月，经过彭锋教授的引见，理查德·舒斯特曼教授应邀到北京师范大学演讲。几位学者除了提供学术论文之外，还就文集的编辑工作给我提出了许多很好的建议，并给了我很多具体的帮助。希克曼教授除了专门提供一篇文章之外，还允许我将其在北京师范大学的四次公开演讲的讲稿收录在本文集中。

美国当代著名哲学家理查德·罗蒂教授曾于2004年7月访问过北京师范大学并做了《分析的哲学与叙事的哲学》的演讲，他关于分析的哲学和叙事的哲学的一如既往的辨析给我留下了很深的印象。记得在阅读《实用主义在中国》的英文目录的时候，他问我现在年轻的中国学者到底应当怎么样理解哲学与政治的关系。我马上意识到，罗蒂对于实用主义在中国独特的历史命运的了解是很深入的，也是很敏感的。当我于2006年年初把编写文集的工作进展情况告诉他的时候，他立刻表示支持。他让我把所有拟选用的文章的目录寄给他，并答应在阅读那些文章后给这个文集专门写一个文章或序言。然而，到了6月初，他在电子邮件中告诉我，他恐怕不得不修改自己曾经的承诺，只能写一个短序言，因为他的健康变得很糟糕。到了9月底，他告诉我，他的健康状况已经不允许他进行写作。对此，我一方面感到很能够理解，但是同时感到非常的遗憾，我经过与他商量并获得他的同意，将他在北京师范大学的演讲稿作为这个文集的代序，这既作为对这个遗憾的少许弥补，也以此表示我们对这位哲人的尊敬和感谢。应当说，他在演讲中将杜威哲学归为叙事的哲学风格，这是他自《哲学与自然之境》以来的一贯观点，也是在杜威思想研究中颇有代表性的见解。在文集的编写过程中，美国Kutztown大学教授、"Dao: A Journal of Comparative Philosophy"杂志主编黄勇先生给我提出了很多很好的建议，并帮助我与罗蒂进行更细致的沟通。

我国实用主义哲学研究专家刘放桐教授一直很关心和支持我的研究工作，他给本文集提供的序言既是对我的工作的鼓励和支持，也在其中提出了很多重要的见解。北京大学的赵敦华教授、张祥龙教授、尚新建教授等在这个过程中就杜威哲学的研究等关键问题提出过许多很重要的意见，就本文集的编写提供过多种形式的帮助。复旦大学的冯平教授让我参加她选编的关于实用主义价值问题的论文集的翻译工作，这使得我有机会更多地接触了一些实用主义研究者对杜威哲学的解读。

我所在的外国哲学研究所的韩震教授、田平教授和李红教授等也给我提供了多方面的支持和帮助。北京师范大学价值与文化研究中心为本文集的编写工作提供了重要的支持。

北京大学的彭锋教授、清华大学的彭国翔教授和中央党校的李小科教授为本文集提供了高质量的译稿，为文集提供了直接的帮助。张志斌、徐先艳、林航、胥丹丹、林建武、欧阳彬、孙金峰、阎鑫、吴欢等同志也出色地完成了各自承担的翻译工作。还需要提出的是，本卷最初选定的文章近20篇，在交出版社时，由于种种原因，只能忍痛割爱，放弃了部分很有特色的稿件，在此也向有关作者和译者表示感谢。

本文集中的部分论文在2006年秋季的研究生专业英语课堂上进行过研讨，外国哲学专业、伦理学专业和中国哲学专业的同学试译了部分段落，并参加了对个别译文的讨论。部分研究生参加了希克曼教授主持的杜威哲学研讨班，对他关于杜威哲学的四次学术报告进行过认真的研讨。林航、胥丹丹、林建武、梁嘉殷、黄婷婷、邵燕飞、许晨、马二杰等同志等在这个过程中做了很多辅助性的工作。林航同志统一了全书的注释。

"附录"包括了我若干年前写的一篇文章，反映出当时那个阶段对杜威哲学的复兴问题的思考，也算是一种思想的痕迹，尽管这个痕迹很浅显。"附录"还选用了研究生梁嘉殷同学几年前出席罗蒂教授演讲后写的一点感受，算是一位学生用自己的眼光来感受罗蒂，也是对罗蒂关于分析的哲学和叙事的哲学的区分的一种理解。"附录"最后一部分内容是由林建武收集和整理的近年来美国学者关于杜威哲学研究的主要论文和著作情况。

对于各位专家、朋友和同学的帮助，在此一并表示衷心的感谢。

由于各位作者的立场、视野、风格、背景和思路等有着很大的差异，因此，本文集中各位作者提出的许多观点可能算是一家之言，也可能不可避免地具有偏颇之处，然而，作为编者，我很真诚地希望本文集所提供的东西能够引起我们在杜威哲学研究方面进行进一步的思考。如果条件许可，希望尽快把后面的工作尽快完成。就我个人而言，我一直对实用主义，尤其是杜威哲学有着比较浓厚的兴趣，也有一个较具体的研究计划，但是，由于种种原因，我一直没有能够把注意力完全集中到这个问题上来，我希望我以这个文集的编写工作为起点，花几年的时间，做更多、更细致的研究工作。也衷心希望继续得到来自各方面的有力的支持。

由于本文集中的文章涉及内容广泛，各位作者风格迥异，给文集的翻译工作造成了很大的困难，更由于本人学术水平有限，对很多东西的把握和理解不一定准确，请大家多多批评。

王成兵
2007年5月8日
于北京师范大学哲学与社会学学院

再版后记

感谢中国社会科学出版社再版《一位真正的美国哲学家——美国学者论杜威》。

21世纪以来，中国学术界的实用主义哲学研究总体上一直扎实、稳定地向前推进。无论是对实用主义哲学的总体性把握，还是对古典实用主义和新实用主义代表人物的深入探讨，以及对实用主义经典文献的编纂、翻译和出版，都取得了突破性进展。这些研究态势和进展自然都体现在对约翰·杜威（John Dewey）这位实用主义最主要代表人物的哲学思想的研究中。

我国学术界对实用主义的众多研究路径进行了积极的探索，其中有较大影响的研究路径有：哲学史、思想史研究路径；比较哲学研究路径；跨学科、跨领域和综合性研究路径，等等。所有这些研究路径，都在关于杜威哲学研究和教学工作中得到了较充分的应用，并取得了许多引人注目的研究成果。

另一个可喜的现象是，最近十几年来，实用主义哲学研究的国际交流和合作相当活跃。不少国际知名实用主义哲学研究专家，如Richard J. Bernstein, Robert Brandom, Larry A. Hickman, Wayne L. Proudfoot, James Campbell, Sami Pihlström等，先后来中国进行学术交流。安乐哲（Roger T. Ames）教授全职任教于北京大学。同时，中国实用主义哲学的研究者利用各种机会，与国外同行就相关学术前沿问题展开交流和对话，而且，这些学术交流已不仅仅局限于与美国哲学界的交流，而是扩展到全球范围的学术共同体。比如，中国学者不仅参加了第二届（2015年在法国巴黎）和第三届（2018年在芬兰赫尔辛基）欧洲实用主义大会，而且在会议期间进行了专场学术报告。此外，一批专门研究实用主义哲学的研究生利用联合培养或攻读博士学位的机会，在国外知名学者的指导下完成博士学位论文，成为实用主义哲学研究队伍中的有生力量。

尽管本文集出版于2007年，但我认为，文献中所讨论的许多论题，比如，杜威的经验观念、杜威的形而上学思想、杜威的共同体理念、杜威哲学与儒家哲学之间的共通点、杜威教育哲学的当代意义、杜威的技术观，等等，至今仍然是杜威哲学研究中具有重要学术价值的选题，甚至可以说，它们是杜威哲学中永远不会过时的论题。从这个意义上说，本文集依然具有一定的学术价值。

本文集从面世至今已经过了15个年头。当初筛选、编辑、翻译和联系作者的辛苦但快乐的过程，至今依然记忆犹新。确实，这个文集之所以能够出版，离不开各位作者、译者和编辑的全力支持和密切合作。在此，向本文集的各位作者、译者表示衷心的感谢。借此机会，再次向中国社会科学出版社冯春凤编审表达诚挚的谢意。

当编辑这本文集时，我属于中年人的行列。等它有机会再版，我已过了花甲之年。年纪越大，越能体会到时光如梭。从1986年到北京师范大学从事专业教学和研究工作起，我至今对杜威哲学一直保有浓厚的学术兴趣，自认为研究工作用心用力，然而，由于种种原因，我的很多研究工作离自己的预期仍有不小的差距，许多想读的专业文献没有读透，不少计划中的写作和翻译计划没有完成，若干合作研究计划尚没有完全落实。在未来有限的岁月中，只要条件允许，我会更专心于杜威哲学乃至整个实用主义哲学研究，希望通过更加勤奋的工作，尽可能弥补研究工作方面的遗憾。当然，也希望继续得到各位同行和朋友一如既往的支持、指导和帮助。

王成兵

山西大学哲学学院

2022 年 7 月